跑赢危机

李国威 著

★

全媒体时代的
公关自救指南

中信出版集团 | 北京

图书在版编目（CIP）数据

跑赢危机：全媒体时代的公关自救指南 / 李国威著. -- 北京：中信出版社，2021.9（2023.9重印）
ISBN 978-7-5217-3329-7

Ⅰ.①跑… Ⅱ.①李… Ⅲ.①品牌－企业管理－危机管理－研究 Ⅳ.① F273.2

中国版本图书馆 CIP 数据核字（2021）第 137184 号

跑赢危机——全媒体时代的公关自救指南
著者： 李国威
出版发行：中信出版集团股份有限公司
（北京市朝阳区东三环北路27号嘉铭中心 邮编 100020）
承印者： 北京诚信伟业印刷有限公司

开本：787mm×1092mm 1/16　　印张：20.5　　字数：224千字
版次：2021年9月第1版　　印次：2023年9月第4次印刷
书号：ISBN 978-7-5217-3329-7
定价：69.00元

版权所有·侵权必究
如有印刷、装订问题，本公司负责调换。
服务热线：400-600-8099
投稿邮箱：author@citicpub.com

推荐语

危机无时不有，关键是看我们如何对待。李国威老师这本新书将危机公关的前沿理论和一线实践经验紧密结合，是一本特别值得推荐给每一位企业管理者学习的教材。

——范红　清华大学国家形象传播研究中心主任、
EMBA"公司沟通"课程教授

在互联网舆情危机频发的今天，作者以独特的视角展示剖析了一个个来自一线的危机案例，并融进了作者自身对危机的思考，全方位折射了危机发生的背后动因，具有较强的现实意义和借鉴意义，这就是此书的价值与魅力所在。

——陈阳　北京蓝色光标数字营销机构副总裁、
蓝标研究院院长

危机管理大师是培养不出来的，一定是身经百战、不断总结提升而磨炼出来的。《跑赢危机》可以给你前人经验，让你犹如亲历。

——潘建新　华扬联众数字技术股份有限公司 CIO

李国威老师的公关生涯中既包括国家权威媒体驻外记者的经历，也包括著名跨国公司公关总监的经验，在公关业内具有很高的知名度。我和李老师近年来经常一起探讨危机公关方面的热点话题，深感李老师分析问题的深刻与严谨。《跑赢危机》通过对大量危机公关案例的梳理分析，详细阐述了危机公关管理各个方面的知识及技巧，是危机公关实战方面的权威著作，值得大家认真一读。

——沈健　中国传媒大学客座教授、
中国国际公共关系协会理事、迪思传媒高级副总裁当今社交媒体时代，人人都可以用自媒体发声，品牌稍有不慎，其行为就会被放大，甚至被扭曲。而如今的舆论鱼龙混杂，企业一旦进入危机就经常面临"道歉发声也不是，不发声也不是"的尴尬局面。到底怎样才能跑赢危机？姐夫李的这本书真真实实是对于企业的一场及时雨、一份品牌公关自救指南。能用切身经验和时事案例说透海内外公关战略的，我只认姐夫李。

——刀姐 doris　刀法 digipont 创始人

危机是企业发展过程中的常态。当前复杂的国际环境、经济环境和舆论环境加剧了危机爆发的频率和程度。危机意识、专业能力是企业防范和战胜危机的关键。《跑赢危机》是作者多年媒体经验和公关实践的结晶，从速度和有效性方面为企业应对危机提供了理论基础和案例示范，具有很强的参考和推广价值。

——田书和　中科院自动化所互联网大数据中心舆情专家

自 1995 年引进出版《危机公关》一书，国内对于危机管理的认知和实践已非常成熟，国威兄的专著《跑赢危机》更是全面系统论述企业危机公关实践的力作，值得广大专业人士和企业高管学习借鉴。

——陈向阳　苏秦会创办人

这本《跑赢危机》堪称危机管理实战大全手册。书中既有危机管理实用的方法论和工具，又辅以对作者亲身经历或大家耳熟能详的危机案例的剖析，读懂、读透了这本书，你或将防患于未然，或将临危不惧、游刃有余。

——银小冬　17PR 创始人、金旗奖组委会主席

几乎每个月都有 CMO 打电话咨询我，公司遇到了危机应该找哪位专家来处理。真正有理论基础，又有企业危机处理经验的专家不多，姐夫李绝对算其中的一个。感谢姐夫李的笔耕不辍，为行业贡献了这么一本为 CMO 量身打造的品牌公关自救指南，期待读完此书的企业在面对危机时，不慌不乱，充满大智慧。

——班丽婵　CMO 训练营创始人

目 录

前言　应对危机，已是我们的必修课　　　　　　　　　　V

第一部分
山雨欲来：
风险中的品牌

第一章　危机触发　　　　　　　　　　　　　　　　　003
　　　　　失控的无奈和必然　　　　　　　　　　　　003
　　　　　危机的等级划分　　　　　　　　　　　　　007
　　　　　危机触发要素一：高唤醒情绪　　　　　　　010
　　　　　危机触发要素二：主流媒体跟进　　　　　　012
　　　　　危机触发要素三：政府介入　　　　　　　　018

第二章　危机管理：能力储备金字塔　　　　　　　　　027
　　　　　能力基石：企业价值观　　　　　　　　　　030
　　　　　关键头羊：领导力　　　　　　　　　　　　035
　　　　　管理水平：流程规范　　　　　　　　　　　047
　　　　　硬实力：资源动员力　　　　　　　　　　　052
　　　　　软实力：传播技巧　　　　　　　　　　　　056

第三章　危机预警：发现品牌的软肋　　061
　　预防沟通：提前解除偏见　　061
　　漏洞排查：主要风险领域　　070
　　敏捷机制：感知蛛丝马迹　　072
　　政策护栏：建立外部保护　　075

第二部分
风暴中心：
危机判断和行动

第四章　回应初始：正确判断　　083
　　事实判断："后真相时代"迷局　　083
　　价值判断："多数价值"和企业价值　　090
　　利益判断：危机中的得与失　　093

第五章　应对策略　　105
　　堵：快速补漏　　105
　　疏：走势引导　　110
　　攻：精准回击　　118

第六章　公关战　　127
　　确定靶心：公关战的目标　　131
　　知己知彼：公关战的情报　　132
　　实力摸底：公关战的兵力　　133
　　师出有名：公关战的主题　　134
　　蓄势出击：公关战的发动　　135
　　结局定性：公关战的裁决　　136
　　3Q 大战回顾　　138
　　农夫山泉标准门事件　　147

第七章	回应框架：设定准星	167
	不回应	167
	Who：以谁的名义，向谁回应？	170
	When：真的是"速度第一"吗？	181
	Where：在何处回应？官微官网是唯一平台吗？	184
	What：回应什么？	192

第八章	情绪法则：六个"度"检验	201
	态度与速度：海底捞道歉	202
	速度与尺度：外卖骑手困在系统里	207
	高度与温度：货拉拉女乘客坠车	212
	气度与尺度：罗振宇向王路道歉侵权	213
	气度与温度：英国女王就戴安娜王妃离世致全国同胞	216

第九章	关键人物：发言人	221
	统一口径制度	224
	新闻发言人层级	226
	新闻发言人培训	227

第十章	媒体应对：收敛与主动	241
	现场媒体：专业应对	242
	日常媒体关系：理性交往	248
	自媒体关系	250

第十一章	危机边界控制	259
	危机的三个维度	259
	产品危机	264
	道德危机	269
	政治危机	270

第三部分
认识舆论：
跳出误区再起航

第十二章　新媒体环境下舆论规律的变与不变　279
　　巧寻杠杆：弱传播理论　282
　　顺势而为：舆论世界的规律　288
　　危机中有所为有所不为　290

第十三章　重启对话 修复声誉　297
　　解决核心问题，获得谅解　298
　　倡导对话，重建信任　299
　　脆弱期防范二次风险　305

后记　致这个时代的企业家　311

前言
应对危机，已是我们的必修课

在人人都上网的时代，每一个组织和个人都在建立自己的影响力，企业用自媒体、种草、直播创造流量，明星和草根主播有同样的机会创造粉丝群，个人发朋友圈得到比平时多一倍的点赞，也会悄悄兴奋大半天。

但是机会总是与风险并存，暴露越多漏洞越多，发声越随意，被随意言论伤害的概率就越高。

2021年东京奥运会，中国选手获得了第一枚金牌。一名网民在微博发帖"祝贺奥运首金，冲冲冲"；不一会儿，网上有人转发这位奥运冠军曾经在微博上晒的自己购买的不同型号耐克鞋，这名网民发出"跪族女孩滚出中国"的微博，并称"她（奥运冠军）明明可以把耐克烧了发微博表爱国心，可她没有，真的很让人失望"。很快，这名网民被舆论的批评声淹没，她又发微博称"这个世界对女孩子恶意太大了"。

振振有词地攻击别人，简单粗暴地立场站队，自己被攻击时又抱怨这个世界的恶意，这是今天互联网的一种典型场景。

在这样的舆论环境中，企业同样感到困惑。本来，互联网创造了平等，营销技术有效划分了圈层，企业可以精准地与自己的顾客沟通，"对爱我的人更好""不能与谋的人没工夫搭理"。但是当企业出现产品问题、道德争议，昨天还万众追捧，今天就人人喊打，忠实粉丝此时也只好选择做"沉默的大多数"。

我们面临着日益复杂的环境：

- 变幻莫测的舆论：人人都能发声的互联网，个体力量的爆发，情绪主导的群体。
- 脆弱的商业：企业担心任何细微的闪失可能造成的被动，经营中断、信誉危机、被对手超越。
- 地缘政治：美国对中国崛起的不适感和变态围堵，让横跨东西方市场和文化的企业公关更难把握。

我们如何与这个世界相处，这并非一个灵魂之问，而是摆在每个企业、企业家和个人面前的现实问题。

承担责任还是隐忍退缩，主动沟通还是刻意低调，单纯取悦顾客还是倡导社会价值，这些不仅是企业家在危急时刻，也是在战略规划和日常经营中无法回避的选择。

我从 80 年代末在新华社担任编辑、记者，1996—2016 年在跨国公司做品牌公关，曾以记者身份报道过政府和企业的负面，也在企业为减轻负面报道的影响而与记者、总编辑们周旋，虽然自认为已经身经百战，但面对当今眼花缭乱的危机爆发形式、应对打法，仍然对新媒体时代的公关不断颠覆经典深感震撼。

比如，我们公认的"速度第一"原则，现实中却常有困惑，对负面新闻、不实言论、恶意攻击，真的需要第一时间回应吗？快速回应是让谣言迅速消除，还是会加剧谣言的传播？

攻击竞争对手，是一种不道德行为，还是商业竞争的必备能力？

遇到危机，道歉能解决多少问题，怎样的道歉姿势会得到公众的理解原谅，企业如何在道歉中保持尊严，不失体面，赢得人心？

以及，有没有"转危为机"这样一箭双雕的好事？

今天，传统方法论无法解决复杂多变的现实问题，太多的不解和焦虑，也根本没有办法用"干货""套路"一次性解决。

写这本《跑赢危机》，让我对自己 20 多年的公关从业经验和知识积累，有了一个重新梳理的机会。

这是一本帮助当代企业管理人员、市场公关从业者应对声誉危机的实战手册，也是继《品牌公关实战手册》之后我对危机管理话题的深入思考。

在企业内训和公开讲座时我常常问观众："创始人/CEO会在什么时候想起公关？"

多数回答是："出现危机时。"

在我与企业家的交流中，也听到他们直言"危机是我们摆脱不掉的状态"，"应对危机就是学会与这个世界相处的方式"。

在企业一线应对危机，做正确的事有时候很难。选择做什么很难，选择不做什么也很难。

我们每天都面临困惑，困惑能引导我们重新思考，用新的方式打开未知世界的大门。

公关从来就不是一个硬科学，它被不同的事实、不同的价值观和不同的利益主导着，被强大的主观意识操纵着，但是我坚信公关有一种终极的正义，它在道路的尽头等着我们，也许我们永远够不到它，但是我们一直在朝着那个方向往前走。

希望《跑赢危机》帮助我们一起开启解惑之旅、求真之旅。

第一部分

山雨欲来：
风险中的品牌

第一章
危机触发

> 进化的代价就是——失控。
>
> ——凯文·凯利,《失控》

失控的无奈和必然

十多年前,我还在美国通用电气(GE)负责中国区品牌公关。那段时间媒体在热议:两家美国玩具公司在中国生产的玩具外漆铅超标,磁铁易被儿童吞食,宣布在美国市场召回 2100 万件产品。接着,一名与油漆供应相关的中国商人在广东佛山厂区仓库上吊自杀。

质量、安全、儿童、中美关系、八卦,满满的新闻要素。

早上在办公室看到玩具事件的最新进展,我一边感慨他们惹上了大麻烦,一边隐约觉得,最近公关部正在帮产品部门处理的一个客户投诉事件有点复杂。

下午,中新社等权威媒体发布了一条新闻:《质检总局:进口到中国的美 GE 发电机质量不合格》。

新闻中说:"中国国家质检总局今天下午一点三十分披露,进口到中国的美国通用电气(GE)公司生产的 PG9171E 型号燃气轮发电机组再次发生运行故障，造成机组损坏，产品存在重大质量安全问题。"

这条新闻还说："在不到一年的时间里，PG9171E 型号燃气轮发电机组多次发生重大事故，不仅给用户造成了巨大经济损失，同时也威胁到使用地区的电网安全及其电力供应。对于这些涉及质量安全的问题产品，中国国家质检总局表示，将依法进行相应的禁止进口、退运、索赔等处理，同时，将进一步完善相关进口措施，加强进口检验监管，确保进口产品特别是涉及安全的重大设备的质量。"[1]

看到板上钉钉的结论，我仿佛感到大锤砸下来的呼呼风声。

我脑子里的念头是：完了，闹大了。

燃气轮发电机是燃烧天然气的清洁发电设备，是相当于飞机发动机一样的精密技术产品，出问题的这台 9E 系列是业界知名的成熟机型，相当于奔驰 E 级轿车的知名度和可靠度，一台 9E 燃气轮发电机可以提供 30 万个城市家庭的用电量。

如今遇到危机，很多人的第一个想法可能是，先找关系删帖。可是，国家质检总局点名，官媒报道，到哪里去删？

有的说，先道歉再说。

那么，谁来道歉，向谁道歉，向什么事情道歉？ 在燃气轮发电机事件中，GE 公司在全球已经装机数百台，中国 24 台，道歉会引发怎样的后果？

根据公司的危机管理流程和自己的经验，我很快列出了这样一个工作清单：

1. 迅速成立危机管理小组，参加人有 GE 中国区 CEO（首席执行官）、发电业务总经理、发电业务全球产品经理（在国外）、中国区服务经理、中国区政府关系总经理、发电业务全球和中国区公

---

[1] finance.sina.com.cn/roll/20070809/15081593841.shtml

关经理和我（GE 中国区公关总监）。
2. 进一步从产品和服务团队那里详细了解与客户纠纷的具体内容、整改的具体方案（包括时间表）。
3. 与发电业务全球团队联系，向 GE 集团总部公关汇报我们在中国遇到的大麻烦。
4. 迅速起草对外中英文声明，与危机管理小组确认。
5. 准备与国家质检总局和其他相关政府部门的沟通内容。
6. 准备与中国区全体员工沟通。

事情已经过去多年，我还记得当时的紧张状况。面对来自政府、媒体、客户、员工的质询，对产品、服务部门的不解和责难，对前期处理不当的抱怨，以及公司声誉受到的损害，公关团队围绕公司核心价值观一致行动，迅速实现了从推诿到担当的转变，团队和个人在这一过程中也得到了历练和成长。

在那次事件整整一个月以后，我看到这样一条来自官方媒体的新闻：

中美质检部门将在产品质量监管方面加强合作

新华社发自华盛顿的消息说，中国和美国质检部门在两天的消费品安全峰会结束后发表了一份联合声明，称将加强双边合作，确保中国输美产品的质量安全。

参加会议的一位中方官员表示，中国确实有部分玩具存在质量安全问题，但绝大多数输美玩具的质量是可靠的，在最近被美方召回的玩具中，绝大多数玩具的质量问题经调查后发现来自美方的设计缺陷。此外，相当一部分产品被召回的原因出自两国质量标准的差异。

新华社称，美国代表切实感受到中国政府解决产品质量问题的严肃态度，希望美中两国政府和企业都能在这一问题上继续进行有效合作。

我终于明白，我们公司被放在了一个更大的背景、更大的博弈中。我们的质量事故，在这个特别的时间点上，被赋予了一层更高更深的意义。

事情过去多年，我在一个公关行业交流活动上遇到当年的国家质检总局新闻发言人，他已经加入了一家著名民营企业担任副总裁，我们作为同行谈笑风生。谈起那年的事情，他说他就是操盘手，当时够你们一受吧。我也顺着说，理解理解，你们格局高啊。

在如今的新媒体环境中，我们经常会遇到这些事情：

- 航空公司机组人员因机票超售与乘客发生冲突
- 网约车发生恶性伤害事件
- 网红主播被质疑卖假货
- 明星家庭对话录音曝光涉及代孕敏感话题
- 公司上市之前遇到竞争对手发起的连续法律诉讼导致上市中断
- 产品质量遭遇群诉
- 公司创始人陷入性丑闻

还有一类更加频繁的，就是公司、组织和个人遇到自媒体的攻击。对这样的情况，有些公司和个人比较大度，比如华为创始人兼CEO任正非在内部讲话中提到的"要允许公司有30%~40%的负面新闻，水多了加面，面多了加水"。但不是每个组织每个领导人都有这样的胸怀，有的强调"眼里容不得沙子"，见到负面新闻就要发动删帖，跟人玩命，搞得公关部门的同事如惊弓之鸟，恨不得去庙里祈求媒体手下留情。

接受并适应这个世界的混乱无序，是我们在哲学和现实两个维度上的成熟。

危机的等级划分

危机可以分为三个等级：

- 是非争议：媒体负面报道，网友负面评论。
- 局部事件：涉及单个产品、个人，对组织有一定影响的事件。
- 全面危机：涉及组织整体声誉，影响生产经营活动的事件。

每个企业都可以根据自己的情况确定危机等级，以及对应每个等级的行动。

心理学家基思·斯坦诺维奇提出"操作主义"和"本质主义"的概念。他认为科学和哲学提出的是本质问题，比如"地心引力"究竟是什么、内在的本质是什么；而操作主义是让科学概念基于可观测事件，可观测事件是可以被测量的。比如，把"饥饿"定义为"我胃里不好受的感觉"就不是一个操作性定义，心理学家也不同意将"焦虑"定义为"我不时会感到的不舒服和紧张"，而是必须用像问卷和生理指标测量这样的操作来定义概念。[①]

在实际工作中，我和公关行业小伙伴都遇到过在危机管理手册中怎样做危机分级的问题，如果单纯说"重大危机""中度危机""轻度危机"，会造成判断混乱，最后都变成"老板认为重大才重大"。如果老板认为什么事情都不重大，团队看似无事却心中惶恐；如果老板认为什么事情都重大，企业则永无宁日。

危机等级需要一个可测量的指标。比如：有3万以上粉丝的大号的批评投诉，比普通网友在论坛里对产品的议论就要高一个等级；央视、新华社、人民日报这样的官方媒体的批评应该是较高等级的危机；区域

[①] 参见斯坦诺维奇《这才是心理学》第10版，中国人民大学出版社，2015年。

性的投诉与全国性的负面新闻传播也会对应不同的危机等级。

下表是企业危机等级划分的一个样本。

类别	性质	危机示例
Ⅰ级	对企业声誉、经营活动已经或极有可能造成严重影响	• 重大安全问题，人身伤害事件 • 财务造假、信息披露、关联交易等严重违规事件 • 企业创始人/CEO个人道德事件 • 对产品/服务质量的大规模群诉 • 主流媒体的深度负面报道 • 经销商、供应商群诉、维权事件 • 引发媒体广泛关注的员工待遇、员工纠纷事件 • 上述任何因素导致相当级别政府出手干预 • 政治因素造成的抵制、经营中断
Ⅱ级	正在或者可能扩散，尚可以控制的敏感事件	• 一定规模的消费者投诉事件 • 受到政府主管部门的查处或批评 • 一段时间的股价剧烈波动 • 地方或行业媒体的负面曝光 • 竞争对手发动公开或可见的有组织攻击 • 企业高管道德问题、不当言论引发媒体广泛传播 • 引发媒体广泛传播的企业重大法律官司
Ⅲ级	对企业零星的负面议论，扩散蔓延的可能性不明确	• 消费者个别投诉 • 非官方媒体对公司产品、技术、业绩等方面的负面评价 • 关于员工、经销商和其他权益相关方的网络负面议论

每个企业分类的标准可以有所区别，有的甚至还与此相反，最轻的危机是一级，程度加重不断升级，最严重的是四级或者五级。这样分的好处是层级可以不断调整，比如公司危机频繁，一段时间后在二级和三级之间加一个级别，三级变成四级。这样分的缺陷是你感觉级别越来越高，后果越来越严重，既然危机这么深重，公司也许到不了五级、六级就要关门了。

总之，以上危机分级只是作为参考，重要的是对应不同级别，企业所动用的资源、重视的程度不同。

举个例子，有家商业银行的人跟我讲，他们刚开始做危机管理体系时，舆情监测力度特别大，每小时就要向管理层报告一次舆情，后来觉得公司网点实在太多，消费者在营业厅觉得工作人员态度不好、空调不好，发个微博投诉，这类事情也让公司管理层关注，实在没有必要。后来他们把舆情监测与危机等级联系起来，管理流程就清晰很多。

危机分级还有一个好处是防止集体神经过敏。有的公司老板说自己有洁癖，眼里容不得沙子，看到一点负面信息就让公司公关部去处理，恨不得把负面信息都删干净才踏实。有了危机分级和危机管理手册，明确规定什么等级的危机需要使用什么资源，采取什么方法回应，对老板也是一种必要的提醒和约束。

情境危机传播理论创立者、美国得克萨斯农工大学的库姆斯将危机分为五大类，按照责任从小到大分别为：谣言（rumors）、自然灾害（natural disasters）、恶意攻击（malevolence）、意外事故（accidents）、不良行为（misdeeds）。

最低级的"谣言"指对组织不利信息的传播，最高级的"不良行为"指不道德、不合法的行为，人为疏漏，故意指使，等等。

库姆斯对危机的分类对应着不同的应对策略，如下图：

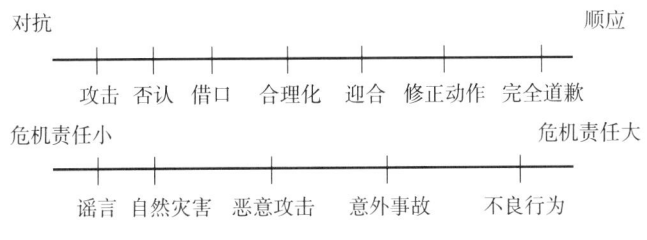

对抗　　　　　　　　　　　　　　　　　　　　　　顺应
　　┼──┼──┼──┼──┼──┼──┼──┼
　　攻击　否认　借口　合理化　迎合　修正动作　完全道歉
危机责任小　　　　　　　　　　　　　　　　　　　危机责任大
　　┼──┼──┼──┼──┼──┼──┼──┼
　　谣言　自然灾害　恶意攻击　意外事故　不良行为

资料来源：张依依，《公共关系理论的发展与变迁》，安徽人民出版社，2007年。

关于危机应对策略，我们会在后面的章节中详细论述。

危机的等级划分,对我们做危机走向的判断十分重要。一个简单的自媒体攻击,一次单一的用户投诉,会不会演变成全面危机?我们在这里分析一下危机大规模触发的几个要素。

危机触发要素一:高唤醒情绪

情绪唤醒是一个心理学概念,在全球颇有影响的《疯传》(Contagious: Why Things Catch On)一书中,作者乔纳·伯杰做了简单形象的描述。他说,情绪一般分为积极、高兴的情绪和消极、不高兴的情绪,心理学家又在原来的积极和消极两个维度之外,加上了激励程度或者心理唤醒程度的划分(见下表)。

	高唤醒	低唤醒
积极	敬畏 消遣 兴奋(幽默)	满足
消极	生气 担忧	悲伤

资料来源:乔纳·伯杰,《疯传》,刘生敏、廖建桥译,电子工业出版社,2014年。

伯杰指出,生理唤醒(physiological arousal)可以帮助大脑激活人类的生理功能,调动自己的各个器官,并在遇到危险时及时做出反应。比如你在一大群观众面前高声演讲,团队即将战胜一个百年难胜的竞争对手,露营时听见帐篷外传来诡异的声音,生气的时候对客户服务代表吼叫,等等。

并不是所有的情绪都有唤醒效果,有些情绪甚至会抑制行为,比如悲伤的情绪,失去挚爱的宠物,寒冷时穿着大衣蜷缩在沙发上,洗了一个舒服的热水澡后的放松状态,等等。

对于传播,最大的刺激来自高唤醒;对于危机传播管理,我们要关注的是消极的高唤醒情绪。

高唤醒的消极情绪包括生气、担忧这一类别，用更直白的语言就是：你会为什么事急？

我在做企业危机管理培训时，每次问学员这个问题，大家一开始会一愣，然后有人说我们佛系，什么事情都不急。那么作为一个普通人，对于公共领域的事件，什么时候会急？

对比以下事件，你觉得哪一个与公众的消极高唤醒情绪有关，容易引发更大的危机？

1. 基金公司客户认为基金经理提供的误导信息导致自己投资亏损后在媒体投诉。
2. 23岁女员工加班到凌晨，在回家路上猝死。
3. 少林寺怒斥森马服饰侵权。
4. 美媒曝联邦快递错运事件与配合美政府打压华为有关。
5. 麦当劳就明星被外卖烫伤致歉。
6. 某自媒体攻击伊利、蒙牛操纵国家乳业标准。
7. 苹果确认部分降噪耳机出现声音质量问题。
8. 滴滴顺风车女乘客被杀。
9. 腾讯向老干妈公开致歉。
10. 长生生物狂犬病疫苗生产流程违规操作被媒体曝光，引发政府严查。

大致可以讲，偶数事件，2、4、6、8、10与消极高唤醒情绪有关，它们是关于食品安全、工作保障、社会公平、儿童、国民情绪的负面事件。而奇数事件，它们或者是单一客户损失，或者是企业间官司，虽然有的事件涉及大企业和明星，但是并不会引发群体激愤，除非有新的要素加入，否则这些单一事件难以被持续广泛地议论。

危机触发要素二：主流媒体跟进

媒体变革是我们这个时代最重要的特点之一，"人人都是自媒体"颠覆了过去"把关人"——编辑记者决定公众可以看什么的逻辑。20世纪，美国政治学者、记者李普曼和哲学家杜威关于"民主靠精英维护、少数局内人决定公众命运，还是让媒介帮助个人成为公民、平等对待公众"那场著名的争论，至今仍有反复温习、继续深入探讨的价值。

西方世界，特别是美国媒体的变化最为典型。2017—2020年，主流媒体被权势人物指责为"假新闻制造者"，它们在新冠疫情和国际政治报道中观点站队，社交媒体平台封杀政治人物，华尔街股票交易网站对草根股民"拔线"等一系列现象，让我们更加明确地感受到李普曼笔下的"局外人"挑战"局内人"的强大力量，以及貌似代表局外人的超级社交媒体平台开始担任新的"局内人"角色，对新闻和信息传播实施干预。

在中国，媒体的概念不断变化升级，新名词的出现完全超出了政府和学术界对其正式定义的速度。比如，我们谈危机公关，谈舆情，常说官媒、自媒体、行业媒体，后来大家觉得应该更简单一点，就称主流媒体和自媒体两类。

主流媒体＝官方媒体（央视、新华社、人民日报、北京日报等）+曾经拥有报纸、杂志等出版形式，有明确政府主管单位的媒体（经济观察报、中国经营报、财新传媒、第一财经、行业媒体）。

有一次在行业交流活动上我谈自媒体，一位报社总编辑站起来说："所谓的自媒体其实就是伪命题。媒体是什么，媒体是有组织属性的。南方发洪水，我派了10名记者到灾情一线采访，这叫媒体；你们所谓自媒体在干什么？八卦、吐槽。"

这位总编辑表达的是：在这个所谓的自媒体时代，我们听到的观点更多了，对真相的探究更少了。

因为探究真相过于辛苦,而且需要"组织属性",一个人,一个小团队组成的键盘侠,没有能力探究真相,自媒体更多满足了人性中"一吐为快"的意念。

当你遇到危机,哪怕是争议,会有无数人"一吐为快",他们不必为真相负责,只需在"已知"的事实基础上议论和吐槽,从公众的视角,将公众不能准确表达的情绪表达出来。

但我们也会看到,人人都吐槽时,热度也许仅仅持续一两天,一两个小时,很快会有新的话题盖过你的热度。

前面说过,高唤醒情绪(不是高八卦情绪)是引发危机的重要因素,那么在这个因素之上,主流媒体,特别是官方媒体以评论方式的介入,会迅速让危机上升到新的高度。

官方媒体对危机升级的重要影响主要来自以下几个因素。

1. 把握政策的能力
2. 描述和激发公众情绪的能力
3. 对政府决策部门的影响力
4. 代表政府决策部门向公众传递信息的独特地位

我们以2019年"西安奔驰女车主事件"为例。女车主因刚买的价值60万的奔驰越野车漏油,与4S店交涉退换车辆未果而坐在汽车引擎盖上哭诉,引发全国网友热议。视频显示,女车主边哭边说:"如果这事儿有的谈,我不会做出这么不要脸的事,我今天在这儿很丢人的,你知道吗?"

汽车消费者维权并非个别现象,在奔驰女车主事件前后,也发生过坐在宝马引擎盖上抗议、站在路虎车顶上投诉的消费者,但是奔驰女车主引发的强大共鸣,还是官媒的评论概括得最好:

"讲道理的老实人是不是就等于'软弱可欺'?是不是只有撕掉斯

文,才能讨回公道?是不是只能靠'以闹制恶',让自己成为自己鄙视的人,才能维护理应得到的权利?"①

比起普通消费者在网上高喊不公平、惩办奔驰4S店,媒体的这几问是不是特别有分量、特别扎心?

2019年11月23日,一篇题为《网易裁员,让保安把身患绝症的我赶出公司:我在网易亲身经历的噩梦!》的文章刷爆朋友圈,网友对文章中网易前员工被解职的遭遇深感同情。身患绝症、赶出公司、弱势群体、互联网巨头、强烈反差,这些引发高唤醒情绪的要素集中爆发,网易公司面临严峻的声誉危机。

如果说网络上层出不穷的员工维权事件多数在舆论场不了了之,除了引发高唤醒情绪的强度不够,还有一个原因就是没有引起官媒的关注和评论。

网易裁员事件发生后,新华社的评论说:"员工是企业最宝贵的财富,以人为本、关爱员工的企业,才能真正网聚人的力量。"

《人民日报》说:"企业重视员工生死,员工才能为企业奋斗不止。"

2020年12月29日,一名1998年出生的拼多多员工加班到凌晨1:30,在与同事一起走路回家的路上突然倒地,送医院抢救无效,不幸离世。这一事件引发网络上关于互联网996文化、员工劳动保护的热议,并因拼多多在其知乎官方账号发布回应称"你们看看底层的人民,哪一个不是用命换钱……"引起更大争议。

微博@央视新闻发起了投票#央视评不能让奋斗变了味#。@央视新闻在评论中说:"幸福是奋斗出来的,但奋斗不只靠激情,也要讲效率,切不能演变成'拿命换钱'。让员工少熬夜、不透支,用人单位严格规范劳动保障,相关部门加强监管,保护好奋斗者同样重要!"

新华社新媒体发表评论:"拒绝透支生命!拒绝拿命换钱!拒绝低

---

① 中央政法委《长安剑》公众号,2019.4.15。

效加班！"

还有媒体发起了#如何看待互联网加班文化#的讨论。

在危机出现和发酵阶段,官媒是否出场对舆情走向至关重要。如果你想了解哪些舆情事件更容易演变为企业重大声誉危机,在百度上搜"央视发声""人民日报出手""新华社罕见发文""××重拳出手"这类词,涉及的多是与政策和民生相关事件的官媒评论,可以作为舆情发酵、危机升级的参考,也是自媒体推手利用官媒评论进一步推进事件的标志。

大家一定会问,企业遇到舆情事件,如何判断官媒会不会"罕见发声""坚决出手"?

要点有三个:

1. 保持政策敏感。
2. 熟知新闻要素。
3. 与官媒建立联系。

保持政策敏感体现了企业公关的综合实力,是企业创始人/CEO、管理层和公关部门根据政府政策方向制订业务战略规划,以及确定自己业务风险点的基础。

比如,从中国政府的宏观政策看,如果一个企业能够在以下领域获得技术突破,在提升行业能力、为特定群体创造利益方面有所成就,你获得的政策支持就比较大:

- 新基建(生态化、数字化、智能化、高速化、新旧动能转换等)
- 5G、人工智能、大数据、新能源
- 中小企业创新、技术突破、带动就业
- 扶贫脱贫、乡村振兴、留住青山绿水

- 健康中国、"大健康"医疗卫生体系
- "一带一路"、应对全球挑战

在舆情事件和危机中，与政府政策方向违背的行为，会成为官媒评论从而加剧企业危机的引线，2020年底蚂蚁集团暂缓上市事件充分体现了这一点。

在11月2日四部门约谈蚂蚁集团主要负责人之前，官方媒体《金融时报》在10月31日、11月1日、11月2日连续三天发表评论谈蚂蚁集团。这些评论与后来的四部门约谈、蚂蚁集团暂缓上市等事件相互印证。阅读官媒这些评论，非业内人士也可以大致判断蚂蚁集团面临的挑战。

熟知新闻要素更多的是考验企业决策者对社会事件、公众情绪的敏感度。企业虽然是社会的一部分，但是企业家为了成功付出的代价，为成功建立的独特企业文化往往不为外部所理解，这种认知割裂在遇到异常事件时就会迅速转变为冲突——新闻最重要的要素之一。

比如企业强调"狼性文化"，马云说"我不为996辩护，但我向奋斗者致敬"，"找到喜欢的事，不存在996这个问题；如果不喜欢不热爱，上班每分钟都是折磨"。这些在正常的语境中都没有错，但是在发生"患绝症员工被保安赶出公司"、"23岁女员工加班到凌晨在下班路上猝死"这样的事件时，还跳出来说"你们看看底层的人民，哪一个不是用命换钱……"，就是不合时宜了，势必激起民愤。

与官媒建立联系是我在所有的危机管理培训中都会提到的一个"额外"建议，很多企业说，我们就是一个100多人的民营科技企业，我们就是一家进口猫粮的经销商，有什么必要认识官媒的人？

我这么说不是让你有事没事就去央视大楼、新华社总部，你可以关注官媒的评论，争取加到评论员老师的微信，然后有机会认识他们，或者通过朋友、朋友的朋友跟他们建立某种联系。目的是了解他们的思维和下笔方式，在与自己企业相关的重大事件上征询他们的意见。

比如你是一个电商平台，网传公司老总与网红主播有染，老总的妻子在网上警告网红主播"放过我老公"，网上是铺天盖地的议论。这时企业除了发声明表示严查，重申企业坚决反对利益输送的诚信价值观，并迅速展开内部调查之外，你一定会想，这件事情会不会导致政府干预，业务会不会受到影响？

你可以打电话问一位著名的官媒评论员："您对这个事件怎么看？如果写一篇评论，您的角度是什么？呼吁政府彻查这个企业的所有问题？在其他问题上这个企业也要给公众一个交代？利用这个事件把企业以前的问题拿出来晒一遍？"

你刚才说的，当然都是评论员的选择，但是他的决定还要看其他几个要素：（1）企业对这一事件是不是迅速回应？调查结果是不是迅速公布？是不是对公众表明了态度？是不是对当事人做出了处罚？企业是否付出了一定代价？（2）这家企业的公众形象总体如何？是一贯被人尊重，还是经常因各种问题被人诟病？（3）最近有没有打击类似行为的法律法规、政府行动计划出台？（4）这位媒体老师跟你和企业的关系。

如果这四条的答案都对你有利，媒体老师可能会说，这个事件可评可不评，如果没有受到其他影响，我写的评论题目可能是"××事件不必过度解读"。

当然，官媒评论员老师不是随便可以被影响的，他们有来自机构和本人更高更严格的政治、职业和道德标准，我们的目标不是让评论员老师为企业说话，但是要了解他们对社会事件的解读方式，从而判断危机的走向。

20 世纪 80 年代我在中国社会科学院研究生院新闻系读书，同学们的理想工作是去中央级媒体工作，那时候老师和同学们都说：新闻的最高境界是评论，但评论不是什么人都能写的，能写评论的都是高手。我们还学过毛主席在 1949 年国共谈判时为新华社写的六篇评论：

评战犯求和

四分五裂的反动派为什么还要空喊"全面和平"

国民党反动派由"呼吁和平"变为呼吁战争

评国民党对战争责任问题的几种答案

南京政府向何处去？

蒋介石李宗仁优劣论

看到这些名作，我们都说还是先做记者吧，等头发花白、功力足够深以后再写评论。后来我的不少同学在央媒成为知名的编辑、记者，但专职写评论的很少。

新闻评论员那种在很短篇幅中的"点破"能力，确实令人叹服，你可以每天都码字，但是每篇文章都留下金句，太不容易。

想到这里，哪怕是我的同学，我也会战战兢兢地拿起电话："刘老师吗，请问您对这个事件怎么看？"

危机触发要素三：政府介入

前面我们说了危机升级的一个重要触发要素和标志是官媒跟进，比如"央视发声""人民日报出手""新华社罕见发文"等，但是企业真正担心的是政府介入。而政府是否选择介入，与前两个要素，即高唤醒情绪和主流媒体跟进密切相关。

以两个轰动全国的事件为例。

长生生物疫苗事件

基本事实：从 2017 年 11 月起，上市公司长春长生生物因其产品百白破疫苗（百日咳、白喉、破伤风混合疫苗）效价指标不合格，以及狂犬病疫苗生产记录造假，受到媒体曝光、公众指责和政府部门查处。

事件引发点：

2018年7月15日，国家药品监督管理局发布消息称，长春长生生物科技有限责任公司狂犬病疫苗生产过程中存在记录造假等行为，已责令该公司停止生产狂犬病疫苗，并对相关违法违规行为立案调查。

媒体报道和评论：

南方都市报、新京报、北京青年报等媒体跟踪报道不合格儿童疫苗流入市场问题（2018.7.16起）

自媒体"兽爷"，《疫苗之王》（2018.7.21）

新华社，《保护疫苗安全的高压线一定要带高压电！》（2018.7.22）

人民日报，《一查到底，方可纾解疫苗焦虑》（2018.7.22）

中纪委、监察部网站，《不折不扣落实好总书记重要指示精神，一查到底》

政府行动：

国家食品药品监督管理总局责令：长春长生生物科技有限公司和武汉生物制品研究所有限责任公司，对各一批次共计65万余支效价指标不符合标准规定的百白破疫苗查明流向，立即停止使用不合格产品。（2017.11）

山东疾控中心发布《效价指标不合格的百白破疫苗相关问题解答》。（2017.11.5）

国家药品监督管理局通告：长生生物在冻干人用狂犬病疫苗生产过程中存在记录造假行为，责成吉林省食品药品监督管理局收回长生相关药品GMP证书，停止狂犬病疫苗生产，全面排查风险隐患，确保公众用药安全。（2018.7.15）

李克强总理就疫苗事件做出批示：此次疫苗事件突破人的道德底线，必须给全国人民一个明明白白的交代。（中国政府网，2018.7.22）

正在国外访问的中共中央总书记、国家主席、中央军委主席习近平对吉林长春长生生物疫苗案件做出重要指示指出，长春长生生物科技有限责任公司违法违规生产疫苗行为，性质恶劣，令人触目惊心。有关地方和部门要高度重视，立即调查事实真相，一查到底，严肃问责，依法从严处理。要及时公布调查进展，切实回应群众关切。（新华社北京2018年7月23日电）

中国证监会、吉林省委、长春市警方等部门分别做出对长生生物立案调查，对公司四名高管依法审查，全力做好案件查处等表态。

7月27日，国务院调查组称基本查清长生生物违法违规生产狂犬病疫苗的事实。

"按照有关规定，疫苗生产应当按批准的工艺流程在一个连续的生产过程中进行。但该企业为降低成本、提高狂犬病疫苗生产成功率，违反标准的生产工艺组织生产，包括使用不同批次原液勾兑进行产品分装，对原液勾兑后进行二次浓缩和纯化处理，个别批次产品使用超过规定有效期的原液生产成品制剂，虚假标注制剂产品生产日期，生产结束后对小鼠攻毒试验改为在原液生产阶段进行。"（新华社长春2018年7月27日电）

"另据中国疾病预防控制中心不良反应监测数据，近几年注射狂犬病疫苗不良反应未见异常。长春长生公司生产的狂犬病疫苗接种后不良反应发生率为万分之零点二，未见严重不良反应。2017年我国狂犬病发病人数为516人，近几年呈逐年下降趋势。"（新华社长春2018年7月27日电）

之后，公安部门以涉嫌生产、销售劣药罪，对长生生物18名犯罪嫌疑人向检察机关提请批准逮捕；中纪委、国家监委对事件责任人分别做出依法起诉、免职、责令辞职、要求引咎辞职、党内处分、政务撤职等处罚；深圳证券交易所宣布长生生物股票终止上市，长生生物成为A股首家重大违法退市公司。

长生生物疫苗事件可以从很多视角来解读，从正面意义来说，它体现了党和政府将人民利益放在第一位，坚决维护广大群众特别是儿童的健康权利，根除涉及重大民生行业中违法违规现象的强大意志和行动力。

从建立民主法制体系的角度看，媒体监督在公共事件中的作用极为突出。媒体从国家药监局的一纸通告深入追踪不合格疫苗的走向、各级政府的措施，并对疫苗产业的深层格局发起质疑。从时间线上看，自媒体"兽爷"7月21日发表的《疫苗之王》引起轰动；22日，国家药监局责令企业停产，收回药品GMP证书，召回尚未使用的狂犬疫苗，中央三大媒体集体表态，呼吁严查到底。22日，李克强总理批示；23日，习近平总书记批示。

从本章阐述的危机触发要素看，疫苗事件中的高唤醒情绪、主流媒体跟进和政府出手全部呈现，对企业来说是危机的最高级别。

三个要素基本按照情绪唤醒—媒体—政府这样的顺序展开，也会有交替出现，相互作用。在疫苗事件中，不能忽视一个重要的触发点——自媒体的报道。"兽爷"张育群来自主流媒体，具有优秀记者对时事、民生、商业的高度敏感。《疫苗之王》不仅触发了长生生物和疫苗产业的危机，也推动了公共政策和法律体系建设。2019年6月29日，《中华人民共和国疫苗管理法》在十三届全国人大常委会第十一次会议上通过，自2019年12月1日起施行。

在为政府和媒体叫好的同时，我们再回到危机管理。在这样一个所有触发要素都具备的事件中，危机的主要一方——长生生物尽管采取了产品召回等措施，但是难逃关门的命运。在此次事件中，还有哪些机构、企业也处于危机之中，它们采取了什么措施？

我们可以列出一系列机构：国家药品监督管理局、吉林省食药监局、吉林省政府。

上述机构的危机回应措施是：调查事件，处理责任人。

还有一类机构，它们需要迅速回应那些给孩子打了疫苗的处于焦虑中的父母，它们是：国家卫健委、疾控中心、山东省卫计委、山东食药监局、山东省疾控中心等。它们需要回答流入山东的252600支不合格百白破疫苗如何处理，特别是对于已经接种过不合格百白破疫苗的儿童，如何补种，如何消除家长的疑虑，向他们说明"效价指标不合格只是可能影响免疫保护效果，安全指标符合标准"。

权健传销门事件

权健集团总部在天津，产品遍及保健品、化妆品、食品医疗、卫生用品，著名产品有售价千元的鞋垫骨正基、八卦蒸疗仪、负离子卫生巾、火疗养生等，公司曾斥资一亿元冠名著名中超劲旅泰达，其官网称2017年公司直销收入176亿元，高居直销行业第四位。

2018年12月25日，自媒体"丁香医生"发表文章《百亿保健帝国权健，和它阴影下的中国家庭》，讲述了这样一个故事：内蒙古女孩周洋患骶尾部恶性生殖细胞瘤，本来在北京儿童医院治疗，进行了4次手术、23次化疗，后因父母相信权健疗法，中断了化疗，吃了两个月权健产品。周洋病情恶化期间，网上出现标题为"内蒙古4岁女孩小周洋患癌症在权健自然医学重获新生"的宣传材料，以及周洋一家与权健创始人束昱辉的合影。周洋父亲周二力将权健告上法庭，要求删除不实信息。法院判决无法判断互联网上的侵权行为来自权健，周二力败诉。几个月后，周洋不幸离世，年仅4岁。

丁香医生的文章还展示了权健涉嫌传销、虚假宣传等违法行为的证据。

文章发表后，12月26日，权健在官方微信号发表严正声明，称丁香医生"利用从互联网搜集的不实信息，对权健进行诽谤中伤，严重侵犯权健合法权益，致使社会大众对权健品牌造成误解"，要求丁香医生"撤稿并道歉"。

当天，丁香医生转发权健声明并回应称：不会删稿，对每一个字负责，欢迎来告。

同一天，天津市武清区市场监管局已经注意到媒体文章，正在核实文章中反映的情况。

接下来的几天里，国家市场监督总局，天津市委、市政府、市卫健委等部门分别发声，联合调查组进驻权健，发现权健公司涉嫌传销犯罪和虚假广告，公司停业整顿，创始人与16名高管被逮捕。

2020年1月8日，天津市武清区人民法院对权健自然医学科技发展有限公司及被告人束昱辉等12人组织、领导传销活动一案宣判，判处权健公司罚金人民币1亿元，判处被告人束昱辉有期徒刑9年，并处罚金人民币5000万元，对其他11名被告人分别判处3年至6年不等的有期徒刑，并处罚金。被告人束昱辉当庭表示认罪服法。

（以上内容参考百度百科《权健传销门》）

权健传销门事件以权健商业帝国轰然倒塌为终局，我们可以清晰看到高唤醒情绪、主流媒体跟进和政府介入三个要素的集中出现。面对这种压力的企业命运堪忧，但是并非所有企业在三个要素同时出现时都会成为权健，这在很大程度上取决于政府介入的深度。围绕权健事件的全国保健品行业大检查中，同行业的企业都面临巨大挑战，有的也陷入危机，相关案例我们会在后面章节分享。

触发危机的三个要素相互交错，如果从声誉影响和长期效果看，三个要素同等重要，从短期结果，即保证业务正常运行的角度看，政府介入最为关键。政府介入的方式和程度有所不同，遇到危机时，企业能自救的，就是避免发生政府的最深层次介入，按照政府的行动级别和方式大致有关注、调查、立案调查、处罚、停业整顿、退市等，不同执法部门使用的概念不同，从企业自我保护的角度，尽量不要让政府采取"停业整顿"这样的极端措施。

当然，企业在危机中的自我保护，要建立在维护公众价值观和公众利益的基础上，企业在涉及高唤醒情绪的健康、安全、儿童、社会公平等方面的事件中，必须将企业利益放在次要地位。

如何说服政府不对企业采取最极端措施？

1. 第一时间汇报沟通，要坦诚细致。危机发生后与政府的沟通永远是第一拨的重点工作，不要让你的主管政府部门被它的上级问责，为你的过失担责。

2. 不仅是沟通求情，更主要的是拿出解决问题的办法（公开道歉、赔偿等），迅速采取纠错行动。

3. 对外声明事先征求政府意见或及时汇报备案。

• 本章小结 •

• 国际地缘政治、媒体形态、人人都是自媒体的公民权利变化、焦虑浮躁的公众情绪、商业竞争加剧，让每个组织、每个企业、每个个人无时无刻不处在危机的阴影之下，"失控"是生存的常态。

• 危机并不可怕，危机分为是非争议、局部事件和全面危机几个级别，并非所有的网络议论、负面报道都称得上危机，"眼里容不得沙子"根本不实际，任正非提出的 30%~40% 的负面新闻可以参考。

• 企业有必要根据自身特点划分危机等级，以指导决策，有效动用资源解决问题而不是盲目恐慌焦虑。

• 危机的主要触发因素：高唤醒情绪、主流媒体跟进、政府介入。遇到负面舆情，有必要挨个问自己：这件事是否涉及高唤醒情绪？是否会导致主流媒体跟进？会不会导致政府介入？

• 危机公关永远是在变化的要素中判断、决策，所以这样的问题不是问一次，而是要反复问，也许在你还没有想好答案的时候，新的可能性就发生了。

• 思考题 •

1. 一家进口猫粮的经销商，突然遇到上百名消费者投诉，称猫吃了这个产品发生腹泻、呕吐，甚至有猫咪死亡。你认为这样的事件涉及高唤醒情绪吗？高唤醒情绪是怎样随着社会的变化而演变的？

2. 遇到负面舆情时，你有没有过这种纠结：不要理会，一回应，不知道这事的人反而知道了；要赶紧回应，不回应让人觉得我们心虚？下次再遇到这样的情况，你会不会用"危机等级""危机触发要素自问"的方式试图化解一下焦虑？

3. 如果你的企业遇到政府突击检查，市场监管人员进入公司要求某部门员工停止工作，交出计算机和硬盘，你会如何应对？

第二章
危机管理：能力储备金字塔

> 故用兵之法，无恃其不来，恃吾有以待之；无恃其不攻，恃吾有所不可攻也。
>
> ——《孙子兵法》

"我们的信条"：强生泰诺召回事件

1982年9月29日凌晨，美国芝加哥12岁的女孩玛丽·凯勒曼出现感冒症状，父母给她服用了止痛药泰诺，早上7点，父母发现她倒在浴室地上，已经死亡。同一天下午，大芝加哥地区27岁的邮递员亚当·贾努斯因服用泰诺不适，被送往医院后死亡，他的哥哥和嫂子也因服用了同一瓶中的泰诺而死亡。这两个事件经媒体报道后，全国震惊。

后来几天，又有几名服用泰诺的居民死亡，死亡人数达到7人。警方很快确认，致命泰诺药瓶中被人加入了剧毒氰化物。生产泰诺的强生公司和政府部门迅速通过新闻媒体和医院警告居民不要再服用泰诺。在没有互联网传播的当时，芝加哥当局动用了我国农村常用的手法——用交通巡逻车大喇叭不断广播，提示市民泰诺的危险性。

出事第二天，强生公司收回了93000瓶疑似受到影响的药品。警方判定，作案者的目标是芝加哥地区，因为发现有毒的泰诺来自不同的药店和经销商，警方认为罪犯采用的方法很可能是在药店购买泰诺后回去打开药品投毒，然后再将药瓶以退货形式退还给药店，药店再次出售后导致受害人死亡。

强生公司助理公关总监罗伯特·安德鲁斯回忆说："我接到芝加哥一名记者的电话，他说政府医学检验官刚刚举行了新闻发布会，有人吃了泰诺死了，请问你们有什么评价。我们还根本不知道这事啊。"

媒体在疯狂报道，《时代》周刊的标题是"中西部的中毒疯狂"。华盛顿邮报的标题是"泰诺，杀人还是救人？"。据统计，当时媒体关于这一事件的报道有10万篇之多，在那个没有互联网的时代，这一数字是惊人的，90%的美国人在事件发生后一周内通过媒体或其他方式得知了关于泰诺中毒的消息。

强生公司迅速行动，第一天就向全国医生、医院和经销商发出了45万份电传，停止泰诺的一切广告，悬赏10万美元抓捕罪犯，与警方配合查清犯罪线索。10月6日，强生公司做出了一个后来被当作企业危机公关经典的行动：召回市场上所有3100万瓶泰诺。公司为此将承受一亿美元以上的损失（相当于2019年的2.65亿美元）。

据《哈佛商业评论》后来发表的一篇案例总结，当时中央情报局和联邦调查局人员都认为，有明确证据表明受影响的地区仅限于芝加哥，没有必要采取过分的全国性召回行动，没有必要持续引发公众的恐慌。但是当时强生公司的董事长吉姆·伯克坚持全部召回。

很多人认为泰诺完了，泰诺品牌当时占整个强生集团利润的17%，占止痛药市场份额的37%，中毒事件后，市场份额迅速下降到7%以下，但是仅仅在六个星期内，强生公司就推出了含有三层防拆保护的泰诺保护瓶，强力推广新包装产品，市场份额迅速回升到30%，并在一年后彻底站稳脚跟，显示了"做正确的事，消费者用信心投票"的强大力量。

事后，伯克和团队都回忆说，当时根本没有什么危机管理方案，市场上也没有哪个制药公司有过产品召回的先例。他们在直觉中毫不犹豫地回到公司创始原则——在强生被称为"我们的信条"。

以下是"我们的信条"中的部分内容：

- 我们相信，我们首先要对病人、医生和护士，对父母亲以及所有使用我们的产品和接受我们服务的人负责。
- 为了满足他们的需要，我们所做的一切都必须是高质量的。
- 我们必须不断地致力于提供价值、降低成本以及保持合理的价格。
- 客户的订货必须迅速而准确地供应。
- 我们的业务合作伙伴应该有机会获得合理的利润。

强生公司创立于1886年。1943年，公司创始人的儿子罗伯特·伍德·约翰逊将军撰写了"我们的信条"。几个月后公司上市。"我们的信条"被认为是最早的企业社会责任宣言，如今，"我们的信条"仍然作为公司核心价值观表达，被译成49种语言和方言，郑重悬挂在强生公司遍布全球的800多个办公楼和工厂。一位公司高管说："每当做困难决定时，信条总能帮助我们找到方向。"（参考强生公司官网）

虽然强生公司和泰诺品牌后来又出现过不少危机，但是1982年泰诺投毒事件的危机处理，至今都是全球企业危机管理的经典案例。在围绕这一事件的种种讨论中，包括它承载的历史上最大的悬疑案——当年投毒凶手至今没有被确认或抓到，关于嫌疑人和警方花式追踪的种种故事已经可以单独编撰成册——之一，我们更关注强生团队在如此复杂混乱的场景中，怎样找到危机处理的线索，怎样在众多的选择中选中了"正确的那一个"。

再让我们每个人问一下自己，如果面对同样的危机，我们会不会做出同样的选择？如果我们要建立一个当时强生公司都不具有的危机管理体系，这个体系应该包含哪些要素？应该如何建立？应如何付诸应用？

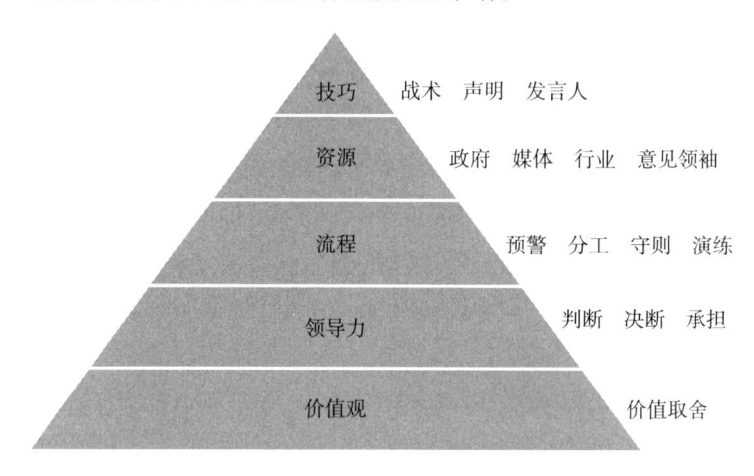

首先，我们可以引入危机管理能力金字塔。

```
         技巧      战术   声明   发言人
       资源         政府  媒体  行业  意见领袖
     流程              预警  分工  守则  演练
   领导力                   判断   决断   承担
 价值观                              价值取舍
```

危机管理能力金字塔

能力基石：企业价值观

价值观是组织管理中一个再熟悉不过的概念，有的企业领导人把价值观挂在嘴边、在墙上，做成卡片发给每个员工，在企业社会责任报告中不断渲染。但是，在所有企业大同小异的价值观描述——诚信、负责、团结、团队、创新、关爱、理解、拼搏、业绩、以人为本、放眼世界等漂亮词语后面，真正的考验在于：你能为价值观牺牲多大的商业利益。

理论家们常说，只有以价值观为主导做正确的事，企业才能获得有效的商业回报。企业家们说，这个没错，但是世界并非你们想象的非黑即白，你永远做看似正确的事，不肯冒风险，等待你的一定是被打败、被淘汰。

所以，讲漂亮话不难，但是对"诚信""关爱"这些空洞概念的具体解读，才是价值观存在的真正意义。

1982 年的强生公司董事长吉姆·伯克谈到泰诺投毒事件时说，谁也没有处理这种事情的经验，在一团乱麻之中，其实最简单最直接的办法就是，回到价值观的根本，从"我们的信条"中找答案。

对强生公司来说，"信条"中讲的"我们首先要对病人、医生和护士，对父母亲以及所有使用我们的产品和接受我们服务的人负责"，指的是，为了不折不扣地履行这个责任，公司不惜损失一亿美元，不惜让一个重要的产品在市场上暂时消失，甚至彻底被打败。

从 1982 年到现在，商界不乏为保护消费者而牺牲企业巨大利益的案例，从"海尔砸冰箱"到荣耀销毁 17000 台运输事故手机，都体现了企业的担当。

但是我们也发现，在危机中主动承担巨大损失的企业少之又少，其原因我们姑且认为：

1. 危机中在压力下主动退却可能让企业承担无法估量的财务和法律风险。（比如波音 737MAX 在 2019 年以来的一系列空难和事故中，波音的道歉和赔偿措施极为模糊且躲躲闪闪。）
2. 企业家的个性不愿为人所迫，不愿承受这种被迫行为给自己和团队带来的失败感，更希望在危机未爆发时主动采取行动以体现个人远见和引领时代精神。

强生泰诺投毒案 30 多年后仍然被当作危机公关经典案例，一方面是伯克和团队坚决维护价值观、不惜牺牲商业利益的执着态度，甚至警方给台阶（完全不必全部召回）都不下，更重要的原因是泰诺案与当今现实的强烈对比。如今商业竞争白热化，企业被颠覆可能就在瞬间。30 年前，大船出事后可以调整，顶多缓缓沉没，现在则如遭遇导弹瞬间消失，企业极为脆弱，企业家的心态也因之极为脆弱。

互联网时代的企业家信奉"赢者通吃"的信条，他们必然会以"先赢了再说"的心态来中和贴在墙上的价值观。

底线的摇摆：三聚氰胺事件

　　2008年中国乳业的三聚氰胺事件，是一个行业价值观丧失的结果，或者说价值观底线被无限降低的结果。食品行业人命关天，在奶液中添加三聚氰胺可以提高蛋白质检测值，让产品显得有营养，但是这种化学物质会导致人体泌尿系统膀胱和肾产生结石，并可诱发膀胱癌。

　　根据法庭审判的公开信息和媒体报道，从2007年底石家庄三鹿集团就收到消费者投诉，指出婴幼儿在食用三鹿婴幼儿奶粉后，出现尿液变色或尿液中有颗粒现象，但公司一直捂住不处理。2008年8月1日，三鹿内部邮件显示，送检的16个奶粉样品中，15个被检出了三聚氰胺成分。

　　随后，三鹿公司一方面向当地政府主管部门汇报，并开始回收市场上销售的相关婴幼儿奶粉，同时又在组织所谓的"危机公关"。根据网上披露的一份公关公司给三鹿集团的建议书，公关公司提议"安抚消费者，1~2年内不让他们开口；与百度签订300万元广告投放协议以获得负面新闻删除的待遇，拿到新闻话语权；以攻为守，搜集行业竞争产品有关'肾结石'负面新闻的消费者资料，以备不时之需。百度的300万元框架合作问题，奶粉事业部已经投放120万元，集团只需再协调180万元就可以与百度签署框架，享受新闻公关保护政策"。

　　9月13日，百度公司发布声明称："2008年9月9日晚，三鹿的代理公关公司致电百度大客户部希望能协助屏蔽最近三鹿的负面新闻，由于该提议违反公司规定以及百度一贯坚持的信息公正、透明原则，大客户部在第一时间严词拒绝了该提议。2008年9月12日，该公关公司再次致电希望能屏蔽三鹿的负面新闻，再次被大客户部予以否决。"

　　这说明，希望用删帖、屏蔽的方式压制负面信息是三鹿和这家公关公司当时正在采用的策略。

这种时候，价值观在哪里？底线在哪里？

9月，媒体报道甘肃岷县14名婴儿同时患有肾结石，全省共发现59例肾结石婴儿，一名婴儿死亡，他们全都服用了三鹿集团18元左右价位的奶粉。2008年9月11日上午10：40，新民网连线三鹿集团传媒部，该部负责人表示，无证据显示这些婴儿是因为吃了三鹿奶粉而致病。但是同一天晚上，三鹿集团承认8月6日前出厂的部分批次奶粉可能受到三聚氰胺的污染，宣布召回市场上的700吨产品。

9月13日，国务院启动国家安全事故一级响应机制，即最高级特别重大安全事故，处置三鹿奶粉污染事件，患病婴幼儿免费救治，并掀起强大的行政问责和法律问责，从国家质检总局局长、石家庄市委书记、市长等官员，到三鹿集团董事长、高管等，均受到撤职、免职处分，有的被判刑。

三聚氰胺事件已经过去十多年，但是对中国乳业甚至整个商业信誉的影响极为深远。三聚氰胺奶粉一度成为国际事件，20多个国家全面抵制中国奶制品和相关产品的进口，更在中国消费者中引起恐慌和不信任。很长一段时间，中国大城市的父母养成了买进口奶粉的习惯，海外奶粉代购业务持续火爆。这一现象在最近几年才有所好转。

我在全国各地做危机公关公开课和企业内训，每次都问学员，你们给自己孩子喝国产奶粉吗？仍然有很大一部分人说坚决不用国产婴幼儿奶粉。尽管我反复讲国产乳业十多年来的巨大变化，所有造成三聚氰胺事件的散户收奶体系已经彻底改变，所有大型乳业公司都有自己的牧场，得到国家和国际上的质量认证，现在市场销售量最大的婴幼儿奶粉是国产品牌飞鹤，甚至丹麦、荷兰的奶粉品牌也会选择中国乳源，大家听了还是将信将疑。

三聚氰胺事件后，大企业公然挑战价值观底线的现象很少再出现，直到2018年长生生物疫苗事件再度让这类事件回到公众视野。

问题在于，企业遇到明显的会引发公众安全，特别是儿童和弱势群体安全的事件，一般都以"个别情况""无大碍""我们下次改进就好""这不过是竞争对手故意搞我们""个别消费者故意挑事"等借口让重大事件大事化小，小事化了，并不认为一次或一批消费者投诉会涉及企业核心价值观或者企业的生存。

在不涉及消费者生命安全的问题上，一些企业更是会找到各种理由降低价值观底线。比如互联网行业一直存在的"数据造假"，大家会说，只要不玩到瑞幸咖啡财务造假那样的程度，流量方面的数据造假不过是一种"善意的欺骗"，只是为了业绩好看和吸引投资人做的一种门面上的美化而已。

《21世纪经济报道》在2020年6月5日发表了题为《揭秘直播带货背后的数据造假产业：20元能买100人看一天》的报道。报道中提到网红直播中大量的数据造假和刷单现象，指出"虚假的流量生意，有互联网就不会消失"；尽管平台不断推出新的算法剔除虚假流量，但是道高一尺魔高一丈，更多的机器刷单、人工智能、病毒等手段被网红、MCN公司①使用，他们摸清平台的算法，在底层公式里找漏洞，然后用机器或人的手段绕过算法。

早在2018年12月，《北京青年报》发表评论批评影视行业普遍存在的收视率造假问题，指出："收视率造假从根本上违背了诚信的主流价值观。由于影视行业强大的流量效应，由此传导出来，又会对整个社会，尤其对青少年产生什么效果？……从这个意义上说，收视率造假是一种价值观污染，不仅污染了影视行业的价值观，也对整个社会的价值观产生了侵蚀和污染。"

收视率造假是"价值观污染"，这种判断同样也适用于对社会、对青少年有巨大影响的网红直播、明星经济等具有强大流量效应的行业。

---

① MCN公司是指通过资本运作和内容持续输出实现商业变现的公司，其本质是互联网媒体公司。——编者注

没有人会整天扪心自问价值观是什么。价值观体现在每个人、每个企业的行动和他们发出的声音中。而在危机中,这样的行动、这样的声音格外清晰,当你自己还处于混沌之中甚至自作聪明的时候,公众已经在吊打你的价值观。

价值观是企业的基石,不是比谁的价值观辞藻更华丽,而是看你的底线画在哪里。

关键头羊:领导力

领导力(leadership)概念来自西方,关于领导力的理论和书籍很多,国人问得最多的问题是领导力和领导到底有什么区别。

北京大学国家发展研究院管理学教授杨壮认为:"领导力是职场人自身所渗透出的气质,而领导则是外界赋予的权力,当下中国职场人都面临着建立领导力的难题。"这句话的意思是,中国人长期以来认为领导力只存在于领导人身上,而在西方管理学中,每一个个体都是领导力的载体。

我参加过许多关于领导力的培训,虽然多数是针对"领导人"的,被提拔到一个更高的岗位之前,公司会组织针对这个级别经理人的培训,但是我印象最深的一次培训,是在美国南卡罗来纳州参加的创新领导力中心(Center for Creative Leadership)组织的课程。

当时我的班上一共 20 人,多数是大企业经理,但是一周培训下来,在完成所有的领导力知识模块、模拟应对危机演练、团队建设游戏、心理测评、心理医生指导等任务后,在最后的"谁是最具领导力的人"评选中,全班同学一致把票投给了一名医生,他在自己的工作岗位上没有一个正式的"兵",但是他总是能用自己的知识、行动、眼神和说服力感染周围的人。

毕业典礼结束之后,大巴载着同学到达机场,一名在前门先下车的女生突然在车边摔倒,坐在车上的同学们都站起来隔窗关切地望去,一瞬间,那位本来坐在大巴后排座位的医生已经到了这名女同学身边,帮她检查伤势。

在车上的同学突然面面相觑,"他是什么时候下去的?""没注意啊,好像就是一道闪电的工夫。"

那名医生,那次课给我留下了非常难忘的印象,我不断提醒自己,也善意地提醒周围的人,领导力不仅是你做领导带领别人,更重要的是你自己怎样在复杂的问题上思考、判断和行动。个人领导力贯穿于我们的职场和我们的生命。

对于应对危机的组织,领导力就是对危机的综合判断力和行动力。

我承认,这样说比较虚。尽管可以举出很多例子,阐明从上而下的集体行动力对危机管理的重要性,以及关键时刻"掉链子"的情况,如经理级员工对外发表不合时宜的讲话引发众怒,但我们还是要回到"领导人"这个领导力的核心。

企业和组织的领导人,就是创始人、董事长、CEO这些一把手,真正拥有决策权的人。

危急时刻的领导人,从政治家到企业家,从温斯顿·丘吉尔到强生公司董事长吉姆·伯克,可以说,没有他们,就没有他们领导的国家和企业以后的成功;相反,软弱的犹豫的领导人也会让企业在危机中贻误战机,受人诟病。

我们可以看到如下几种典型的危机领导力表现:

1. 制度依赖型:依靠制度和团队按常规处理危机。
2. 主动承担型:力排众议,主动承担,力挽狂澜。
3. 决不妥协型:面对大多数质疑坚持己见。
4. 快速调整型:摆脱初始不确定性,迅速转向决断。
5. 随心所欲型:领导人以个性为主做非常规决策。

制度依赖型

制度依赖型危机领导力，在成熟的国际企业中比较常见，CEO们常常挂在嘴边的是"团队""系统""流程"等好听但在危机中令人生厌的词。

2018、2019年，美国波音公司的737MAX机型接连发生了两起特征相似的事故。

2018年10月29日，印尼狮航JT610航班从雅加达苏加诺-哈达国际机场飞往邦加槟港，飞机起飞13分钟后失联，后确定在加拉璜地区附近坠入爪哇海，机上189名机组人员和乘客全部遇难。

2019年3月10日，埃塞俄比亚航空ET302航班在起飞阶段坠毁，机上157人全部遇难。

两宗空难机型均为机龄不足半年的波音737 MAX-8，皆在起飞阶段失事，原因均怀疑为迎角传感器故障导致机师与计算机导航恶性对抗最终使得飞机失速坠毁。

这两起严重空难引发了全球公众对波音737MAX机型安全的质疑，也严重影响了波音公司的市场甚至生存。截至2019年2月，波音共交付737 MAX系列客机376架，除去两架坠毁外，尚存374架，并有4636架未交付订单。

埃航空难后第二天，即2019年3月11日，中国民用航空局首先发出通知要求中国大陆各航空公司停飞所有波音737MAX-8客机。印尼政府其后亦做出同样决定。同日，埃塞俄比亚航空、康姆航空、高尔航空和开曼航空停飞了波音737MAX-8客机。

起初，美国航空业监管机构联邦航空局（FAA）为波音公司辩护，但是在总统特朗普的督促下和全球一片抗议浪潮中，3月13日，联邦航空局和波音公司决定在全球范围内停飞737MAX飞机，涉及47个国家、374架运营飞机。

波音公司在时任董事长兼首席执行官丹尼斯·米伦伯格的领导下展

开危机公关。在这一涉及公众安全、责任划定、调查机构组成、行业监管、市场信心、企业生存等极其复杂的危机事件中，波音公司和米伦伯格采用了传统的以流程为主导的策略。

我们可以从事件发生后波音公司一系列对外声明中看到这一基本策略：

"波音公司对失去狮航 JT610 航班深感悲痛，波音整个团队极其沉重，我们向机上所有人员的家属和所爱的人表示诚挚的慰问和同情。"（2019.3.11）

"安全是波音排在第一位的重点，我们对 737MAX 的安全有完全的信心。"（2019.3.12）

"波音对 737MAX 有完全的信心，但是……"（2019.3.13）

"首先，我们对埃航 ET302 航班人员的家属及其所爱的人表示最深切的同情。"（2019.3.17）

"我们的心情极为沉重，我们继续对乘客和机组人员所爱的人表示最深切的同情。"（2019.3.18）

"我们对最近 737MAX 事件导致的生命逝去表示遗憾。"（2019.4.4）

我们在这里快速脑补一下航空业的危机常规处理。我们平时理解的消费品、餐饮等行业，出事后可以迅速查清责任，迅速达成赔偿协议，采取立竿见影的整改措施。航空业凡是涉及飞行器和空中操控的事件，查清原因，厘清责任往往要花费几个月甚至数年、数十年的时间，有些在全球影响巨大的空难事件至今仍处于谜团状态。飞机制造公司和零部件公司在涉及事故的声明中都会格外谨慎，一旦被人抓住把柄，就可能导致天价索赔，甚至导致公司破产。

所以，那些在公众看来极为轻描淡写的声明令人愤怒，但却属于飞机制造公司常规的、严谨的处理方法，比如不道歉，不承担责任，所有的话题都围绕同情死难者、慰问家属、"我们同样痛苦"、"我们正在配合调查"展开。

我们也可以看到，公司对737MAX机型的安全性发生了从完全辩护到表示怀疑，到承认问题的态度变化。第一次使用"sorry"这个词是在4月4日，埃塞俄比亚交通部根据以法国专家为核心的小组对黑匣子的分析发布了初步调查报告，指出ET302航班飞行员遵守了波音公司规定的所有程序，但还是失去了对飞机的控制。同一天，米伦伯格首次承认737MAX的自动防失速系统（也称机动特性增强系统MCAS）可能存在问题。

在英文中，表示道歉有几个层次的措辞，从低到高是：regret（遗憾）、sorry（遗憾或者抱歉，取决于语境）、apology（道歉）、remorse（悔恨）。

波音的声明中一开始的基调都是"悲痛""同情""沉重""信心"，完全回避自己对事故的责任，直到2019年4月4日才在声明中第一次出现了"sorry"这个词，而"sorry"也不能简单理解为"对不起"，也可以认为是"遗憾"。

2019年5月29日，米伦伯格在接受CBS（哥伦比亚广播公司）采访时称，"以个人名义"向两起空难的遇难者家属表示道歉，但同时表示737MAX飞机很安全。当被问到是否会让自己家人乘坐737MAX飞机时，米伦伯格说："没有一点犹豫，绝对会。"

"以个人名义"完全暴露了这一事件中波音公司被团队和流程主导，CEO受到各种牵制，或者反过来说，CEO未能体现强大的个人领导力。

2019年10月30日，米伦伯格出席美国众议院运输和基础设施委员会听证会时，与众议院议员科恩有过这样一段对话：

科恩：你说你要负责，你负责的意思是减少自己的薪水吗？你现在是否免费为波音公司工作，直到你能解决这些问题？

米伦伯格：众议员先生，我赚多少钱与此事无关。

科恩：你有放弃自己的薪水吗？

米伦伯格：众议员先生，公司董事会就此事有过全面的报告。

科恩：所以说你的薪水根本没少拿。在连续发生两次可怕的事故之后，你还在继续工作，每年赚 3 000 万美元。那两次事故，让那么多人的亲属消失了，丧了命，而你一点也没少赚。

米伦伯格：众议员先生，公司董事会将做出决定。

科恩：那就是你没有责任，你是说董事会有责任。

米伦伯格：众议员先生，我有责任。

这段火药味十足的对话，可以在央视的报道中看到。①

2019 年 12 月 23 日，米伦伯格在之前被波音公司解除董事长职务后，又被解除 CEO 职务。在应对两起空难造成的声誉危机中，米伦伯格这位严格遵守流程、以标准套路应对一切问题的领导人，为领导力样本留下了一个浓重的背影。

主动承担型

主动承担型危机领导力：见前文中强生泰诺投毒事件中的吉姆·伯克案例。

决不妥协型

决不妥协型危机领导力，是极富争议也是最能体现领导人特殊素质的一种能力。在公众危机事件中，当企业遭到严重批评或质疑时，多数领导人选择不与舆论硬刚，他们认识到企业在舆论场应当示弱，从而采取认错、服软与和解的方式。

但是也有剑走偏锋、反其道而行、决不妥协的领导人，最典型的例

---

① http://tv.cctv.com/2019/10/31/VIDEOHp8BvYfdGZnrBJRpoiR191031.shtml

子就是 2018 年的刘强东事件。

2018 年 8 月 31 日，京东集团创始人刘强东在美国明尼苏达州参加 MBA 课程期间，涉嫌对一名来自中国的明尼苏达大学女学生性侵。围绕这一事件的法律案件、网上争论、京东股价的波动，刘强东个人及京东声誉所受的巨大影响，两年后余音犹在。

在事件发生的早期，京东集团发布的声明都是简单陈述刘强东被释放、继续旅行、回到中国、继续主持工作这类"一切都好"的内容，完全回避公众关心的企业家个人道德问题，以及公司创始人代表的整个企业的价值观问题。

（第一篇声明）

今日，我们关注到了微博上有一些用户在散布关于刘强东先生的一些不实传言。特此声明如下：

刘强东先生在美国商务活动期间，遭遇到了失实指控，经过当地警方调查，未发现有任何不当行为，他将按照原计划继续其行程。我们将针对不实报道或造谣行为采取必要的法律行动。

（2018 年 9 月 2 日"京东发言人"微博）

（第二篇声明）

回应关注：我们获悉刘强东先生 2018 年 8 月 31 日被明尼阿波利斯警方带走调查，不久后刘先生即被释放，在此期间他没有受到任何指控，也没有被要求缴纳任何保释金。目前他已经回到中国正常开展工作。

（2018 年 9 月 3 日"京东发言人"微博）

2018 年 12 月 21 日，美国明尼阿波利斯市亨内平县检察官办公室公布了刘强东事件的调查结果，因调查中存在严重证据问题，决定不予起诉。尽管 2019 年 4 月当事女生对刘强东和京东集团提起民事诉讼，但是检方决定不予起诉，这意味着刘强东无罪。

在这样一个重要节点上，2018 年 12 月 21 日，刘强东终于首次发出了自己的声明：

> **刘强东** V
> 京东　今天 05:56
>
> 最近几个月，我在美国的事情受到了大家的广泛关注，为了不干扰司法公正，在美国警方和检方的独立调查过程中，尽管有人散布误导信息，但我本人无法为自己辩护，也没有对互联网社交平台和媒体上的相关言论与报道做出任何回应，这给关心我的朋友们带来了不少困扰，在此先说声抱歉！
>
> 今天，在我全力配合的彻底调查之后，明尼阿波利斯市亨内平县检察官办公室宣布将不会对我提起任何指控，这个结果证明了自始至终我都没有触犯任何法律。
>
> 但无论如何，事发当天我的行为都给我的家庭、特别是我的妻子造成了巨大的伤害，为此我感到十分的自责和后悔。我已经第一时间向她坦承了事实，希望她可以接受我最诚恳的道歉，我一定将竭尽全力去弥补此事对家庭的创伤，重新担当起丈夫的责任。
>
> 在这段煎熬的日子里，我特别感激京东的每一位同事，他们每天都在顶着舆论压力工作。我恳请大家不要由于我的事情再去苛责、议论他们，他们只是一群努力工作的普通年轻人。现在，我唯一能够为他们做的就是更加努力的投入到工作当中，和他们一起让公司发展的更好，让他们过上更好的生活。只有这样，才是我对他们最好的交代！
>
> 谢谢大家！

从危机管理的角度，刘强东的这个声明值得仔细研究。这一事件确实让京东的每一位员工"每天都在顶着舆论压力工作"，京东在中国和美国的公关、法务团队也花费了巨大的时间和精力处理这一事件。

我曾经请教一位处理过很多名人声誉危机事件的国际专家，他说，不理解为什么刘强东把这个事情拖这么长时间，让京东和自己的形象持续受损。等待法律判决是一个因素，但是公众关心的不仅是法律问题，更是企业家的道德问题，道德上认错不等于法律上认责。

国外名人在出轨曝光后的对外声明中会使用几个常用语：I did it, I

was wrong, I apologize。（我做了，我错了，我道歉。）

这样的事，迅速道歉，道德上认错，很快就过去了，不至于让公司股价跌去 37%，员工每天顶着压力工作。

但，这是刘强东，他表现的是决不妥协型危机领导力。

快速调整型

快速调整型危机领导力，指根据环境变化重新判断局势、调整决策，甚至否定先前决策的心态和能力，这种快速调整有时候给人的感觉是意外反转，更多的是顺应舆论。

2020 年 1 月至 10 月，理想 ONE 汽车先后发生 97 起因碰撞导致的前悬架损坏事件，其中 10 起涉及前悬架下摆臂球头脱出。理想汽车公司 8 月 16 日发出声明，指出前悬架损坏是碰撞造成的，对于断章取义地称"理想 ONE 出现断轴"表示"非常愤慨和不解"，"理想 ONE 的悬架系统是非常安全和可靠的"。

11 月 1 日，理想汽车宣布，为降低事故中前悬架下摆臂球头脱出的概率，公司决定于 11 月 7 日开始为 2020 年 6 月 1 日及以前生产的理想 ONE 免费升级脱出力为 50KN 的前悬架下摆臂球销，这样可以将碰撞事故后的球头脱出率降低到 3% 以内，达到同级别车型的水平。

理想汽车为这次"升级"做了精心的策划，11 月 1 日的沟通会主题是 OTA2.0 升级，新的软件版本增加了行车记录仪查看、远程实时拍照、多驾驶员用车、前车起步提醒、更多手机机型的手机钥匙功能，以及大量的驾驶、娱乐、地图等功能，令人眼前一亮。

但是细心的媒体和用户还是盯住硬件的"升级"不放，很多网友吐槽说"明明就是召回，非说什么升级"。

11 月 6 日，国家市场监督管理总局在官网发出通告，重庆理想汽车有限公司根据《缺陷汽车产品召回管理条例》和《缺陷汽车产品召回管理条例实施办法》的要求，向国家市场监督管理总局备案了召回计划。

通告显示，自即日起，理想汽车将召回生产日期在 2019 年 11 月 14 日至 2020 年 6 月 1 日的理想 ONE 电动汽车，共计 10469 辆。

11 月 6 日，理想汽车在声明中承认确属"召回"。声明称："信息发布后，许多车主、媒体和专家朋友都指出，此次行动应该按照'召回'来定义，而非'升级'，理想汽车的表述不符合行业和公众的认知。

"我们诚恳地接受大家的批评，并对之前不正确、不合理的做法向各位车主、媒体和同行业的朋友表示深深的歉意。我们决定立刻启动主动召回程序，并向国家市场监督管理总局缺陷产品管理中心进行了主动召回备案。"

短短 5 天内的转变，体现了理想汽车快速调整的危机领导力，在激烈的不容任何闪失的新能源汽车市场竞争中，理想汽车选择真实和真诚，是很多企业没有勇气做到的，敢于自我打脸是危机中一种独特的领导力。

随心所欲型

随心所欲型危机领导力属于随心所欲的领导人。特斯拉创始人埃隆·马斯克就是一个从不按照常理出牌的企业家。特斯拉在美国和中国市场都多次遇到自燃、自动驾驶失灵、刹车失灵、软件故障等事故，几乎每一次都是马斯克亲自上阵，公开为自己的产品辩护。

2020 年一个有争议的"特斯拉解散公关部"事件更加剧了市场对马斯克摒弃传统流程，将公关隐形化、常态化的判断，有媒体称马斯克更希望让公司本身的产品和争议自动传播，而公司的核心立场都通过马斯克拥有近 4000 万粉丝的推特号发布。

这种随心所欲的领导力在一系列危机中让马斯克从"钢铁侠"变成"甩锅侠"。这种风格也在公司上下蔓延，2021 年初特斯拉中国的一次充电事故甩锅，不仅上了热搜，还引起新华社等官媒的批评。根据媒体公布的视频，江西南昌一名消费者刚刚买了 6 天的特斯拉 Model 3，在专用充电桩充电后无法启动车辆，检查后发现车辆逆变器烧坏，视频显

第二章　危机管理：能力储备金字塔

示，特斯拉售后服务人员称由于国家电网的电流太大，瞬间电流过载导致逆变器烧坏。

国网南昌供电公司发微博称："特斯拉自用充电站有其特有的充电技术标准，特斯拉电动车是与特斯拉专用充电装置直接连接并使用，而非由电源线路连接特斯拉电动车；此外，在使用中电源线路电压稳定无异常，周边其他用电设备也都正常工作，符合国家规定的电源质量要求，对于相关不实言论保留追究权利。"

2021年2月1日，特斯拉中国向国家电网道歉，称当时电流过载问题还在调查。"这个沟通被录音，并且选取关于国家电网的部分进行剪辑传播。对于由此引发的网友误会以及给南昌电网造成的困扰，我们深表歉意。"

尽管起因是工作人员一句应付客户的话，但是被媒体传播放大后成为"特斯拉甩锅国家电网"这一标签事件，也是源于公众对特斯拉对待批评一贯持强硬态度的不满。

特斯拉的"随心所欲"也表现在2021年4月上海车展上遭遇河南女车主展台维权，公司高管接受媒体采访时称"近期的负面都是她贡献的，我们没有办法妥协"。尽管特斯拉在处理此事和其他安全争议时的官方回应更加理性，我们还是可以看出特斯拉从公司创始人到中国区管理层一脉相承的领导力特色。

2021年2月2日，美国国家公路交通安全管理局（NHTSA）发布消息称，特斯拉将在美国市场召回13.49万辆Model S和Model X车型，理由是这些车辆上的嵌入式多媒体存储卡出现故障，导致中控屏幕无法正常使用。2月5日，特斯拉宣布在中国召回3.6万辆问题车辆，并且与此次美国市场召回原因一致。

可是，就在特斯拉面对政府和舆论压力的时候，YouTube（油管）传出马斯克与行业分析师桑迪·门罗的一次访谈，视频中马斯克不仅承认生产质量有问题，还自曝家丑说生产现场如地狱，建议用户在产量上升期不要买特斯拉。

他在采访中说:"我们花了一些时间真正解决生产问题。在提高产量过程中,我们发现油漆没有干,如果我们早点发现,就能早点解决。在生产过程中,需要额外一至两分钟让车辆油漆晾干,但实际上没有足够时间晾干油漆。这就是一个例子,没错,我们的生产现场如地狱。"

马斯克说:"有朋友问我,应该什么时候买特斯拉?我的回答是要么一开始就买,要么等生产稳定下来再买。因为在生产加速的过程中,要让产量直线上升的同时还要在所有细节上做到完美的确非常困难。"

这一视频在全球广泛传播,一方面印证了马斯克个人品牌惊人的传播力,另一方面也让人对他惊人的坦诚刮目相看。

当然,如果将这一访谈与马斯克三年来的言论对比起来看,你也会发现"生产现场如地狱"并非完全字面意义上的"生产车间情况糟透了",而是"生产面临巨大的条件不充分和瓶颈"。

2018 年,马斯克在解释 Model 3 产量提升速度远远落后于预期时就常用"生产地狱"(production hell)这个词描述产能瓶颈;后来又面临物流交付问题,不少消费者包邮交付时间一拖再拖,并在社交媒体上直接艾特马斯克。马斯克于 2018 年 9 月 17 日发推特称:"抱歉,我们现在从生产地狱转到了物流地狱(logistics hell),但是这个问题是完全可以驾驭的。我们正取得快速进展,很快就会解决。"

看来"地狱"是马斯克的口头语,是马氏词汇表中"情况不大好但是完全可控而且正在变好"的标签式表达。

我们刚刚分析的五种危机领导力表现——制度依赖型、主动承担型、决不妥协型、灵活调整型、随心所欲型,并非一个组织应对所有危机的既定策略,我们在后面章节中会详细谈到针对不同性质危机的应对策略。但是,从领导力,特别是对危机管理具有决定性影响的创始人 /CEO 来看,他们的成长经历、个性,企业所处的竞争环境,以及他们主导的企业价值观，都会给企业形成某种相对明确的危机应对模式。

比如：刘强东和京东——喜欢硬刚，农夫山泉——决不妥协，海底捞——"什么都是我的错"，马斯克——"口语化自我贬损"，蔚来汽车李斌——"说我什么都行，但是贬损蔚来用户我跟你急"。

危机管理领导力，所谓团队能力、各司其职固然重要，但是创始人/CEO的决断最为关键。其利在于与企业整体价值观和风格一致，辨识度强，有利于巩固核心支持者；其弊在于刚愎自用导致判断失误。

危机是一种极端的状态，领导人在业务管理中的常规智慧不一定能体察到危机中所有暗藏的关键要素，而在重要细节上的判断失误可能导致全局失利。

危机领导力最大的优势也是最大的风险，是管理层过于依赖、简单迎合创始人/CEO的个人智慧，每一个有强势领导人的组织都不得不在这一怪圈中挣扎。

管理水平：流程规范

我们用较大篇幅谈了领导力和领导人，强调了创始人/CEO个人的作用，但是对任何组织和企业来说，危机管理流程的规范十分必要。

企业有财务管理流程、销售管理流程、人力资源管理流程，对于危机管理流程，我们需要考虑以下几个方面：

- 指导方针——企业价值观
- 危机等级划分
- 危机管理小组成员和职责
- 常见危机的预警、发现、处理、结案和总结流程
- 新闻发言人的人选和培训
- 主要外部资源名单

- 危机回应基础模板
- 危机管理的定期和不定期演习

这个单子其实就是危机管理手册的内容。全球 500 强，历史比较悠久的企业，手册是必备的管理工具，我最早接触这方面的内容，是在学习像麦当劳、肯德基这样一些经常面对各种危机的全球化餐饮和零售企业时。

顾客被饮料烫伤，顾客在大厅投诉，食品中吃出异物，顾客在用餐中突然晕倒/死亡，店面遇到劫匪，店面发生火灾，这些看来不吉利、不愿意被我们提及的事情，在大公司的危机管理手册中都有明确的处理方式建议。其实，如果你在网上搜"麦当劳""肯德基""投诉""危机"这些词，你就会发现上面说的那些事情都曾经真的发生过，手册里的内容和相应的员工培训，都真实地发挥过作用，帮助一线员工和管理层有效应对了危机。

一些自己觉得平安无事的企业，特别是客户数量有限、产品相对固定的 B2B（企业对企业）企业，认为危机管理手册不过是一个官僚文件，更多的企业是在遇到危机、磕磕绊绊解决之后意识到建立管理流程的重要性。其实，看一个文件、一个管理流程是不是官僚，关键在其内容是不是能有效发挥作用，流程解决的是价值观和领导力不能完全覆盖的问题，是涉及管理层甚至全体员工行动方法的问题。

比如，工厂生产车间发生火灾，管理层很容易向全体员工发出指令："对外统一口径，员工不准对外提供事实描述、视频、录音，不得将公司任何信息外传。"

但是，你如何保证，这种禁言通知不被人截屏在网上散发，引起公众对企业"刻意隐瞒真相"的质疑？你如何保证，面对要进入厂区采访的央视记者，保安既能阻止记者进入现场拍摄，又能表现得克制和礼貌，不推搡记者，不在央视镜头中出现"公司保安阻挡镜头，蛮横阻拦采访"的情况？

在我工作过的企业和服务的客户中，不少都遇到过政府突检，因涉嫌垄断、市场违规行为、用户严重投诉，市场监管部门、发改委、商务部（厅、局）不经通知突然进入企业检查，在没有流程管理和相应培训的企业，员工会惊慌失措，有的采取对抗政府或者软性抵制的方式阻止检查，对企业造成更不利的影响。

对开展跨国、跨地区业务的企业来说，区域与总部的沟通是管理流程的重要部分，手册会规定什么样的事件由区域处理，哪些事件区域和总部共同处理，哪些由总部处理，总部与区域的配合机制，等等。

以房地产企业为例，它们业务上一般采用项目管理制，一个楼盘的建设、营销、售后等都由当地项目公司负责。我们经常看到这样的案例，客户在当地投诉，公司区域不与总部沟通，结果客户到集团总部领导出席的重要活动上投诉而总部领导对情况一无所知。这就是流程不完善、有流程不落实的结果。

跨国公司的危机管理流程也特别依赖区域与总部的配合，一个全球性的产品在某一市场出问题，公司必须对每一个市场的消费者做出回应，我们经常在网上看到的"该产品/型号未在中国市场销售"声明，其实都是在内部走完必要的核实流程后发布的。

编制危机管理手册可以帮助管理层梳理危机中的部门职责，采取有效行动。危机中常见的情况是，相关部门负责人扑向事件本身，可能忽视更大范围的沟通。比如产品投诉问题，生产和售后部门紧急与消费者沟通解决问题，但忽视了让政府关系部的同事深度参与，导致同事对来自政府部门的问询反应不当。

或者，在一个重大舆情事件中，公关部门扑向媒体和声明撰写，忽视了让人力资源部参与，造成与员工的沟通不及时不充分，员工不能有效发声，削弱了对外沟通的效果。

危机千变万化，手册中制定的危机管理小组成员和沟通方式也会随着事件性质的不同而调整。

比如2018年刘强东事件中，公司对于一件发生在明尼苏达州的与刑事有关的案件不可能有任何准备，在危机处理中，公司在中国和美国的法务、公关、投资者关系团队、外部律所、公关公司等要迅速建立沟通机制，在取证、制定策略和沟通方面的法律理解、时差限制、中英文文本对照等方面必须克服巨大挑战。

2011年日本福岛地震引发的海啸导致核电站设备损坏及核泄漏，危机管理的主导方是日本政府和核电站的建设及运营公司东京电力，因涉及复杂的技术参数和风险评估，外界对这次危机处理的评价不一。

这一事件还涉及发电设备供应商——通用电气，福岛一号核电站的六个机组有三台是通用电气生产的，六个机组中防止放射性物质外泄的重要屏障——压力容器，其外面的安全壳有五个都是通用电气设计生产的Mark I。当时因地震和海啸引发的断电导致冷却系统失灵，被广泛认为是导致电站内部氢气爆炸与核泄漏的主要原因。

尽管舆论焦点集中在如何控制核泄漏以及保障当地和周边国家的安全，还是有不同的声音质疑东京电力的管理责任，以及通用电气设备的坚固性。美国媒体报道了1975年通用电气三名工程师因质疑Mark I的设计有问题，难以抵御强大外部冲击而辞职，这笔旧账被翻出来，引发了核反应堆设计的安全性问题，大量问题和质疑朝通用电气涌来。

通用电气在核电业务部总部设立了作战室，核电业务的工程师、公关经理，集团公关部成员，政府关系部，以及法务部门的人员随即展开了不间断工作。三四十年的旧账要翻出来，这些年到底做了哪些工作，通过了监管部门的哪些检查，等等，都要在核实事实后用准确的对外沟通语言表达出来，特别是极为复杂高深的科学和技术问题。在这种情况下，危机管理流程的有效性得到最全面的检验。

关于危机管理的演习，许多公司已经形成常态，通用电气每年都在各个国家组织危机管理演习。这个项目的主导部门是总部的安全保卫部门，主要危机场景的设定是恐怖袭击、自然灾害、火灾、业务突然中断等，公司所有职能部门都要参加演习。我们将一间会议室当成作战室，演习主持人不断抛出新的事故场景，让各部门几分钟之内提交方案。比如上海某工厂发生有害气体泄漏，政府决定方圆 3 平方公里内的人员撤离，我们公司 1000 人受到影响，然后大家说怎么办。

- 人力资源部、安保部、行政部：通知需要撤离的员工。
- 所有部门：提供一个受影响的 1000 人中必须在办公室工作的人员清单。
- 行政部：为需要在办公室工作的员工找到临时工作场所。
- 信息技术部：保证这些临时工作场所内网外网的畅通。
- 政府关系：与当地政府沟通获得一手信息。
- 公关部：回答媒体关于公司业务是否受到影响的问询。
- 销售部：受这一事件影响如果停产一周或以上的销售预测。
- 生产部……

后来我跟公司总部建议，美国那边遇到的恐袭，我们这边不常见，地震有但是也不像日本那么频繁，应针对中国特定的情况做一些演练。后来我们就做了应对政府突然检查的演习，保证从保安、前台到业务部门都有明确意识，知道如何礼貌地让检查人员出示相应证件，如何配合检查，如何在公司内部迅速汇报等。

除了这种"纸上谈兵"，还可以组织接近实战的模拟演练。美国有的制药公司玩过那种完全不跟参与人打招呼的演练，半夜突然打电话，甚至到高管家敲门，说有人吃我们的药中毒了，马上拿出方案来。

这种夜半敲门的做法现在已经不现实。我还经历过公关公司为企业高管做的危机培训，会议室外面出现找人扮演的消费者举着横幅抗议，还不停地喊口号，给室内正在做危机回应方案的高管施加压力。当然，逼真不一定要找真人演太大的戏，危机场景设计得逼真，同样能为管理者提供真实操盘的体验。我自己近年来为企业做的新闻发言人培训，同样也会模拟危机中主流媒体采访高管的情景，帮助他们熟悉应对方法，避免最容易出现的失误。

硬实力：资源动员力

上一节我们谈到危机管理手册中有一项是"主要外部资源名单"，这也是危机管理中最容易产生官僚主义的环节。我看到很多公司里，包括我自己曾经主管的跨国公司公关部，都是把一堆名字列上去完事，看起来好像资源非常丰富，有时候资源名单干脆就是找公关公司拷贝粘贴上去的。

资源动员力的实质是：在危机中谁能为你说话。

做生意需要资源，这些资源与危机中的资源有不少相同之处，但是我们需要列一个表，把所有平时支持你的人列出来，然后一个个问自己，在发生危机的时候，他们会不会帮我们，是在最困难的关头第一时间帮我们，还是等主要争议过去以后为我们讲话。

顺风时期的资源，你可以很快列出来：

- 核心用户：常年使用我们产品建立的信任
- 粉丝：热爱我们的品牌，符合我们的调性
- 员工：公司是他们的饭碗
- 地方政府：我们在它们管辖的地方投资，创造税收、就业
- 央媒：我们的某个商业行为，如双创，符合它们的报道主题
- 行业媒体：行业生态圈
- 自媒体：商务合作
- 行业专家：行业生态圈，行业共同发展

- 公益组织：我们支持了它们的事业，双方价值观契合

下面，你把这些群体具象化，每个群体找一个代表人物出来，比如央视的×××，你们老总接受过×××的采访。然后，你设想一个危机事件，比如，产品质量被大规模投诉，上了"3·15"晚会，再一个一个画出来，谁会在第一时间发声支持你，×××会说什么。

你会失望地发现，所有人都闪了。

想想大家热议的危机事件，不管是企业还是明星，不管是滴滴顺风车司机杀人案，还是明星郑爽代孕事件，有没有人第一时间发声支持他们？如果有，结果是什么？

你的外部资源不会在发生危机时第一时间为你发声，主要原因是：

1. 事实不清不便发声：危机一般涉及比较复杂的事实和动机，内部搞清所有事实尚且不易，外部更难。
2. 太容易成为情绪和网暴的牺牲品。
3. 正常情况下的利益关系在危机中发生变化（如自媒体，平时是商务合作的软文支持，危机中并无双方绑定的道义基础）。

因此，危机中的资源动员力，不是第一时间为你发声的人，而是用不同方式、在不同时间点上对你提供支持的资源。即使是明星的粉丝，如果发生明星婚姻出轨事件，你也不要指望粉丝支持你出轨，而要用自己的行动纠错，获得粉丝的原谅和信任，让他们在稍后的时间对你提供支持。

从企业来看，地方政府是你最有力的支持者。从引进投资、项目审批、建设，到从企业获得税收、政绩宣传等，你们之间都是深度绑定。而公司销售地的市场监管部门，与公司的合作关系就远没有当地政府那么密切。

如果支持者不方便在第一时间发声，我们的重点就要放在：
1. 为外部资源提供充分的可以让他们公开支持你的证据。
2. 提供让外部资源为你发声的道德基础和利益基础。
3. 避免公开强拉外部资源支持，这极有可能将资源推向对立面。

肯德基"速生鸡"和"药鸡门"事件

我们以 2012 年肯德基"速生鸡"和"药鸡门"事件为例说明正确利用外部资源的重要性和风险。

肯德基及其母公司百胜餐饮集团与国内养殖和畜牧专家有着非常密切的关系。2012 年 11 月 23 日，有媒体报道肯德基在山西的一家供应商违禁使用化学品喂养肉鸡，以便将鸡的生长期从 100 天减少到 45 天。肯德基一开始将使用违禁品和鸡的生长期两个问题同时回应，特别提到 45 天生长期是行业标准。肯德基还动员外部专家资源为这一观点做解释说明，山西省农业厅在官方网站发布《专家解读肉鸡 45 天出栏的问题》，山西省农科院畜牧研究所一名研究员认为，白羽鸡具有生长速度快、饲料转化率高、对生长环境要求高、对疫病防控要求高等特点。

"速生鸡"事件尚未平复，12 月 18 日上午，央视报道山东一些养鸡场违规使用抗生素和激素，其中包括肯德基、麦当劳等大公司的供应商六和集团，从而将"速生鸡"演变为"药鸡门"，肯德基当天就发布声明称要求供应商配合政府检测检疫，并承认个别企业可能存在把关不严的问题。

第二天，百胜餐饮集团负责人在接受媒体采访时表示，百胜根据今年来自上海食品药品监督管理局的检测报告认为，今年以来六和集团以及其他供货商的产品质量都没有问题，并称 2005 年以来百胜餐饮集团每年投入百万元经费，委托上海食品药品监督管理局对所有原材料进行了把关检测。

这种表述表明，百胜试图迅速动员外部资源为自己发声，但是由于表达方式不当，反而将公众舆论的矛头指向上海食药监部门。

随后，上海市政府新闻办公室通过其官方微博"上海发布"通报了对百胜餐饮集团自检情况的调查结果，确认2010—2011年在百胜送检的19批山东六和集团鸡类产品中，检出8批产品抗生素残留不合格。

百胜餐饮集团也发声明表示表达不妥，百胜自己支付检测费用，但并没有向上海食药监部门支付其他费用；以及，百胜已经从8月起停止六和集团供货，并非为六和产品辩护。

事情过去两个月后的2013年2月25日，百胜餐饮集团邀请专家一起参加公司主办的新闻发布会，宣布启动"雷霆行动"，以解决肉鸡供应的质量问题，加强源头供应商管理，对企业自检流程重新设计并加强信息公开，严防有安全隐患的产品流入市场。同时，百胜和行业专家也呼吁消费者理性看待这一事件，不要谈鸡色变。

当天的发布会后，媒体广泛报道了百胜的"雷霆行动"，还有一个引人注目的标题：《专家谈肯德基速成鸡：世界人民都在吃白羽鸡》。新闻引用中国畜牧业协会副秘书长兼禽业分会秘书长的介绍：白羽鸡是全球第一大肉禽来源，世界人民都在吃；美国年人均鸡肉消费量43.91kg，位居世界第一位。

在此之前的2012年12月28日，在国务院新闻办公室举行的新闻发布会上，农业部总经济师、新闻发言人表示："速生鸡，首先这个名称是不恰当的，因为这个品种的出栏时间是42天，它有一个严格的规程。"他表示下一步会加大对滥用抗生素和兽药现象的打击力度。

肯德基"速生鸡"和"药鸡门"事件（也有媒体和业界人士认为是同一个事件），外部资源的有效运用在整个危机管理层面都显示了巨大的作用。畜牧和禽业专家具有白羽鸡的科学知识和支持行业发展、保护公众安全的道义责任，他们会在"速生鸡"这一误导性概念上主动发声，但是，"42天养成"的概念与当时的公众常识差距太大，应列入危机预警期的预防沟通范畴，好在专家在那个阶段密集发声，为百胜和肯德基在这一问题上的负面舆情发酵起到了遏制作用。

百胜/肯德基对政府资源的"滥用"也导致了危机关键节点上舆情的持续发酵，这也提醒所有的企业，危机时绝不能公开拉政府"垫背"。

在媒体特别是央媒抓到企业明确把柄的时候，简单声称"我们的产品经过了某某政府部门的检测和批准"，就等于直接把应该或者可能支持你的政府部门一下子推到反面，肯德基"速生鸡"事件最大的危机管理失误也在这里。在后面章节谈到新闻发言人和统一口径管理时，我们还会继续强调相应的观点。

软实力：传播技巧

危机管理能力金字塔的顶端是传播技巧。当我们具备坚实的价值观、领导力、管理流程和外部资源之后，相应的沟通技巧，也就是如何讲好话，也是做好危机处理的重要因素。

传播技巧包括：

- 与引发危机的当事人一对一沟通的技巧
- 与政府监管部门和重要利益相关者一对一沟通的技巧
- 与大规模受众公开沟通的技巧，包括回应声明、致员工信、致股东信、新闻发言人对外发言等

与当事人一对一沟通的具体技巧，不是本书的重点，但是重大舆情事件中的一对一沟通过程，很可能被公开，成为公众事件，所以必须引起注意。

2019年4月11日，西安一位奔驰女车主坐在汽车发动机盖上哭诉的视频传遍了全国。事情起因在于这位车主3月27日在西安利之星奔驰4S店购买的CLS300型轿车刚刚开出门机油警示灯就亮起，后确认是新车漏

油，这名车主要求换车，但是 4S 店开始答应的条件没有兑现，最后变成按照三包要求只更换发动机，于是引发了女车主在 4S 店哭诉的一幕。

事情在全国引发强烈反响，特别是女车主那句"我是研究生毕业，今天在这里很丢脸，让我几十年的教育蒙受奇耻大辱"引发全国消费者共情，央媒也发表评论要求彻底调查，切实维护消费者权益。

在围绕这一事件的各种舆论中，有一段被传到网上的 18 分钟音频，是 4 月 14 日女车主刘女士在当地工商所协调下与利之星 4S 店总经理刘女士的一段对话（注：录音显示她们两个都姓刘）。

在刘总经理的一段开场白后，车主刘女士打断了她的话。

车主刘女士：您的陈述特别长，而且比较官方。我这个人脾气比较急，就是我不像您这样官方地冷静地处理问题，但是我是一个善良的人。刚刚各位领导已经花了一天的时间，给我做了一定的心理疏导，所以我觉得您刚刚说的那些话，让我的脾气又有点上来了，所以我不想再听了，抱歉啊。

我很荣幸能够见到各位。我一直在找你们，找不到。您有各种理由，在德国也好，在哪儿也好，我没有您的手机号，也没有您的微信号。我觉得这一点您不用说，德国我也能打电话给您。我一直要求跟您通话，包括 4 月 11 号，事情发酵到下午的时候，已经有 9000 多万阅读量，我让你们的销售出来找我，我说我要求见你们的领导，但没有人把您的联系方式给我。我相信不管您在哪个国家，都有联系方式。这个事件它不是一个一维空间，所以您不需要特别地解释，我也不会理解，我也不接受，所以请您不需要太官方说辞了。（注：对原话进行了简单的整理。）

这段 18 分钟音频是分析和学习危机中一对一沟通技巧的教材，它告诉我们需要遵守几个原则：

1. 真正的共情，从对方角度考虑问题。
2. 不辩解，不为过去的行为找任何推脱的理由。
3. 倡导，提出解决问题的方案。如果方案不能具体，则先提出解决原则和提供方案的时间。
4. 准备对方会录音，注意讲话分寸，或者事先明确约定双方都不录音。录音会影响沟通的效果。
5. 适当安排调解人在场。

与政府沟通的技巧中，最重要的原则是"不让政府感到任何意外"，任何与你企业有关的，可能被政府的上级部门或者媒体问到的事情，你都要保证主管你的政府部门事先知道。

假设你的企业在某市销售的产品遭到大规模投诉，省电视台报道了这件事，省市场监管局向市级市场监管局询问，市局说我们还什么都不知道呢；或者，央视来采访市局了解他们对你们产品的检查监督情况，市局说我们还什么都不知道呢。

这样你就有麻烦了。

企业在重大危机中向公众发的声明，如果要附上政府相关部门的检测报告，需要跟相关政府部门先打个招呼。企业发布的重要立场，也要与相关政府部门沟通，这在高度监管的行业，如银行、保险和其他金融公司，尤其重要。

关于危机中与公众沟通的技巧，我们会在后面的章节中涉及。

• 本章小结 •

• 企业危机管理能力，由价值观、领导力、管理流程、外部资源和传播技巧五部分组成，价值观是能力金字塔的基座，是决定一切的基础。

• 价值观不在于漂亮的表达，不是贴在墙上优美的招贴，对价值观的考验在于你在危机中最看重什么，能舍弃什么，你把底线设在什么地方，能否拒绝降低底线的种种诱惑。

• 领导力是集体能力、个人能力，更多是创始人/CEO的决断力。对这个人来说，他所形成的制度依赖、主动承担、决不妥协、快速调整、随心所欲的单一或综合风格指导着企业应对危机的策略，决定了危机管理的成败，也影响着整个团队的判断。他的个人风格是企业的优势，也是风险。

• 管理流程是价值观和领导力延伸下来的团队协作。管理流程可以通过制定《危机管理手册》的方式，让每个部门、每个员工了解自己在危机管理中的职责，建立有效的合作机制，做必要的演练，在实践中检验流程的合理性和有效性，并随时改进。

• 资源动员力是企业重要的硬实力。它不是漂亮的联系人名单，而是在平时做好资源的维护，在危机时为外部资源提供必要的事实，为合作建立道德和利益基础，并避免强拉背书导致外部资源走向反面。

• 传播技巧包括与引发危机当事人的一对一沟通，与政府的一对一沟通和与公众、员工、股东等群体的公开沟通。在任何沟通中都要遵守共情、倡导、不辩解原则。

• 思考题 •

1. 你公司创始人/CEO在危机中一般表现怎样的领导力风格？他是具备某一个风格，还是在两三个风格之间摇摆，为什么？这与创始人的经历、公司价值观、公司发展阶段、市场竞争有什么关系？

2. 作者曾经有说服CEO在危机中改变意见的经历，你有过吗？结果怎样？为什么？你从中有什么收获？

3. 如果你是2019年4月14日与奔驰女车主对话的奔驰4S店老板，你会用怎样的开场白？如何运用共情、倡导和不辩解原则？事件的过程，对话之前发生的事情，双方陷入僵局的原因，可在网上找到。

第三章
危机预警：发现品牌的软肋

> 条件恐惧是动物感知危险的一种能力。动物用混合感知模型发现天敌，包括视觉、气味、听觉和触觉感应。
>
> ——科学研究

预防沟通：提前解除偏见

改变公众的认知很难，但是社会在进步，想想我们很多年前不能接受而现在开始改变的观念：

- 养宠物应该提倡还是禁止？
- 春节不回家是否可以接受？
- 化妆品标签上写明化学物质成分是否会吓倒消费者、毁掉整个行业？
- 性取向差异是禁区还是能够容忍？
- 产品召回是企业不可救药还是诚信负责？

新法规、新观念、新产业、新产品的诞生总会冲击公众原有的认知，对处于危机常态的企业来说，危机防范基础工作需要对公众错误认知有所判断和警觉，有意识地加强这一领域的普及教育。

警察与医生，你支持谁？

2019年4月24日15:49，上海警方接到110报警，称仁济医院9号楼3楼有人打架，接警后两位民警立即赶到现场，发现患者与赵晓菁医生发生了纠纷，患者陈某的丈夫韩某称赵医生打人，还撩起衣服让民警看自己的伤痕。

根据警方公布的信息和澎湃新闻、《中国经营报》等的报道，女患者从外地来，当时还坐着轮椅，在所有预约号都挂满的情况下，知名专家赵医生出于好心为这名患者加了号，患者当天上午10:30领到加号单后闯入诊室，认为应当立即得到诊治，后经解释顺序排队规则，赵医生在12:50为其问诊，但因需要调取此前拍摄的CT片，双方约定15:30再次就诊。15:20左右，韩某进入诊室寻找医生，被告知需等候就诊。约10分钟后，韩某再次要求医生为其妻子诊治，赵医生告知其继续等候。韩坚持不肯离开，双方发生言语争执，赵欲将韩推出诊室，双方继而发生肢体冲突。

民警根据《治安管理处罚法》有关规定，要求涉事双方前往派出所配合调查，但是赵医生提出先给病人看病然后再去派出所，候诊的病人们也为赵医生求情，警察开始答应了这一请求，但后来意识到这种做法不符合执法规定，20分钟后，警员提出由院方安排其他医生继续接诊，赵没有接受。警察遂对赵医生口头传唤，遭到拒绝后，将其强制带离诊室，在门诊大厅赵与民警发生肢体冲突，当时的情景被网友拍下：警察与赵医生一同倒地，警察为赵医生上了手铐，将其带离医院。

事件发生后，特别是警察铐走医生的视频传到网上，引起极大关注。有人认为警察执法过度，有人觉得医生也应该守法，有的认为医生是特殊群体不该被如此对待，有的说法律面前人人平等。

4月26日上海警方发布的声明称:"在赵某拒不配合,并与处置民警发生肢体冲突的情况下,现场使用手铐强制传唤,符合《公安机关办理行政案件程序规定》等法律规定。"警方还澄清了一些网络传言,在声明中指出,"网传患者陈某无理插队与事实不符",现场警察"以涉事医生赵某涉嫌违法,口头传唤其配合调查,非网传直接戴手铐带离"。

4月27日,中国医师协会微信号发布文章指出:"医疗机构内如果发生患者不遵守诊疗秩序的行为,应当由职能部门或安保部门协助维持秩序,以防事态扩大。

"发生在医疗机构内的医患冲突不同于普通的民事冲突,'尊医重卫'不只是一句口号,还应表现在具体行动中,对医务人员慎用械具也是'尊医重卫'的应有之义。

"医生护佑人民的健康权和生命权,警察维护社会秩序和法律的尊严。'白大褂'和'蓝警服'都是人民群众最值得信赖的职业群体,应当彼此互相支持配合。

"相信上海警方、上海仁济医院以及本事件的患方能够互相理解,各自反思,用理性构建美好的社会氛围。"

环球时报总编辑胡锡进在微博上评论:"老胡想说的是,公众在不了解细节的情况下,看到一名忙碌的医生被铐走的情景,对他产生同情,这一感受是充满善意的。

"无论怎么看警方的通报,在推测赵晓菁医生不会无缘无故坚持己见的同时,也要为警察通常不会无缘无故将一个人拷走的逻辑留下空间。应当承认,还原事情真相,司法调查会比一个视频更全面,也更有权威。作为公众,我们应当为事情的依法依规解决提供达观的舆论环境,不要为了鼓励一种善意而否定另一种善意。有很多时候,价值判断取决于我们对原则的临时性排序和视角的选择,而司法的裁决永远应被置于最高的位置。"

这件事情后来以比较圆满的方式解决,根据媒体报道,当天16:15

左右，赵被带到上海市公安局浦东分局塘桥派出所后，所长黄波感觉到民警的方式方法欠妥，解除了赵医生手铐，并就强制传唤的法理做出解释。赵医生也意识到自己的某些行为欠妥，警方让赵医生继续回诊室工作。当天19:30，赵医生在医院人员陪同下再次回到派出所，完成笔录后，警方让赵医生回到医院，准备第二天的手术和工作。

在接受媒体采访时，黄波所长和赵晓菁医生都对自己的行为做了反思。

黄波："现在回头来看这件事情，复杂的执法环境，更加考验民警的执法素质。如果民警能控制好自身情绪，或者在现场耐心陪同等候医生将后续的病人问诊完毕，更加精细化、人性化地操作，不至于升级到肢体冲突并最终使用手铐。那样的话，最终的执法效果也会更好一些。"

赵晓菁："我觉得，在这个事件的处理上，双方都有提升的空间。在我眼中，警方始终是保护者，这次事件之后，我对执法流程也有了更深的理解。身为一线医生，我会更警惕避免这样的事情发生，例如患者第一次闯入时，就汇报给医院管理层或者报警。

"我曾对媒体反复强调，始终相信上海警方的执法合法性，这本身只是一件小事情，不应该如此夸大。还有一点，我是想对那名患者说的，虽然经过这个事情，患者对我的信任可能下降了很多，但我还是想把病情分析情况告诉对方。"

仁济医院医生与警察冲突，事实上引起的另一个争议是，警方通报中指出"韩某右侧第 10 根肋骨骨折，右侧第 9、第 11 根肋骨疑似断裂，赵某上肢及右颈外侧软组织挫伤"。多数评论都以此作为事件性质的基本判断，也有人质疑当时打架到底到了什么程度，骨折是否是现场冲突直接造成。

不管怎样，根据上面的描述，你的选择是什么？

1. 我支持医生。
2. 我支持警察。
3. 我支持胡锡进（双方都有责任，重要的是应该相互理解）。
4. 以上谈的都不是实质问题。

我在给不同企业和机构讲危机公关课时反复用到这一案例，在描述事件的不同阶段我都会问听众"你支持谁"这样的问题，发现这样几个现象：

- 在事实陈述到警察把医生拷走的情景被放在网上时，多数人支持医生。
- 在警方公布打架事实，媒体报道派出所所长和赵医生相互谅解之后，更多的人认为双方都有责任，应该相互理解。
- 家人中有做警察的，一般支持警察。
- 我的警察朋友圈，支持警察。
- 医院管理者，一部分坚决支持医生，一部分认为仁济医院管理缺失是造成这一事件的主要原因。

我们着重谈危机的预防性沟通。

坦率地说，我支持警察，但是我的观点在一次课上被几名愤怒的医院院长批评质疑，于是我考虑应该如何更好地阐述。

就事件本身看，警察没有错，警察按照规则执法，有人报警，处理打架伤人，要求当事人去派出所做笔录配合调查，口头传唤后遇到不配合而采取强制手段，警察做了自己应该做的事情。

赵晓菁医生在接受媒体采访时也说："我当时关注点都在病人身上，但没有注意警方的执法压力。外面的病人后来也涌入诊室，警员压力也很大，双方的矛盾升级了。当时场面太混乱，我怕诊室内太拥挤伤到病人，就从诊室离开走到大厅，但这一行为可能引起了警员误解，导致警员试图控制我，双方摔倒后，一位警员就使用了手铐。"

你觉得警察在那种情况下还能做什么？警察在执法中要考虑当事人和公众以及自身的安全，有人说中国警察执法条件不好，要是在美国早就掏枪了。我们不用对照别人，人民警察有自己的法律责任和职业精神，但是不能把所有的风险都留给现场的警员，现场警员不应因为你看起来像好人，看起来不像好人，你是医生、院士还是流浪汉而影响自己的执法判断。

警察和医生这两个行业，都面临危机的预防沟通问题。

警察方面：应教育公众，警察的现场执法权力必须得到绝对尊重。

在任何情况下，警察出示了自己的执法证明后，你就必须绝对配合警察工作，如果有特殊情况（如医生在抢救病人），也必须征得现场警员同意。而那种与警察现场理论，"我是好人，凭什么抓我""警察欺负人啦""来来来，大家给评评理""就不跟你去派出所，你敢把我怎样？""人民警察还能打人民不成"都是不允许和违法的。

医生方面：不能以自己职业的公共标识优势而拒绝服从警察，职业身份必须服从法律身份。

医生有一种职业身份的优势，在重要时刻掌握人的生命权，你躺在手术床上，一切都要听医生的，你不能说，我是警察，我命令你半小时结束手术，或者，我是领导，你给我的刀口不能超过5厘米。这种职业身份优势在一定程度上造成了医生对自己在特定环境中的选择困惑，比如在履行医生职责和服从警察执法中做出选择。

后来我有机会跟一些医院管理者做深入探讨，他们认为，需要为医护人员做守法方面的培训，这是一个防范危机的预防性沟通。更重要的是医院在管理上为防止类似的冲突建立缓冲机制，院办、医务处、保安等部门和人员，必须积极配合警察在医院履行执法职责，保证医院秩序，保护患者的安全和权益，同时也保护自己的医生。

从管理的角度，面对医院和医生这样一个特别的行业和群体，不应将全部的风险判断全部丢给一线的医生。

仁济医院医生与警察冲突事件为我们留下很多思考空间，对危机管理最深刻的启发是：（1）警察作为一个行业，应该做好公众的预防沟通，让公众充分认识、理解并接受"警察在现场的执法权力必须得到绝对尊重"这一观念。（2）预防沟通对新兴产业的作用更加明显。

比如，自动驾驶就是一个容易产生误解、导致危机的风险点。

特斯拉自动驾驶产品事故

特斯拉是比较早就开始推广自动驾驶技术的企业，其自动辅助驾驶系统 Autopilot 有很高的知名度，但是也因为营销中过度强调性能优势、忽视风险提示而造成多次企业声誉危机。

我们可以查到的媒体公开报道过的特斯拉自动驾驶事故不胜枚举。

2016 年 5 月，美国佛罗里达一名男子驾驶特斯拉 Model S 开启自动驾驶模式后撞上前方行驶的半挂卡车，驾驶员当场死亡。

2018 年，一辆特斯拉 Model X 在自动驾驶模式下撞上路边匝道，导致驾驶员死亡。

2019 年 3 月，美国佛罗里达州一辆特斯拉 Model 3 在自动驾驶模式下以每小时 110 公里的速度撞上一辆正在缓慢横穿马路的拖挂卡车，驾驶员不幸罹难。

据《经济观察报》报道，2020 年 7 月 29 日，北京南四环花乡桥一辆特斯拉 Model S 在自动驾驶模式下以每小时 80 公里速度由西向东方向行驶，当前方出现一辆正在作业的养护货车时，特斯拉自动向右并线避让，然而在避让到另外一个车道后，特斯拉却突然向左加速撞到了货车右侧，造成特斯拉报废，对方车辆 4 人受伤，其中一人胸椎严重骨折。

这家媒体还报道了 2020 年其他三起特斯拉因自动驾驶系统故障，

导致刹车失灵或突然加速引起的碰撞事件。

特斯拉在 2014 年发布了自动驾驶系统，硬件包括超声波传感器、前置摄像头、前置雷达、数控电子制动器等，并可通过软件的 OTA 不断升级，丰富自动驾驶功能，实现车道偏离警告、限速提醒、紧急刹车、盲点预警等。

但是特斯拉在 2015 年推出 V6.2 车载系统更新时使用了"辅助驾驶"概念，2016 年 1 月，特斯拉 Model S 通过 OTA 空中升级的 7.0 系统中开始使用"自动辅助驾驶"概念。

国际自动机工程师协会（SAE）和中国工信部出台的《汽车驾驶自动化分级》，都将自动驾驶分为 L0~L5 六个级别，其中 L0~L2 是驾驶辅助，L3~L5 是自动驾驶。

截至 2021 年初，各厂家达到的基本在 L2~L3 之间，根据工信部标准：2 级驾驶自动化系统属于组合驾驶辅助，"系统具备与车辆横向和纵向运动控制相适应的部分目标和事件探测与响应的能力，能够持续地执行动态驾驶任务中的车辆横向和纵向运动控制。3 级驾驶自动化（有条件自动驾驶）系统在其设计运行条件内能够持续地执行全部动态驾驶任务。

也就是说，在 3 级状态下，驾驶员可以手离开方向盘，眼睛不看路面，只需要根据系统请求做必要的应答。

其实马斯克本人一直没有说自动驾驶绝对安全，他对科技、对未来惊人的洞察力和行动力令人信服，马斯克在 2018 年接受 CBS 主持人采访时就讲过："强调我们永远不会完美是很重要的，现实世界里没有完美的东西。但我确实认为，从长远来看，它（特斯拉自动驾驶系统）能将事故减少 10 倍。"

用不断的颠覆性突破解决危机和争议，是特斯拉和马斯克独特的他人难以模仿的能力。回到常规世界，虽然短期内任何车主都不会将自己的生命完全交给自动驾驶，但是"自动驾驶"概念可能引发的消费者认知误区，以及不可避免的技术故障导致的安全事故，都是企业重大的危机隐患，企业对自动驾驶的产品营销和危机防范应该同步完成。

围绕"自动驾驶"的预防沟通可能包括：

- 测试版与现实版的差别
- 技术解读、法律解读和公众认知有哪些区别
- 怎样理解不同等级的自动驾驶
- 使用自动驾驶功能时应更激进还是更保守
- 自动驾驶故障导致安全事故的法律判定标准
- 关于自动驾驶过度营销的法律问题
- 自动驾驶是单车功能还是驾驶环境的系统功能

预防沟通针对隐藏的危机风险，即使是有经验的行业和企业，也往往在事发之后才意识到要大量补课。我们在上一章提到的肯德基"速生鸡"事件也是一例。肯德基和养禽业都认为养45天的鸡没问题，是常识，是科学，但是这样的信息公开传播还是造成了公众不安，现在一些品牌如"老乡鸡"宣传自己选用180天土鸡熬汤，就是利用了人们这种"长期饲养营养更好"的认知。

预防沟通有几个很大的顾虑：违背常识的问题如何沟通？涉及行业的普遍问题是领军企业带头沟通还是行业联合？针对自己品类的沟通"得罪"了其他品类会招来怎样的"报复"？比如选用180天土鸡的企业说我们比45天的鸡更有营养，肯德基会不会跳起来？以及，像数据安全、个人信息隐私这样的问题，拿出来讨论会不会引火烧身？

预防沟通不一定以自身为传播主体，可以通过媒体以及没有直接物质利益关联的机构做沟通。"必须尊重警察的现场执法权力""召回产品是履行责任""正确理解自动驾驶"，这样的议题用倡导对话的方式引导更加有效。

漏洞排查：主要风险领域

排查风险是成熟企业的必修课，当企业走过了生存的基本阶段，意识到危机是躲不过的成长必修课时，对风险的讨论就会摆脱"不吉利"的阴影。

我从事记者和企业公关工作 20 多年，其间，不管是采访别人，还是被人采访，或是在大公司参加高层管理讨论，大家都爱问一个问题：你最担心什么？在跨国企业，人们会问："What keeps you awake at night?"（你会因为什么半夜睡不着觉？）

高端又讨巧的回答是："我担心我们的公司不再有趣，不再有梦想。"

稍微实在一点的回答是："我不担心业绩，最担心的是诚信，因为业绩这个月完不成还有下个月，诚信出了问题，我们这个百年老店可能会一夜之间垮掉。"

当然这些问答都像是媒体访谈，到了企业的管理层面，大家还是会讨论真正的风险在哪里。

从内部管理层面，风险可以这样划分（以互联网教育为例）：

业务模块	职能部门	主要风险
前台	线上教育事业部 线下教育事业部 金融服务事业部	教材、教学体验投诉 上课环境、老师能力投诉 违规操作、隐私泄露
中台	内容生产中心 智能数据中心 客户运营中心	道德争议、政治敏感内容 违规操作、隐私泄露 不当推送、会员权益争议
后台	人力资源部 投资者关系管理 财务／法务／行政	裁员风险、员工纠纷 股价波动、大股东负面新闻 工作环境、安全隐患

不同行业的业务模块不同，比如汽车可以分为生产、销售和售后；化工行业，特别是危险品行业除了生产还要加上产品运输的风险。

在完成内部风险排查后，我们需要在更大的范围内判断风险，主要看政策、行业、竞品和内部四个维度：

政策	行业
地缘政治：华为、TikTok 在海外遭禁 法规变化：反垄断、环保、劳动法 法律干预：明星被封杀、企业被查	行业趋势：充电宝是过渡产品 行业争议：电子烟 认知误区：燕窝的营养价值
竞品	内部
竞品产品攻击：落后、缺陷、垃圾 竞品道德攻击：员工待遇、血汗工厂 竞品法律攻击：知识产权、垄断	前台：产品和服务投诉 中台：隐私泄露、营销内容争议 后台：员工纠纷、生产/办公安全

漏洞排查不仅仅是把风险领域列出来，更重要的是提出规避风险的措施。

内部风险的管理，可以通过简单直接的管理流程改进，制定具体措施来完成。其他风险的管理，则需要配置相应的资源，比如针对当今商业环境中越来越多的竞品攻击，企业需要在竞品战略和策略分析、舆情监测、媒体关系和反击资源方面做更好的准备。

企业的基本风险管理，应该列入危机管理手册中，具体请参照本书第二章。风险的排查和预判是一个动态过程，类似下面的一些政策变化、竞品动向都应该引起注意，并列入风险清单，提出行动指导。

- 《国务院反垄断委员会关于平台经济领域的反垄断指南》正式出台，专家称将有若干代表性案件，杜绝滥用市场支配地位，强化互联网行业公平竞争。
- 京东金融、全棉时代有争议营销视频引发公众讨论。
- 某科技公司因竞品提出天价知识产权诉讼案而撤回上市申请。
- 明星肖战被莫名轮番攻击。

- 辛巴团队直播燕窝翻车。
- H&M 因总部棉花问题声明引发众怒。

敏捷机制：感知蛛丝马迹

在危机预警系统中，舆情监测和商业情报是两个重要的领域。

舆情监测

舆情监测是企业风险管理的基本配置，从早期的剪报服务到今天的全网监测，大数据和人工智能技术让舆情监测更简单、更高效。同时，舆情监测服务形式也在变化，现在已经很少有公司专门做监测服务，行业的基本门槛大大降低了，即使企业不雇用监测公司，小伙伴们每天上网刷各种信息，重大的针对自己的负面舆情也跑不掉。舆情监测公司一般都会推出自己的附加服务，比如针对负面舆情的策略、内容制作、影响力分析、品牌价值分析等，一些大型公关公司，如蓝标、迪思，都有自己独立完整的舆情监测和危机公关服务体系。

企业要根据需求建立舆情监测体系，通过内部资源和外部服务商，提供从最基本的负面信息收集到最全面的用户投诉实时反馈，以及中间部分的有重点、有时间性的舆情监测。

如果你是 B2B 企业，产品相对单一，客户群体不大，品牌的公众曝光度不高，你可以用人力检索的方法做舆情监测。简单说，如果有人说你什么坏话，你肯定会在朋友圈收到信息。

如果你是像中国工商银行那样拥有两万多营业网点的机构，舆情监测要更加精细，你可以对监测公司提这样一些要求：

1. 全网监测，实时抓取从微博、百度、贴吧、论坛到主流媒体和自媒体大号对公司的任何负面信息。

2. 将负面信息做自动化和人工分类处理，把内容筛选出来后提示给相应的企业管理层。（如网点服务投诉随时向网点负责人反馈，超过一定流量的投诉提示区域经理，重大舆情提示企业管理层。）
3. 根据企业业务要求提供有重点、有时间性的监测内容。
4. 对负面内容做合法合规的技术处理。
5. 对重大舆情提供应对建议并加以实施。
6. 定期提供舆情报告并提出可行的行动建议。

有重点的监测，是针对某一事件、某一议题的监测，对某一个、某一类博主或群体的监测。比如 2021 年春节前夕，拥有 70 万成员的豆瓣鹅组因 B 站播放的番剧《无职转生》引发关于女权的争议，对 B 站和部分与女性、女权相关的品牌发起攻击。这样的舆情爆发需要及时引起相关品牌关注，一些美妆品牌明显不够敏感，反应不够敏捷。

有时间性的监测，主要针对企业发展的敏感时期。比如上市前六个月，这个阶段的舆情监测要求更高，对风险的把握要更加细致，舆情公司要做的工作更多，虽然不是所有的舆情都需要企业回应。

商业情报

商业情报是风险预警中一种额外但有时非常必要的补充。竞争品牌在我方上市前会采取什么行动，对我公司重要业务举措会如何攻击，在"6·18""双十一"等重要销售节点上会运用何种手段，对公司做好危机预警非常重要。

格力举报奥克斯

2019 年格力举报奥克斯事件，在危机预警、商业情报方面可以给我们一点启示。

2019 年 6 月 10 日，格力集团在官方微博上发布《关于奥克斯空调股份有限公司生产销售不合格空调产品的举报信》，指出奥克斯空调标明的能效值与实际检测严重不符，格力委托第三方有资质的检测机构的测试结果证实了这一问题，格力称奥克斯损害了消费者利益，破坏了国家节能环保政策和公平的商业竞争环境。格力甚至称："如相关行为涉嫌构成《刑法》第一百四十条生产销售伪劣产品罪，请移送公安机关依法追究刑事责任。"

"移送公安机关"这样的语言让我们仿佛听到了格力的咬牙切齿。

举报在全国范围内引起强烈反响，主流媒体纷纷发表评论，国家市场监督管理总局、奥克斯总部所在的宁波市市场监管局、中国消费者协会等都表示重视这一举报并将展开调查。

突然的举报令奥克斯有些束手无策，只能仓促应战，纠结于要维护自己但又不能把目标过多引向认证机构，攻击格力产品有问题但临时没有证据，所以开始只能称格力的举报"漏洞百出"，奥克斯将"向公安机关报案，并将向司法部门提起诉讼"，直到8月30日才由奥克斯家电事业部总裁"隔空喊话董明珠"，称将提供格力产品不合格的证据。

有个耐人寻味的信息，就在格力举报的三天之后，6月13日，国家发改委、工信部、财政部、生态环境部、住建部、市场监管总局、国管局印发实施了一个叫作《绿色高效制冷行动方案》的文件，文件特别指出：

> 严厉打击产品能效虚标、认证检测作假、虚假宣传等行为，增大制冷产品抽查力度。完善监督抽查结果公布制度，将抽查检查结果和行政处罚信息纳入国家企业信用信息公示系统和全国信用信息共享平台，实行联合惩戒。强化质量责任追究机制，严格问责追责，不符合强制性能效标准的产品由生产企业限期召回，责令情节严重的企业停产整顿。

对这样的措施我们平时可能不会关注，但是放在格力举报奥克斯的背景下就格外显眼。

是政府这七个部门在格力举报后，用三天的时间起草、会签、批准、印发了这份3800字的文件，还是格力知道政府要公布这一文件，利用这一重要时机发动了举报？

答案恐怕是后者。涉及行业的重要文件，业内重点企业一般会事先有所了解，格力提前知道这个文件不奇怪，奥克斯也很有可能知道。但是，从商业情报的角度设想一下，如果奥克斯事先知道格力要发起这次举报，6月10日晚上的奥克斯作战室一定不会那么混乱。

政策护栏：建立外部保护

在危机预警这个章节，我们谈到了预防沟通、漏洞排查和舆情监测，如果说这几个行动都如同在打仗前修筑工事、锻炼体魄、合纵连横、侦察敌情，那么政策护栏就如同你借助外力形成的一道外围防线。

对于外资企业来说，从改革开放早期国务院、商务部和各级地方政府颁布的鼓励外商投资规定，到2019年3月15日十三届全国人大二次会议通过《中华人民共和国外商投资法》，它们越来越明确自己在中国经济体系中的地位，对中国市场的信心也在不断加强。

每个外商投资企业都可能在困难时期问过自己"最坏的打算是什么"，他们也不断通过自身努力，通过中美、中欧、中日等商会，以及促成政府间的信任合作保证自己在中国市场的地位。

需要强调的是，政府不会特别保护某一个企业，建立政策护栏必须有一个符合政府利益的题材。

关于食品安全的信息在网上一直受到关注，2016年以来，一些"独立检测机构"经常发布关于食品安全的报告，比如A机构称，他们在市场上购买了B公司生产的饼干，将产品送到德国的实验室，检测结果证明，这个饼干产品的金属含量超过欧盟标准10倍。这样的信息在网上发布后被广泛传播，不仅造成 B 公司的危机，更在消费者中间引起恐慌。

2017 年 7 月 14 日，国务院食品安全办等 10 部门发布了《关于加强食品安全谣言防控和治理工作的通知》。《通知》规定农业、卫生计生、质检、食品药品监管等部门严格执行"公开为常态，不公开为例外"的要求，及时公开准确完整的食品安全监管信息，挤压食品安全谣言，凡没有事实根据或者缺乏科学依据的食品质量安全信息均可判定为食品安全谣言，对谣言制造者要依法惩处。

通知特别提到："任何组织和个人未经授权不得发布国家食品安全总体情况、食品安全风险警示信息，不得发布、转载不具备我国法定资质条件的检验机构出具的食品检验报告，以及据此开展的各类评价、测评等信息。"

这一通知的出台，是食品行业相关协会和企业与政府部门充分沟通的结果，体现了政府对消费者权益保护和社会稳定的重视，也符合企业的意愿，希望制止包括"独立检测机构"在内的各种组织和个人随意发布与国家标准不符的食品安全信息，对企业生产经营和消费者购买行为造成负面影响。

发布通知的机构包括：国务院食品安全办、中央宣传部、工信部、公安部、农业部、国家卫生计生委、质检总局、新闻出版广电总局、食品药品监管总局、国家互联网信息办公室。

上述机构的名称后来虽然有些有所改变，但是你可以看到法规政策、新闻宣传、网络执法、公安执法等部门全面参与，这对食品行业是一个重要的政策护栏。

通过行业协会与政府沟通建立政策护栏，既适用于传统产业，也适用于新兴产业，行业领军企业应摒弃狭隘的商业竞争，为行业获得政策护栏共同努力。

近年来，以喜茶、奈雪的茶、茶颜悦色等为代表的新消费潮流品牌崛起，给都市生活带来了新的体验，也为这些企业的危机管理提出了难题。这些企业不时遭到消费者投诉，被"饮料中吃出虫子""冰块菌群超标"等问题困扰。

尽管狂热的粉丝和企业管理层都认为这些指责无关紧要，"没有农药的新鲜原料里才会有果虫"是最好也是最坏的辩护。但是随着企业影响力的不断扩大，它们不仅要面对粉丝，也要面对食品安全、市场监管，以及主流媒体代表的更广泛社会群体的监督。

由中国连锁经营协会主办的 2020 中国全零售大会成立了新茶饮委员会筹备工作组。按照喜茶的解释，新茶饮的标准有两个，第一是天然原材料，第二是塑造并传递品牌文化。

新茶饮拒绝罐头包装。关于"天然原材料"的保鲜保质采用何种标准，如何保证在合规的同时推动新行业标准的建立，这是新茶饮行业在建立政策护栏的过程中需要努力完成的。

同样的挑战也出现在燕窝行业，以小仙炖为代表的"鲜炖燕窝"品类崛起，重新打造了燕窝消费习惯，在获得快速增长的同时，关于新品类的行业标准也出现各种争议，甚至引发较大的负面舆情。燕窝特别是鲜炖燕窝行业，同样需要与监管部门进行坦诚有效的沟通，建立必要的政策护栏。

· 本章小结 ·

- 危机预警是打好危机管理战役的必要准备。
- 预防沟通：针对消费者对本公司本行业的重大误解做沟通。比如，医生认为在医院可以不用服从依法出警的警察，自动驾驶必须"自动"。这种教育和沟通最好通过第三方（如媒体），通过设置公众讨论议题完成。
- 漏洞排查：判断企业主要的风险领域。内部可以从主要经营环节，如制造业的设计、生产、销售、售后，互联网的前台、中台和后台，厘清可能出现的风险。总体上围绕政策、行业、竞品和内部四个维度找出潜在的危机。
- 敏捷机制：舆情监测是危机预警的基本配置。根据企业特点确定由内部还是外部资源实施监测，对舆情监测公司提出全网监测、分级提示、重点梳理、内容干预等方面的要求。重视商业情报的收集，提前预知重大政策出台、竞品攻击的内容和时间，也是建立敏捷机制的工作要点。
- 政策护栏：建立有效的危机防范外围防线，借用政府力量为行业形成政策护栏，同时保护企业自身。了解政府工作的重点，形成目标一致的议题，通过行业协会推动政策护栏的建立。

• 思考题 •

1. 消费者对你所在行业的最大认知误区是什么？哪些需要教育沟通，哪些是无法改变的，比如美国车油耗高，日本车钢板薄、安全性差，打车软件刻意杀熟？

2. 作为 CEO 或者高管，或者公关部经理，你最担心公司出现怎样的危机？What keeps you awake at night?

3. 你怎么看一些高度竞争的行业中企业相互发展内线的行为？如此收集商业情报是否触犯法律，界线在哪里？有没有竞争对手的人员打入你们企业？

第二部分

风暴中心：
危机判断和行动

第四章
回应初始：正确判断

纷纷纭纭，斗乱而不可乱；浑浑沌沌，形圆而不可败。

——《孙子兵法》

事实判断："后真相时代"迷局

上小学的时候，我们都学过那篇《盲人摸象》的课文，它来自古印度大乘法师僧伽斯那写的《百喻经》，课文的寓意是我们不能以偏概全，用局部代表整体。

当我们步入成年，认为自己阅历已足够丰富，判断力足够强大，但其实每天都还在盲人摸象。互联网让信息唾手可得，但是当过载的信息让我们无所适从，我们就会选择那些对我们"有利"的信息，那些让我们不用过度劳累思考的信息。

2020年10月底11月初，围绕蚂蚁集团上市的议论充斥互联网，从马云在中国金融四十人峰会上发表洞见深刻又饱含争议的讲话，到四部门约谈蚂蚁集团高管，到蚂蚁宣布暂缓上市，似乎每个人都在关心"蚂蚁是什么"。

10月21日蚂蚁集团董事长井贤栋发表致投资人的一封信。他在信中说："过去两百年工业时代的金融体系，服务了20%的人群和机构；正在开启的数字时代，要把剩下的80%服务好，这个时代才刚刚开始。"

蚂蚁对自己的定义是：一家为亿万消费者、小微企业提供普惠金融服务的公司，一家使命和愿景驱动的公司。

据新华财经报道，中国银保监会一位负责人撰文指出："蚂蚁集团的花呗与银行信用卡业务基本相同，但分期手续费高于银行，与其普惠金融理念不符，实际上是'普而不惠'。《经济日报》刊文称，"少数持牌金融控股公司'改名'硬往数字科技等概念'蹭'，想贴上数字科技的标签，难免有妄图游离于金融控股公司监管办法之外的嫌疑"。《经济日报》文章甚至用"伪金融创新业态""金融乱象"暗指当时的重大事件。

那么蚂蚁到底是什么？

为千百万用户提供普惠金融的创新科技企业？

以科技为名躲避金融监管，利用高杠杆获取巨额利润的企业？

每年将营业收入的千分之三用于公益的良心企业？

每个人都有不同的视角。

2020年10月花呗推出的一条广告引发争议。一位37岁的施工队队长用花呗给女儿过生日。暖心文案："一家三口的日子，再精打细算，女儿的生日，也要过得像模像样。"

有人说：花呗让普通人的生活更美好。

有人说：超前消费为女儿买奢侈的蛋糕，无力偿还会是什么结果，那个在蛋糕前笑容可掬的女儿，会变成喜儿吗？

2016年，《牛津大辞典》将"后真相"选为年度词汇，意指真相和逻辑在信息传播中被忽视，政治家、商业领袖和媒体用情感煽动主导舆论的状态。《后真相时代》作者赫克托·麦克唐纳将故事的多面性、描述的多面性称为"竞争性真相"（competing truth）。

其实，在新闻报道和商业传播中，我们经常使用竞争性真相。比如当有人用一连串的数字指责一家公司业绩不好时，这个公司可以拿出另一套对自己有利的数字说其实我们做得不错。

我自己以前曾经服务的跨国公司，也经常用这个套路，某个季度营收下降，我们就说订单量提高了；公司整体业绩下滑，我们就说工业业务增长健康（只是金融业务拖了后腿）。这样做其实无可厚非。

"后真相"成为热词，是因为近年来对事实的主观性解读超出了常识能接受的界限。

2020年，全世界都认为美国抗击新冠疫情不利，但是特朗普总统在接受媒体采访时会拿出一张画着柱状图的A4纸给记者看，说我们的死亡人数和感染人数的比例是全世界最低的。记者说你怎么不看看感染人数或死亡人数占总人口的比例？特朗普说我们感染人数多是因为我们检测量大，这说明我们美国的强大。

你被这种逻辑搞蒙了，就是说只要美国不断加大检测量，分母越来越大，比例值就越来越低，美国不管怎么说都伟大。

有没有人信这个逻辑不重要，特朗普要的是他的支持者对他的认同。只要我们认同一个人，明星、政治家、商业领袖，我们就倾向于他说什么都是对的。

我们现在来看，竞争性真相在危机时对我们能产生怎样的影响、导致怎样的误判。

原则：危机发生后第一时间不是先道歉，而是做好事实判断、价值判断、利益判断。

事实判断的要点是：

- 确定基本事实。
- 发现事实主体下的细微要素。
- 结合价值判断解读事实。
- 结合利益判断解读事实。

- 用"中心大纲"概括事件。
- 预测可能产生的一切后果。

事实判断的误区在于不同人群从不同角度对事实的描述。

举个最简单的例子，公司出现了消费者对产品质量的投诉，如果问消费者，他会说质量不合格，存在设计缺陷、制造缺陷；如果问公司的客服，他会说有消费者恶意举报找碴儿，就为得到赔偿，得到点优惠券。

我在企业工作的时候遇到这类事情，当客服同事跟我说这都是难缠的消费者故意找碴儿，我会紧盯着他的眼睛说："我是自己人，不是外人，告诉我到底是怎么回事。"

对危机管理的负责人来说，最容易在事实判断中误导你的就是你的同事。

为了部门利益，为了不影响自己的业绩、奖金，人都有天然的自我保护意识。

但是在危机面前，细微的事实误导都会导致巨大的决策失误。

美联航亚裔乘客被强行拖离飞机事件

2017年4月9日，美国联合航空公司3411航班从芝加哥飞往路易斯维尔，飞机计划下午5∶40起飞，5∶21，也就是离航班起飞仅剩下19分钟、所有旅客都已经落座的时候，四名美联航员工提出因公务要乘坐这一航班，他们本来应该乘坐2∶55的4448航班，但是由于飞机故障取消，只好搭乘这个当天飞往路易斯维尔的最后一个航班。

据航班上的乘客描述和媒体报道，一位美联航的主管在飞机上宣布，有四位美联航员工需要乘坐这个航班，因此要请四位乘客离开。航空公司提出的条件是自愿下机的乘客每人奖励400美元，外加一晚酒店住宿，但是没有人响应。奖励提高到800美元，还是无人响应。这位主管于是说："有四个人下机之前这个航班不会起飞。"这种用词让很多乘客感到不舒服。

接着，四名乘客被电脑程序选中离开，其中一对夫妇下机，第三位（有报道说是最后那位乘客的妻子）也同意下机，到了第四位，也就是姓"Dao"的亚裔乘客，按照华裔越南人的姓氏发音我们称其为陶先生，他不同意下机，他说自己是医生，明天早上约了给病人看病。

经过一番理论，那位"不会好好讲话"的美联航主管丢下一句话："那我们只有找警察来处理了。"

过了一会儿，两名穿警察制服的人来到陶先生面前要求他下飞机，陶先生说我不走，其中一位穿警察制服的人用对讲机叫来他的主管，三人商量一下后对陶先生采取了强制行动，过程被周围的乘客拍下，这就是后来在网上引发全球热议的视频：陶先生尖叫着，眼镜歪在鼻梁上，鼻子流着血，貌似失去了知觉，被穿警察制服的人拖下了飞机。

随后又发生了不可思议的一幕，陶先生跑着回到了客舱，一边喊着，我要回家，我要回家，杀死我吧。据说，最后他昏倒在走道，被担架抬走。接着所有乘客被要求下机，陶先生留在机上的血迹被清洗，乘客重新登机，3411航班延误近两个小时，于晚上7:21起飞，9:01到达路易斯维尔。

4月9日当天，美联航发表了一个声明，称："从芝加哥飞往路易斯维尔的3411航班超售，我们团队寻求志愿者乘坐下一航班时，一位乘客拒绝主动离开，执法人员被招到机舱门。我们对超售表示道歉。更多关于乘客被移出飞机的细节，请垂询有关部门。"

对这个在当天发出的有些仓促的声明，我们可以关注和思考如下问题：

1. 对事实的主要判断是什么？为什么说超售？实际情况是超售吗？
2. 对事实的选择性描述是什么？用了什么词？
3. 这个声明中的事实描述与真实情况有何出入？执法人员是被招到

了机舱口还是上了飞机？

4. 声明中有哪些刻意模糊或不方便清晰描述的地方？

两天后，美联航对这个声明做了修正，指出不是"超售"，而是"卖光"，有四位美联航员工因工作需要必须乘坐这一航班。

超售是有的乘客没座，卖光是所有乘客都有座，且满座。

从这里已经看出美联航危机回应的漏洞，而更大的问题，来自美联航 CEO 奥斯卡·穆诺斯，他在 4 月 10 日事件发生的第二天发推特："这对所有美联航的人来说都是一个令人失望的事件，我为不得不重新安排这些乘客表示道歉。我们的团队正以一种紧迫感与有关部门配合，对事件本身进行内省。我们也在试图与这名乘客直接对话，以进一步解决这一问题。"

4 月 10 日，穆诺斯还用电子邮件致全体员工，赞扬了 3411 机组的行动，称他们处理了一个"好斗的、捣乱的"乘客。

如果第一个对外声明只是让公众对美联航的躲闪回避表示疑问和不满，给员工的信中称陶先生"好斗""捣乱"，则在全球范围内引发强烈批评，从美国总统特朗普、白宫发言人、国会议员，到普通乘客，纷纷谴责美联航用粗暴手段将乘客拖出飞机的行为。白宫的"We the people"网站一天之内就收到 10 万以上签名，要求对美联航这一事件全面调查，超过了政府关注某一事件的最低签名人数。

4 月 11 日，穆诺斯再次发表声明，语气大改，称陶医生事件"太可怕了"，并对全球范围内的"震怒、愤慨、失望"表示理解，"没有人应该以如此方式遭受虐待"。之后穆诺斯出席了国会的听证会，在接受美国广播公司新闻采访时反复道歉。

4 月 27 日，美联航与陶先生达成和解，陶先生同意不再追究美联航、芝加哥市当局及其他机构的责任，双方和解的赔偿金额没有公布，有未经证实的消息说是 1.4 亿美元。美联航为此付出巨大代价，但是尽快和解，避免了美联航持续遭受形象和声誉的损失。

从事实判断的角度，美联航一开始出了什么问题？

竞争性事实一：机组根据航空管理规定按照流程处理了飞机上一名不服从指令的乘客。

竞争性事实二：一名已经坐在飞机上的合法乘客被机组叫来的警察打得鼻子出血、昏迷，并被拖下飞机。

竞争性事实三：芝加哥航空局没有遵守规定去掉其保安人员制服上的警察标示，保安人员在飞机上采取了超出其职权范围的行动。

竞争性事实四：媒体披露陶先生有过被逮捕的记录，其行医执照曾被吊销，后来被有限恢复。

我们相信哪一个？如果都是事实，我们选择哪个事实作为决策的基础？

CEO 穆诺斯首先选择相信自己的员工，直觉是保护员工，维护航空业的操作流程。

这里有些关于穆诺斯的背景。他是一名墨西哥移民的后代，家中九个孩子的老大，苦孩子出身的穆诺斯学习成绩优良，大学毕业后先后在美国电话电报公司、可口可乐、百事可乐、CSX 铁路运输公司等企业任职，2015 年 9 月被任命为美联航 CEO，上任刚 38 天就因心脏病住院，他在病床上坚持工作，处理公司事宜，面试公司高管，是难得的美国劳模。

2016 年 1 月 5 日穆诺斯接受心脏移植手术，3 月就回到公司上班，很少有美国高管能这么玩命工作。整个 2016 年，他奔波于美联航在各地的办公室，与员工对话，解决了多年悬而未决的飞行员和空乘人员的合同谈判，与工会达成谅解合作。2015 年，他是《财富》世界 500 强中仅有的两个西班牙语裔的 CEO 之一。

2017 年，由于他与员工和公众出色的沟通，他被美国权威的《公关周刊》(*PR WEEK*) 评为当年"最佳传播者"。这是该称号第一次授予企业高管，之前的获奖者包括被塔利班枪手打伤、后来成为全球女性教育与和平代言人的巴基斯坦女孩马拉拉·尤素福·扎伊，发起关注渐冻人 ALS "冰桶挑战"的波士顿棒球队队员，推动同性恋平权的意见领袖，在穆诺斯之后获奖的还有发起并定义了反对性骚扰 #Me Too 运动的塔勒纳·伯克，获得过 23 枚奥运金牌、后来致力于心理健康传播的美国游泳运动员菲尔普斯。

穆诺斯的劳模精神，对员工，对他挂在嘴边的"美联航家庭"的关注，也许是导致他做出错误判断并引发一场全球罕见的企业声誉危机的原因之一。

那么，如何避免事实判断的扭曲，如何在众多的"竞争性真相"中找到危机回应行动的基点？

我们需要引入价值判断和利益判断。

价值判断："多数价值"和企业价值

在美联航事件中，如果穆诺斯能从公众的视角出发，跳出他的"美联航家庭"小圈子，他也许会在一开始做出正确的判断。

每个企业、每个组织都会在自己的价值观表达中强调"诚信、进取、开放、包容、客户第一"，但是在复杂的事件中，不同群体的价值观经常会出现理解上的偏差。

比如：医生的价值观是治病救人，一切为了病人。

但是，如果医院门口几百米的地方发生车祸，有人受伤，伤者家属到医院请急诊室大夫帮忙将伤者送往医院，医生却认为不应擅离职守，他们应主要服务院内的病人，如果离开了，急诊室的病人出了问题怎么办？伤者家属问你们为病人服务的价值观哪去了？医生说为病人服务不是为你一个人服务。

如何做价值平衡、价值取舍？

鸿茅药酒事件

再来看我们都熟悉的、轰动全国的"鸿茅药酒事件"。

2017年12月19日,谭秦东在"美篇"上发布题为《中国神酒"鸿毛药酒",来自天堂的毒药》一帖,阅读量为2241。总部位于内蒙古凉城县的鸿茅药酒以网上关于毒药的传言引发退货、给公司造成经济损失为名,向凉城县公安局举报。2018年1月10日,凉城警方跨省抓捕了谭秦东。2018年4月17日,谭被取保候审,从凉城看守所走出,后双方和解,但是谭秦东被关押数月导致的精神问题被媒体披露后引发公众愤怒。

企业价值:保护用户、员工,打击造谣行为,维护正义。

公众价值:对一个阅读量只有两千多的帖子博主施以重手,导致被关押3个月,个人安全、言论自由、公民权益何在?

还有一类我称之为陷入了"常规纠结"的企业——美国高科技公司在中国的业务。

企业价值:客户第一,支持客户,赋能客户。

美国价值:美国公司不能帮助中国高科技企业壮大从而将来打败美国。

中国价值:"在中国,为中国"喊了那么多年,到关键时刻怎么就掉链子?为什么给华为停供?

事实判断离不开价值判断,价值判断也离不开对事实的解读。不同的价值维度需要与不同的事实维度相匹配才能发挥作用。

如果没有媒体披露出鸿茅药酒在广告宣传中多次违规,公众的价值判断会更偏向鸿茅药酒一方吗?

如果车祸现场距离医院门口10米而不是500米,医院人员对是否可以抢救院外车祸受伤者有更明确的价值判断吗?

在中美纠纷中,那些做消费品的企业似乎比高科技企业要踏实得多,中美不管如何冲突,我做咖啡、可乐、巧克力,做宠物食品的,不会受国家价值、国家立场的影响。

中国人民大学胡百精教授认为："人对事物的认识和相应的价值判断，总是存在特定的视角和尺度。视角越多元，尺度越宽广，认识和判断也就越全面。"①

胡百精特别提出转换对话者之间事实和价值判断的角度，对达成共识极为重要。他认为，我们作为价值基础的"理"，分为事理、情理和天理几个层次，在多个层次之间转换十分必要。事理不通，转换至情理；内在尺度若失效，则超越至天理。

2020年新冠肺炎全球流行，在国家内部、国与国之间产生了巨大价值观差异。有的以人民生命健康为核心，有的坚持不能限制个人自由。

戴上口罩吧，这样可以降低传染的可能。这是事理，事物的客观规律，科学精神。

戴上口罩吧，保护你的家人和朋友。这是情理，人的内在情绪、道义和人伦。

戴上口罩吧，人类是一个命运共同体，让我们共同抵御这场疫情，把人类文明带到新的高度。这是天理，是"宇宙、自然和诸神的终极之理及其在人间投射的公共精神"。②

转基因，食品添加剂，美国持枪合法性，未成年人能否单独乘坐网约车，每一个社会议题都有不同的价值立场，如何在事理、情理、天理之间转换以达成共识，在危机中如何快速提出对特定事件不同群体的价值立场，结合事实判断，做出正确决断，是考验每一个危机管理者的重大课题。

---

① 胡百精，《公共关系学》第二版，中国人民大学出版社，第179页。
② 胡百精，《公共关系学》第二版，中国人民大学出版社，第180页。

利益判断：危机中的得与失

在公共关系和新闻学的经典架构中，事实和价值是两个核心维度，两者密切相关，相互作用，在新媒体和全球变革时代，"后真相""竞争性真相"日益突出，甚至频繁出现绝对主观和情绪主导的超理性甚至反智主义事件。

在危机最频繁的企业界，事实和价值两个维度的冲突也一直令人困扰。以媒体报道企业负面新闻这类事为例，30年来我从事的记者和企业公关两个角色，本身就充满矛盾。

20世纪80年代我在社科院研究生院读新闻学的时候，老师和同学总争论一个命题：事实真实还是本质真实。当时教材里的基本论点是，社会主义国家的新闻报道标准是本质真实，我们国家总的情况是好的，所以新闻中90%以上都是正面的，负面占很小的比例，这反映了我们社会的本质；我们的媒体报道资本主义国家的负面比较多，因为它们的制度是腐朽的，较多的负面反映了它们社会的本质。

这个观点听起来正确但是辩论的方式不严谨。这样的新闻思路带到企业公关，就出现我本人长期存在的一种纠结。媒体报道了我服务企业的负面新闻，我就会找到媒体总编辑，说："王总编，我们是一家优秀企业，本质是好的，为什么你总报道我们的负面新闻，或者再具体一点，这个产品得到了99.99%用户的喜爱，你为什么总报道那0.01%的用户的投诉？"

王总编："我们媒体对事实负责，那个投诉是不是存在，是虚假的吗？"

然后我们就开始吵架，我说："你要是对纯粹事实负责，那我现在说'我不喜欢王总编，我认为王总编不是一个好人'，这话有人说了，是事实，那你也登到你们报纸上吗？"

其实这样的争论还没有脱离事实和价值两个基本维度，但是仔细想想，我与王总编在价值观上并没有根本冲突，我很喜欢看他的文字、他的报纸，但是在他报道我企业的负面新闻以后，我在这件事情上记恨他，究其原因，是他影响了我的利益。

利益无处不在。今天我们看到各种吐槽、批评、谣言、站队，发声者都会信誓旦旦地扛着主流价值观的大旗，但是背后往往都有着深层的利益。这些利益包括：

1. 财务补偿：得到赔偿，因做某件事情得到财务回报，如受雇于人，让相关股价上涨/下跌。
2. 声誉补偿：得到支持者拥护，提升社会地位和知名度。
3. 心理补偿：看别人受损而获得心理安慰。

在事实和价值两个维度上引入第三个利益维度，体现了我们所处世界日益增强的复杂性，也为我们处理危机提供了一个看问题的窗口和解决问题的突破口。

利益有两个层次，一个是浅层的直接利益诉求，比如要求得到赔偿；一个是深层的间接利益诉求，比如让对手声誉受损从而间接提升自身品牌，或者打击对手新的产品线，甚至彻底干掉对手。

在本章提到的美联航将乘客拖下飞机事件中，作为举报者的陶先生提供了他的事实，对事件的传播代表了公众的主流价值观——消费者绝不应被这样粗暴对待。但是陶先生和他的律师只是想主持正义、获得支持吗？他的财务利益是什么？那个传说中的1.4亿美元赔偿就是答案。

在维权事件中我们经常听到一个说法，叫"我只想讨个说法"，似乎是建立在价值观之上，但是为什么问题最后都是以双方协议、一定金额的赔偿解决？

利益判断也经常让企业的危机公关遭遇挫折。遇到投诉或冲突，企业管理者往往希望息事宁人，拿钱买平安，动辄"他想要多少钱？""跟这个爆料的媒体谈个商业合作，让他们把稿撤了"。让利益判断主导一切，比忽视利益判断更加危险。

2018年滴滴顺风车司机杀人案，滴滴在8月25日声明中提到一句："未来平台上发生的所有刑事案件，滴滴都将参照法律规定的人身伤害赔偿标准给予3倍的补偿。"

本来是一句诚意满满的承诺，但是第二天就有不少媒体发文称："滴滴拿钱买命。""滴滴的老总，我给你三倍的钱，买你一条命可好？""中国人的命到底值多少钱？"

网红主播辛巴"燕窝售假争议事件"

2020年10月25日，网红辛巴（本名辛有志）团队的主播"时大漂亮"在直播时向粉丝推荐了茗挚牌"小金碗碗装燕窝冰糖即食燕窝"。

11月4日，有消费者发布视频质疑辛巴徒弟"时大漂亮"售卖的产品燕窝含量太少，基本都是液体。

随后，辛巴现身另一名徒弟猫妹妹直播间，连开数罐茗挚产品并出示检验报告自证清白，情绪显得激动的辛巴和团队在视频中表示受到敲诈，称"倾家荡产也要告这些人诽谤"。

11月6日，辛巴方面通过辛选官方微博发布律师声明，称"时大漂亮"在直播间销售的茗挚品牌"小金碗碗装燕窝冰糖即食燕窝"为合格正品，公司和"时大漂亮"将委托律师对部分网络用户剪辑修改视频发布诋毁评论的侵权行为调查取证，采取法律措施追究相关人员的法律责任。

从11月7日起，职业打假人王海发布多篇博文，指出辛巴团队出售的燕窝是风味饮料，不是燕窝。11月14日，王海通过其微博称：（1）辛巴（所售）燕窝是风味饮料不是燕窝。（2）辛巴（所售）的风味饮料属于不符合食品安全标准的食品，消费者可要求退一赔十。（3）若进价4.2元，忽悠消费者说赔钱卖、贴钱卖，属于欺诈。

11月27日，辛巴在微博上发布《辛有志写给广大网友的一封信》，承认该燕窝产品在直播推广中存在夸大宣传，将召回直播间销售的全部茗挚牌燕窝产品，承担退一赔三责任（共销售57820单，销售金额15495760元，共需退赔61983040元）。

12月23日，广州市市场监督管理局发布通告，对直播间开办者、辛巴旗下的广州和翊电子商务有限公司和产品销售方广州融昱贸易有限公司分别拟罚款90万元和200万元。根据通报，融昱公司销售的"茗挚碗装风味即食燕窝"的13个项目，符合GB2760-2014、Q/DZXY0010S-2020、GB14880-2012要求，但该商品标签存在瑕疵。和翊公司作为涉事直播间开办者，于2020年9月17日、10月25日安排主播"时大漂亮"通过快手直播平台推广商品"茗挚碗装风味即食燕窝"，在直播中仅凭融昱公司提供的"买点卡"等内容，加上对商品的个人理解，即对商品进行直播推广，强调商品燕窝含量足、功效好，未提及商品的真实属性为风味饮料，存在引人误解的商业宣传行为，其行为违反了《中华人民共和国反不正当竞争法》第八条第一款的规定。市场监管部门拟对和翊公司做出罚款90万元的行政处罚。

这里解释一下，《反不正当竞争法》第八条内容是：经营者不得对其商品的性能、功能、质量、销售状况、用户评价、曾获荣誉等作虚假或者引人误解的商业宣传，欺骗、误导消费者。经营者不得通过组织虚假交易等方式，帮助其他经营者进行虚假或者引人误解的商业宣传。

强调一下，这一事件的结果，政府对辛巴团队罚款90万元，对茗挚产品的销售方罚款200万元。

到此我们可以总结一下闹得沸沸扬扬的"辛巴直播间燕窝售假事件"的基本事实是：辛巴团队销售了一款符合国家质量标准、只是在标签上有瑕疵的产品，在销售过程中的夸大用语给消费者造成了误解。在事件发酵的过程中各种力量纷纷登场，从不同的价值观出发，代表不同的利益，对事实做不同的解读，对事件做出不同的反应。

为帮助读者做一个更完整的事实判断，我们引用两家权威媒体的如下报道和言论：

> 在燕窝种类繁多的大背景下，目前并没有现行的判定燕窝的国家标准。根据 SN/T3644-2013 行业标准，燕窝制品唾液酸测定低限要求为：在分光光度法中，液体燕窝制品测定低限应为 3mg/kg，固体燕窝的测定低限应为 0.03%。液相色谱-质谱法中，液体燕窝制品的测定低限应为 10mg/kg，固体燕窝的测定低限应为 1mg/kg。按此标准，王海检测报告汇总的 0.014% 高于 SN/T3644-2013 的标准要求。
>
> 而根据 GHT1092-2014《燕窝质量等级》行业标准，在最低级的二级燕窝中唾液酸的含量至少要 ≥ 5%，蛋白质含量至少要 ≥ 30%。这也意味着上述检测结果不符合标准。但相对行业标准，还有一个更加权威的标准 GB/T30636-2014，根据该标准，辛巴在视频中展示的检测报告是符合标准的，而王海出局的报告则同样符合标准。"

（以上据 2020 年 11 月 23 日财经网）

如果主播是引流到其他店铺，那其担任的便是广告代言人的角色。回应中，辛巴自己也强调了，不涉及采购，只是广告代言。这个角色需履行自己的审查义务，保留产品生产者的官方证明文件。

燕窝产品有没有标准呢？

答案是——有。一个是食品产品许可证。另一个标准是行业标准，即燕窝专家委员会于 2018 年 3 月发布的《中国药文化研究会即食燕窝团体标准》。按照该标准，辛巴带货的燕窝不达标。不过，该标准并非强制性标准，不影响其是法律意义上的合格食品。

所以，广告代言人只审核行政许可，就会入这个坑。虽然从审查义务而言，不会有法律责任，但仍会招致风险。职业打假人当然深谙其中的法律关系，但源于市场压力的监督，总是一件好事。

（以上据 2020 年 11 月 23 日《新京报》）

总结一下《新京报》上面这段就是：辛巴团队没有明确犯法，职业打假人知道他们没有实质意义上的犯法，但是从市场监督角度让消费者明白消费，职业打假人把问题提出来是一件好事。

简而言之，辛巴团队面对的核心问题是道德审判，但是对手仍然不放弃用法律和道德的双重审判打击辛巴。

2020 年 12 月初，有媒体报道广州市白云区市场监督管理局对辛巴和辛选公司"立案调查"，有自媒体发布文章称，辛巴被立案调查，由于涉案金额过大，或面临 15 年有期徒刑。此类言论迅速在网上传播。

权威媒体在跟进报道时发现情况并非如此。新华社 12 月 10 日下午发布了《中国证券报》记者与广州市白云市场监督管理局相关负责人的对话，负责人称"主要是调查直播"，明确调查的内容为是否夸大宣传。法律专家也指出，行政调查与刑事立案调查是两回事。

12 月 10 日，中国食品安全唯一的中央网络媒体中国食品安全网发布题为《辛巴事件，请勿带乱节奏》的文章，呼吁网民回归理性。文章称：

> 作为一种新型权力，网络权力开始动摇传统的权力格局，甚至开始动摇文化认知的根基，而其力量的来源，正是人们的心灵，是基层大众的评价性认同。而网络宣泄甚至网络暴力，恰恰是最适合在大众中传播的信息化情绪病毒。
>
> 以近来甚嚣尘上的辛巴燕窝事件为例。已经有多个媒体或者自媒体，言之凿凿地称：由于涉案金额过大，辛巴或面临 15 年有期徒刑。另一方面，一个吐槽"喝的时候没什么固体，是糖水"的网友，遭到众多私信谩骂，有人劝她"找辛巴直播间门口跪下

求饶也许还能被原谅"。即便是辛巴道歉后，自称燕窝女事主姐姐的人还发文称"电话的泄露让妹妹遭受了网暴、威胁、恐吓、电话骚扰，不敢出门，不敢工作，看过医生，医生说抑郁焦虑、厌世轻生，需要人每天陪同看护"。

可以看到，这一刻，除了已经得到补偿的消费者稍稍心安之外，辛巴也好，最早发文的女网友也好，都遭到了网络暴力的无差别攻击。主动赔偿被无视、个人隐私被起底、专业法律被忽略……网络背后，就像有一双巨大的手，以所谓的"民意"把主播团队、生产企业、消费者推向越来越难以抽身的旋涡，却鲜有从理性、客观、专业的法律角度来分析各方责任，来还网络清朗空间。

如果是真正关心自身利益的消费者，如果不是想浑水摸鱼的幕后黑手，请找到2018年12月29日修正的《中华人民共和国食品安全法》，默念第一百三十一条：消费者通过网络食品交易第三方平台购买食品，其合法权益受到损害的，可以向入网食品经营者或者食品生产者要求赔偿。网络食品交易第三方平台提供者不能提供入网食品经营者的真实名称、地址和有效联系方式的，由网络食品交易第三方平台提供者赔偿。网络食品交易第三方平台提供者赔偿后，有权向入网食品经营者或者食品生产者追偿。网络食品交易第三方平台提供者做出更有利于消费者承诺的，应当履行其承诺。

辛巴事件最终当然需要处理，但怎么处理，怎么处罚，到底要负什么样的责任——辛巴事件，请勿带乱节奏。

而作为关心自身利益的普通网民，我们有责任也有义务，回归理性，独立思考。

辛巴事件几乎涉及本书所有的判断和行动维度，这里我们先从利益角度判断分析。

与辛巴事件相关的利益群体大致有三类五种：

1. 认为受骗希望退赔的消费者（财务补偿）
2. 对辛巴的持续攻击者（财务补偿 + 声誉补偿）
3. 燕窝行业其他企业（财务补偿）
4. 希望主持正义的政府、媒体、公众（声誉补偿）
5. 看热闹的和动情绪的吃瓜群众（心理补偿）

利益判断的复杂性在于，利益群体获得补偿的方式有时候是显性的，如退货退钱，但很多时候是隐形的——实现利益的方式或者是占据价值观的制高点攻击对手，从而让对手受到毁灭性打击；或者是推波助澜让当事方受损，从而获得心理补偿。

在利益判断上，辛巴在事件演变过程中（不一定是最初的单一投诉事件）意识到对手在操纵，但是他犯了两个错误：第一是过于简单地将事情归结于对手的敲诈，第二是试图通过对一个群体的利益补偿解决所有问题。我们后来看到，辛巴赔了 6000 万元后，攻击者又设置了新的攻击议题。

当然，辛巴做出先行赔付 6000 万元的决定也是试图占据价值观的制高点，争取更多的支持，但是这种简单做法也导致了另一种后果，即"坐实"了卖假货之名。

• 本章小结 •

结合本章提到的主要案例，我们对事实判断、价值判断和利益判断做一个总结。

三者的相互关系如下图所示：

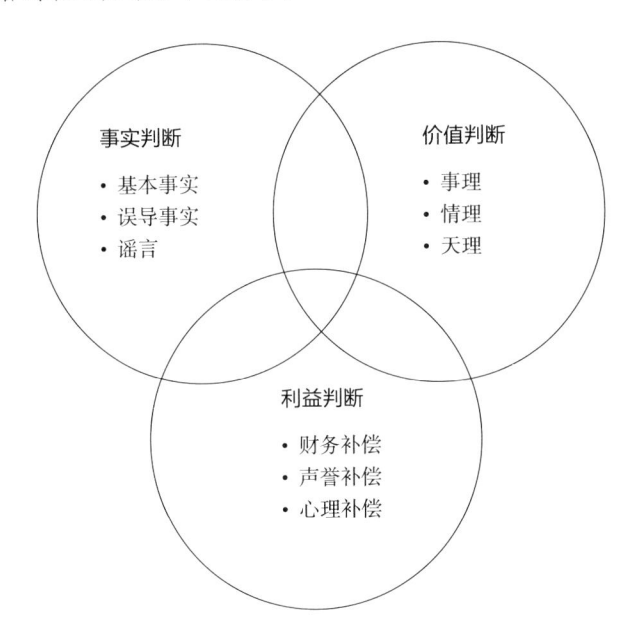

事实判断
• 基本事实
• 误导事实
• 谣言

价值判断
• 事理
• 情理
• 天理

利益判断
• 财务补偿
• 声誉补偿
• 心理补偿

事实判断的误区 / 风险

过于偏重从自身价值和利益维度解读事实（陶先生是闹事乘客）。

对误导事实的传播和谣言重视不够或过度敏感（邪恶的营销号要搞垮辛巴）。

对不同价值和利益群体对事实的解读认识不足（不说产品是否合规，只谈你夸大宣传）。

价值判断的误区/风险

自身选择的价值观维度与公众或对立面不同（美联航：乘客安全第一；消费者：买票乘机基本权利至上）。

利益判断的误区/风险

对不同利益群体不能区分对待（6000万元赔偿给了消费者，没有说服政府和媒体）。

不能准确判断利益的转移（在吃瓜群众兴趣已经转移时又自爆新料）。

运用事实、价值、利益判断模型对危机进行管理的意义：

危机是一个极端的状态，其特点是爆发突然、信息不清、准备不足，决策者很容易采用简单的自我保护措施，如"先道歉再说""先删帖再说"，而忽视了危机中复杂的变化的要素。事实判断、价值判断和利益判断基本概括了危机发生后和行动决策之前一个重要的阶段，这个阶段可能极其短暂，但是整体的思维过程不可缺少，成熟的思维框架必有帮助。危机中我们往往需要在缺乏足够信息、足够资源的情况下做出决策，并随着三个判断的不断丰富和明确而调整应对危机的行动。

• 思考题 •

1. 利益判断中如何把握不同利益群体的诉求，全部满足，部分满足，还是彻底拒绝？决策的标准是什么？为什么在奔驰女车主事件中，奔驰赔偿了一辆新车就解决了问题，而辛巴赔偿了6000万元还有人在追究？

2. 电视剧《紧急公关》中，龙乾公司40岁工程师在遭到公司解聘后因癌症去世，其妻要求公司赔偿1000万元，公司报警敲诈，警察逮捕了工程师妻子。你觉得这样的情节合理吗？对于要求高额赔偿的消费者/员工，能否这样处理？为什么？

3. 如果你是危机管理小组负责人，当事人对你描述的事实，你是应选择相信，还是半信半疑，还是不信？你有什么判断诀窍，比如看对方的眼神、表情？自己哪些直觉会起作用？回忆一个最近发生的事件，想想当时的对话场景。

第五章
应对策略

在做好事实判断、价值判断和利益判断之后，下一步就是确定危机应对的策略，即如何用好堵、疏、攻三种策略，如何分别或者综合使用这三种策略。

堵：快速补漏

"堵"是危机策略的首选，当企业自身有问题时需要堵，本身过失不清晰，但是为避免事态扩大也可以采取堵的方式。一般包括堵住攻击来源、堵住攻击渠道、堵住攻击理由三个维度。

堵住攻击来源

攻击来源一般指投诉者，每个企业都有不开心的用户，面向消费者的企业，尤其是快消、餐饮、酒店行业，更是如此。所谓堵住，不是不让投诉者发声，而是将工作目标放在投诉者身上，用解决问题的诚意和方案让投诉者停止攻击。

在著名新茶饮品牌"喜茶"的销售小票上写着一行字——"都是我

们的错"，上面说您要是对我们的饮料不满意，我们马上给您重做一杯。这种政策不少企业都在施行。

在餐饮、酒店等行业，店面经理、城市、区域经理都有不同等级的权限，客户投诉，先免单再说，这杯饮料、这道菜、一晚的房间，给您免了。

当然，这不完全是息事宁人，也不用特别担心给一个人免单，会有一万个人扑上来要求免单。投诉一定有具体理由，这种理由的合理性、企业过失的可能性，相应管理人都有自己的基本判断。

比如有人说酒店房间浴室玻璃不干净，某道菜本来应该是咸鲜口味，结果超辣，经理可能会要求客人出示一下证据，安排一定的调查。一线问题由一线经理直接处理，可以将危机限制在萌芽状态。

如果事发过于突然，第一时间就上了媒体，此时的重点策略仍然是"堵住攻击来源"。

自媒体王左中右电瓶车家中着火事件

2018年3月10日，著名自媒体大V"王左中右"在微博上发帖称，在品牌专卖店刚刚买了一个多月的电瓶车在正常充电中突然爆炸起火，睡梦中家人死里逃生，但家已经被烧没了，涉事电池厂家天能电池的上海分公司负责人推卸责任，所以请微博上的朋友们评评理。

王左中右是知名的字体创意作者，当时微博粉丝62万，最高单幅作品阅读量达到6000万。一时间天能电池遭遇危机，因其在市场的领先地位，用户纷纷担心自身安全。

而仅在一天之后的3月11日，王左中右再发微博，称事情已经得到圆满解决，微博中称："今天，包括副总裁等高管在内的天能集团一行第一时间赶到上海，与我和家人进行了坦诚的见面和沟通，态度诚恳。双方进行了友好协商，并达成了解决问题的框架性方案。我是幸运的，因为自己的身份，可以得到这么快速的解决。但我深知，这不是一个正常的解决方式，天能集团也对之前的沟通不畅表示了真诚歉意。真心希望我们可以有一个更遵循规则的环境，让每一个普通人都能拥有自己应有的权利。今后我也会利用自己的影响力，为这个环境的形成贡献自己的微薄力量。"

堵住攻击来源需要企业策略明确，高层授权，但是在具体实施中有各种复杂状况，在采用这一策略时需要做好其他备选方案。

在堵住攻击来源的过程中需要注意几个问题：

1. 解决问题为先。
2. 联合一切力量。
3. 必有备选方案。

在危机萌发期，企业的内部协调不畅、决策缓慢很容易让事态失控，解决问题需要更多的企业外部资源。

在西安奔驰女车主投诉事件中，车主刘女士与奔驰 4S 店多次沟通，4S 店无高层决策，导致其承诺的方案一再变动，刘女士无奈坐在引擎盖上哭诉，引发全国热议。这一事件的复杂性超过了任何普通的危机，奔驰公司和 4S 店面临产品质量缺陷的确认（这一过程有时耗时数月）、主机厂和经销商责任问题、潜在的运输责任问题、刘女士反映的收取金融服务费的合法性问题、政府部门的压力、媒体的追逐报道、投诉者罕见的表达能力等综合形成的严峻局面。

回过头来看这一事件的解决，政府发挥了重要作用。明显的证据表明，政府工作人员一开始就参与了这件事的调查，甚至在刘女士和 4S 店之间斡旋。

根据媒体报道，西安市市场监督管理局相关负责人参与解决了这一事件，在最后的和解达成新闻照片中，也出现了穿工商制服的干部形象。

和解协议包括：

1. 更换同款的奔驰新车，但依旧是以贷款的方式购买。
2. 全额退还此前支付的1万余元"金融服务费"。
3. 奔驰方面主动提出，邀请该车主参观奔驰位于德国的工厂。
4. 赠送该车主十年"一对一"的VIP服务。
5. 补办生日（农历），费用由4S店全额支付。

当地市场监督部门的深度参与，加快了解决问题的速度。当然，奔驰公司迅速同意换车是核心。政府部门希望迅速解决公众关心的问题，体现政府的高效率，同时也减轻自身和上级在这种全国性重大舆情中的压力。

在堵住攻击来源过程中，企业需要找到利益一致的伙伴。除了政府，任何与攻击源有关的组织和个人，都可以成为动员和依靠的力量。

在堵住攻击来源的过程中，必须有"万一堵不住"的备选方案。刘强东明尼苏达性侵争议事件，就是一个攻击源坚定攻击的典型案例。

对于"恶意投诉""漫天要价""黑手操控"等可能情况，也需要有公关和法律准备。

堵住攻击渠道

攻击渠道主要是传播渠道，一般指媒体，当然有时候媒体也是攻击源。

在当今的媒体环境中，堵住攻击渠道很难实现。遇到负面舆情，企业管理者第一个念头往往是，找人去删帖，别让这个事情再传播。但是公关部门往往是"臣妾做不到"的感觉。除了监管部门和平台，企业和个人用任何手段阻止信息传播都是违法的。

2020年6月10日，新华社和"网信中国"微信号发布消息称，国家互联网信息办公室指导北京市互联网信息办公室，约谈新浪微博负责人，针对微博在蒋某舆论事件中干扰网上传播秩序，以及传播违法违规信息等问题，责令其立即整改，暂停更新微博热搜榜一周，暂停更新热门话题榜一周，严肃处理相关责任人；同时，要求北京市互联网信息办公室对新浪微博依法从严予以罚款的行政处罚。

蒋某舆论事件指的是阿里巴巴旗下天猫集团总裁蒋凡，因疑似其妻的微博网友公开喊话如涵电商持股人、著名淘宝主播张大奕"再来招惹我老公我就不客气了，老娘也不是好惹的。望自重，好自为之"而引发热议，话题冲上微博热搜，后网友发现相关微博不能评论和转发，疑似有人在后台操控。

阿里巴巴对这一危机事件很快做出处理并发表声明，表示经过调查，蒋凡与如涵电商及张大奕没有利益输送，但因为蒋凡在公司重要岗位上处理个人事务不当，对公司造成声誉影响，决定给予蒋凡取消合伙人身份、记过、降级、取消上一财年所有奖励等处罚。

阿里巴巴在这次舆情危机的最终处理中体现了正确的价值观和领导力，但是新浪微博却因"干扰网上传播秩序"受到处罚，这对企业通过删帖、限流等方式干预信息传播的做法敲响了警钟。

堵住攻击渠道唯一相对可行的情况，是与准备爆料的媒体谈判，通过据理力争或者商务合作等方式建议媒体暂缓发布对企业不利的新闻。

著名公关人、大林天地品牌管理公司 CEO 于林在他的视频号上讲了一段自己的亲身经历。一名消费者在网上发布了一段视频，称在某品牌的火腿肠中吃出了工业明胶，引起网上议论但并未引起特别关注。明胶作为增稠剂广泛用于食品行业，但是工业明胶因工艺、卫生等指标与食品行业不同，用于食品会有各种安全隐患。一家有影响力的媒体准备将这一消息发布，并配以这家企业过去的不良记录，做一篇深度报道。

于林直接打电话给这家媒体总编辑要求见面，对方说编委会已经通过，没什么好谈的。于林严正指出，三聚氰胺事件导致了消费者受损，后续也影响到成千上万的养殖户，媒体有自己的责任，我不是在为这家企业说话，我是在为广大肉类加工企业寻求一个公正。他的话打动了总编辑，后来经过详细调查，认为与事实不符，这篇新闻没有发出。

这个案例给我们几个启发：第一，在危机中对自己的价值观和能力保持信心；第二，在力量胶着看似无望的情况下动用特别力量，如《孙子兵法》中的"以正合，以奇胜"；第三，堵住攻击渠道。

堵住攻击渠道是一种可行但不宜大肆宣扬的策略，每个公关人在其职业生涯中都会面临无数这样的场景，也常让我自己想起从事公关20年中坐在总编辑办公室争辩的那些疲惫的夜晚，心酸故事随着岁月消散。

堵住攻击理由

这一部分与"堵住攻击来源"有相似之处，投诉者要求退换货，你给他退了，换了，攻击理由就没有了。

堵住攻击理由需要更多关注政策改变，避免持续攻击。如滴滴顺风车发生第一次司机杀人案后公司没有从根本上改进顺风车政策，结果类似的原因引发了第二次杀人案。

这部分内容与第十三章"重启对话，修复声誉"有相关之处。

疏：走势引导

"疏"一般从公众情绪疏导、责任主体疏导、核心议题疏导三个方面进行。

公众情绪疏导

原则上，危机状态下不应与公众情绪直面硬刚。

2021年拼多多员工事件中危机一方发出"底层人民哪个不是在拿

命换钱"的言论试图对抗公众情绪，导致了企业更大的声誉损失。

2008年汶川地震后全民踊跃捐款，有人质疑地产巨头万科集团捐款200万元过低，万科董事长王石发文称200万元是合适的，而且每个普通员工捐款不应超过10元。王石的观点没错：捐款200万元是万科董事会授权的最大单项捐款数额，中国灾害频发，慈善捐款不应成为员工的负担。但是这些观点与公众情绪明显对立，人们希望讲情而不是讲理，王石发文道歉，万科公司和员工后来都积极参与了灾区重建。

一汽大众速腾"断轴门"事件

2014年上半，一些用户反映一汽大众生产的速腾轿车在碰撞下出现后悬架纵臂断裂，类似问题在网友投诉后被媒体放大，成为影响较大的舆情事件。

7月22日，一汽大众发表官方声明：

> 针对近期国内出现的极个别速腾产品后悬架发生断裂的问题，一汽大众汽车有限公司高度重视，并在发现问题的第一时间组织各方技术专家进行了全面诊断和评估。最新诊断报告显示：速腾的后悬架问题属于极个别案例，并非设计和制造过程中出现的批量问题，请广大消费者放心。一汽大众将严格按照国家汽车三包的相关规定来保证用户的权益。
>
> 同时，近期个别不明真相的用户和媒体，被互联网上一些有意散布的不实信息所误导，将速腾的后悬架个案问题扩大化，从而对一汽大众的产品形象和品牌形象造成了严重影响。对此现象，一汽大众表示遗憾，并对那些有意散布不实信息者保留追究其法律责任的权利。

这一声明引发了更大范围的舆情，央视对此事件多次报道，国家质检总局介入，一汽大众和大众汽车集团出台"安装金属衬板"方案，被人称为"打补丁",历经多次整改,舆情反复发酵。两年之后,新款速腾上市不再采用非独立悬架设计,一个前后延续四年的品牌信誉危机画上句号,也为企业、媒体和消费者留下很多反思和教训。

根据后来大众汽车集团和政府部门发布的信息,以及很多当事人的回忆,速腾"断轴门"事件并没有那么严重,后来一汽大众在品牌修复方面工作扎实,表现出色,速腾很快回归最畅销的 A 级轿车行列,成为"A 级车中的标杆"。

教训在于,在公众情绪有爆发势头的时候,一定要疏导而不是硬刚。在技术处理上,一汽大众声明中的第二段,每个企业都会感到面熟。我们在发声明时总想表达委屈以及对某些攻击者的愤怒,但表达的方式不能是谴责"不明真相的用户和媒体",批评他们"被互联网上一些有意散布的不实信息所误导""对公司形象造成了严重影响",公司要"保留追究其法律责任的权利"。

这种说法的弊病在于:第一,它不能让真正的坏人有所收敛,他们不会听你的所谓警告。对付真正的坏人要找警察。第二,它让不明真相、希望企业坦诚说明真相的人伤心和愤怒,因为每个人都会感觉自己是"别有用心的一小撮坏人"中的一个。

没有打跑敌人,却伤害了支持者,这种得不偿失的策略错误,竟然多数企业都躲不过。

危机中,公众的情绪,只能疏导,不能硬刚。

责任主体疏导

当危机中被舆论攻击的一方认为主要责任不是自己而是其他人,我们就需要做责任主体疏导。我们不想用"甩锅"这个概念,甩锅是自己不承担,一味把责任甩给他人。而危机中的道义担当是企业价值观的核心部分,承担自身责任之后,才能考虑责任疏导。

无限极陕西幼童事件

第五章 应对策略

我们在第一章中谈到过权健事件，2019年初权健的突然垮台引发了政府的全国保健品大检查，另一家保健品公司华林公司也因涉嫌组织传销活动被查，就在这个时候，针对保健品巨头无限极的一起消费者投诉进入了公众视野。

无限极是李锦记旗下一家从事健康产品研发的企业，采用直销模式，是中国最大的直销公司，销售额甚至超过全球知名直销企业安利公司。

2019年1月，一名田姓微博网友称，她3岁的女儿两年前被诊断感染了幽门螺旋杆菌，经朋友介绍认识了无限极的一名经销商樊某。在樊某的推荐下，孩子每天大量服用无限极产品，但是田女士发现，孩子"出汗多了、眼睛出血、头发枯黄、还发烧。后来，眼珠子都变黄了"。田女士拿着医院对孩子的"佝偻病、干眼症、眼压高、肝损害、心肌损害、低血糖"诊断四处求医，并将问题投诉到政府和媒体。也许是借了权健事件和全国保健市场大检查的光，她的投诉得到了包括政府和央广网等主流媒体的关注。

一家较有影响的自媒体发表了一篇《无限极会是下一个权健吗？》，文章下面清一色的留言是"会"。无限极面临巨大危机甚至灭顶之灾。

1月17日晚，无限极向媒体发出《无限极（中国）有限公司关于陕西田女士投诉我司的情况说明》。

> 我们关注到了1月16日的有关媒体报道，对此高度重视。总部立即派人从广州飞赴西安，与陕西分公司负责人一起责成并督促经销商樊某，连夜约见田女士及其委托的第三方见面，其间樊某和公司代表表明了来意，樊某也赔礼并鞠躬道歉，沟通从第二天0：20持续到凌晨5：30。因补偿问题有分歧，双方暂时中止了会话，并愿意继续保持沟通。
>
> 健康大于一切，道歉不能彻底解决问题。必须承认，我们前期对田女士女儿的健康问题关怀不够，在此深表歉意并诚恳道歉。

经过调查了解，情况如下：

一、2017年7月至2017年12月期间，陕西的田女士从我们公司经销商樊某处购买了无限极产品。2017年12月至今，田女士认为樊某在为其服务过程中涉嫌夸大宣传，推荐过量服用产品，导致其女儿健康受损。

二、2017年12月以来，无限极陕西分公司一直责成并督促经销商妥善解决问题。在一年多时间里，相关经销商与田女士就赔偿额度进行了多次面谈协商，但截至媒体关注此事之前，双方未能达成一致。

三、我们希望田女士的女儿健康成长，1月17日下午，陕西分公司负责人联系田女士，表示已经联系陕西的权威医院对田女士的女儿进行检查和治疗，但被田女士拒绝。对此，我们深表遗憾。我们诚恳希望在取得田女士同意后，让其女儿尽早就医，我们愿意先行承担全面身体检查和治疗的费用。

四、经公司调查，此次陕西涉事经销商樊某严重违反了与公司签订的《经销商协议》条款，公司将督促并责成其从维护消费者权益的角度，去推进事件解决，随后将依规进行处理。

五、长期以来，我们一直将遵循国家的相关法律政策作为立身之本，明令禁止经销商对公司产品进行夸大或虚假宣传。但这次事件暴露出来的问题说明，我们对经销商的管理措施不力，违背了企业的价值观。对此我们深感惭愧，并向田女士及其女儿诚恳道歉。我们将深刻反省，认真整改在经销商管理中存在的问题。

六、2017年12月以来，我们在一年多的时间里一直主动向陕西省、公司所在地广东省的相关主管部门主动汇报该事件的信息，相关部门在2018年3月也对同批次产品进行过检测，检测结果合格。

目前，我们正在申请陕西省药监局及相关部门对我们相关产品进行检测鉴定；正在申请陕西省卫健委对田女士女儿的身体健康进行全面检查。作为从事大健康产业的一员，无限极将全力配合国家相关部门，共同维护广大消费者的合法权益。

公司在此郑重提醒广大消费者并向业务人员重申：公司所有保健食品均有严格的产品检测标准，符合国家相关规定。公司对产品食用量、食用方法、保健作用及适宜人群进行了明确标示，标示的内容均经过了严格的检验，应遵照服用或推荐。

我们将以开放、透明、坦诚的态度，欢迎公众和广大媒体朋友们的监督。感谢媒体和社会各界对公司的关注。谢谢！

声明较长，我们可以读出这样几个主要信息：

1. 高度重视，与经销商樊某一起向当事人道歉。
2. 补偿问题有分歧，将继续沟通。
3. 经销商樊某严重违反与公司协议条款，公司推动樊某推进事情解决。
4. 希望对田女士女儿提供检查和治疗，并承担费用，但遭拒。
5. 公司守法经营，明令禁止经销商夸大或虚假宣传。
6. 公司对经销商管理不力，将深刻反思，并诚恳道歉。
7. 公司产品经主管部门检测合格。

这些信息有两个基本线索：（1）道歉、反思，帮用户体检和治疗；（2）是经销商的主体责任，公司对经销商管理不力。

据后来媒体报道，无限极、经销商和消费者在补偿金额上一直在谈判。同时，无限极作为中国最大的直销企业，脱离险境，避免了在一场大风暴中遭受权健的命运。

在任何"责任主体疏导"中，我们必须坚持：首先承担自身责任，然后指向主要责任方，积极推动解决问题进程，对外沟通措辞不给人"甩锅"的印象。

核心议题疏导

危机发生后首先解决造成危机的问题，对当事人做出道歉、补偿，对自身的产品、服务、流程等做出改进。在核心问题解决之后，对于有重大行业和社会影响的危机，有效设定议题，引发公众讨论，不仅对避免此类危机有帮助，也有助于危机一方的声誉修复。

滴滴顺风车司机杀人案后的议题讨论

2018年8月滴滴顺风车第二次杀人案过后，滴滴公司推出了多项安全措施。9月初，CEO程维发布了内部信，公司已升级成立安全指挥部，程维任组长，柳青任副组长。未来公司将全力投入安全。滴滴将放下浮躁，彻底补课。公司与管理部门合作，动态核查平台司机和车辆信息，定期核查人车资质状况，加强风险防控；通过人脸识别、客服回访及线下核验等手段，加强线上线下人车一致性审查，坚决打击人车不符现象。在乘客端，增加或完善了一键报警、紧急联系人、行程分享、录音录像等安全功能和安全须知。

11月2日，滴滴推出"公众评议会"线上平台，通过滴滴App、微博、微信公众号，每周提出一个问题请公众投票和讨论，第一期的问题是："醉酒乘客独自乘车，司机可否拒载？"

滴滴提供了两个真实案例：

案例1：乘客李先生参加聚会痛饮一番后，独自打车归家时因意识模糊被司机拒载。后来他断片熟睡在街边，醒来后发现钱包、手机都不见了。李先生认为这些经济损失是司机拒载造成的，他向平台投诉，要求司机赔偿相应的经济损失。李先生说："我都喝醉了，司机怎么可以拒载我？"

第五章　应对策略

案例2：车主王师傅接到一位独自乘车的醉酒乘客。乘客上车后倒头就睡。到目的地后，王师傅无法叫醒乘客，只能边计费边等。20分钟后，乘客醒来，向平台投诉王师傅"不及时结束计费"且不愿意支付车费。此后，因车内酒味太大，王师傅又被下一位乘客投诉车内环境差。王师傅说："太冤了，喝醉的乘客一个人打车能不能拒载？"

第一个问题就让评论区炸了锅，网友分成若干阵营，有的支持拒载，指出醉酒乘客吐在车上对其他乘客造成影响；醉酒乘客情绪不稳，容易引发冲突；醉酒乘客对司机可能造成不便或者威胁。

反对拒载的认为：醉酒乘客也有乘车的权利；醉酒乘客更需要保护，况且如果冰天雪地把人家晾在路上可能有生命危险，拒载体现了社会的冷漠；如果司机认为醉酒乘客危害司机安全，可以将车开到派出所。

还有中立的意见认为，对醉酒乘客不应拒载，但应该让醉酒乘客有人陪同。对于"醉酒程度"要有一个合理的判定。

"公众评议会"在后面推出的问题包括：

"网约车内是乘客的私人空间还是公共环境？"邀请公众就能否在车内饮食、携带宠物打车，以及在确保信息安全的基础上能否接受在车内录音录像等问题展开讨论。

"司机或乘客在车里捡到物品后送还，失主需要支付费用吗？"滴滴物品遗失小组在帮助乘客寻找丢失物品的过程中发现，失主与捡到东西的人常常因是否需要支付送还物品的空驶补偿、路费、快递费，以及这些费用的额度问题陷入僵局，甚至出现纠纷。

"未成年人能否独自乘坐网约车？"

"用户要求代驾中途下车后强行酒驾，代驾应报警吗？"

"你是否支持男性开顺风车需要异性亲友'担保'？"

"司机也可以评价乘客，你支持吗？"

"你是否支持公示车内性骚扰者？"

"你遇到过哪些不文明行为？"——邀请公众评选网约车司乘十大

不文明行为。

"公众评议会"每一个问题都引起网友热议,有的问题引起数十万人投票,支持和反对的比例有的极为接近。

为什么滴滴在自身仍然深陷声誉危机的时候,搞出这么多有争议的话题,是给公众添乱,还是给自己添乱?

有人说这是滴滴在"转移视线",而公平来讲,滴滴是通过设置议题、引发讨论的方式,把网约车平台服务中遇到的问题交给公众讨论,让大家体会围绕这些难题的观点多么不一致,在争议中提出完美的解决方案是何等不易。而最终是传递一个非常明确的信息:网约车安全健康出行的环境,要由你、我、他,大家共同打造,政府、公司、司机、乘客、家属、媒体应该建立一个社会利益最大化的联盟。

"阴暗"一点说,网约车安全,大家不要都盯着滴滴,大家都有份啊,你觉得呢?

议题疏导,就是用倡导讨论甚至争议的方式,引导公众换一个角度看问题,换一个维度看造成危机的原因。这不仅可以影响公众的行为,建立广泛的共同体,也可以缓解危机方的舆论压力和声誉损害。前提是必须首先解决自身问题。如果滴滴没有率先实行各种安全改进措施,一上来就组织讨论,就是甩锅行为了。

攻:精准回击

攻,就是针对自身并无根本过错,或者自身虽然有错,但是与攻击者势均力敌、摆出与之同归于尽的架势而采用的策略。

"攻"有三种方法:

- 辨明事实真伪(你完全搞错了)
- 攻击对手弱点(你也不怎么样,还好意思说我)

- 质疑对手攻击理由（你就是蹭流量）

辨明事实真伪

辨明事实真伪，也可以理解为"堵"的一种，这里谈的直接"攻"，是当对手将事实搞错时，发布与真相相符的事实，与攻击者对攻。

央视"3·15"晚会曝光无印良品事件

2017年央视"3·15"晚会报道了无印良品在中国出售的部分进口食品来自日本核污染区。2011年福岛大地震及核电站污染事件后，中国一直禁止来自日本相应地区的食品进口。而在"3·15"晚会上，央视镜头展现的是无印良品在日本食品的外包装上贴上产地为日本的中文标签，但是揭开中文标签后，显示出产地为中国禁止进口地区的东京都。

3月16日中午，无印良品在官方微博上发表声明，称央视搞错了。进口产品日文标识的"贩卖者株式会社良品计画 RD01 东京都丰岛区"是生产商母公司的名称及其法定注册地址，并非所售进口食品的产地。实际上，央视曝光的无咖啡因香茅薏仁茶（谷物饮料）原产地是日本福井县，鸡蛋圆松饼（热加工糕点）原产地是日本大阪府，这两个地方都不在中国政府禁止进口的食品产地区之列。

无印良品的声明仅仅是列举事实，没有像我们常见的企业声明中那种"坚决维护本公司合法权益"的跟人拼命、战斗到底的架势。

当然，央视这么大的媒体，偶尔出点小差错，不值得企业大动干戈，还要考虑央视的公信力和未来的各种关系，所以网友戏称，尽管央视"被打脸"，但是无印良品保持了其品牌一贯的"性冷淡"风格。

无印良品可能有自身的品牌风格，但这种针对错误指控的高冷回应很值得借鉴。企业管理者在这种"受冤枉"的状态中往往把过多的关注点放在攻击者的动机、借势者的邪恶上，其实，澄清基本事实后，攻击会自动停止。

危机回应的话越多，越容易为攻击者提供新的攻击点。

无印良品为什么不加上一大段:"对于那些别有用心、炒作事态,试图借此事件诋毁无印良品名誉,破坏改革开放良好的营商环境的组织和个人,无印良品愤怒至极,绝不容忍,必将保留对这些造谣者依法起诉的权利。"

这样的表述,能吓跑你的反对者、争取支持者,还是让反对者更加猛烈、支持者远离?

澄清事实,不做情绪升级,还有一个重要的原因是:多数情况下受到攻击的企业都不是毫无瑕疵,"纯属捏造""完全不符"的情况极少。如果是完全造谣,你完全可以去平台举报,去派出所报案,出示权威证明,直接给攻击者打脸最好。

但是,当你有瑕疵,或者隐约觉得"也许可能大概"有什么问题的时候,发出那种"纯属""绝对""完全没有"的声明,暗处一定传来阴冷的声音:"怎么绝对没有,我本人就经历过,来来来我告诉大家我的故事。"

2019年7月17日,北京市场监管局通报流通领域家具类商品质量抽检结果,11件不合格家具样品中,6件来自无印良品,主要是商品标签、收款凭证上显示的木材名称与实际不符。在榉木衣架、低型餐桌、胡桃木实木椅、客厅餐厅两用沙发椅、边桌台、组合式木架等产品中,3件产品标称为"胡桃木",实际材质为"黑核桃"或"胶合板";1件产品标称为"榉木实木",实际为"水青冈";1件产品标称为"白橡木",实际为"纤维板"。

无印良品迅速发布声明,决定为购买了这些产品的用户退换货,"对于给消费者造成的不便,我们深感抱歉"。但是对于无印良品用传统套路应对危机,没有"退一赔三",消费者似乎并不买账,负面舆情飙升,有媒体发文:"无印良品再上黑榜,'性冷淡'的危机公关为什么不灵了?"

还好,无印良品声明中没有说过"我们一贯×××""我们从不

第五章　应对策略

×××"。

没有一个企业、组织和个人是完美的，这个道理大家都懂，但是在出现危机的时候，经常忍不住。

辨明事实真伪经常遇到的问题是，如我们在第四章所述，各方对事实和真相解读的角度不同，此时采取攻击型策略，好处和风险共存。

网易考拉与雅诗兰黛和中消协之争

2018年2月，中国消费者协会刊发《2017年"双十一"网络购物价格、质量、售后服务调查体验报告》。中消协在抽检调查中，共购买了93个"海淘"商品，涉及37个品牌，涉嫌出售仿冒品和假货的平台包括京东、淘宝、国美在线、拼多多、聚美优品、蜜芽网、网易考拉等。

在这些平台中，网易考拉决定采取辨明事实真伪的攻击策略。针对中消协报告中显示的网易考拉自营雅诗兰黛ANR眼部精华霜15ml"小棕瓶"为假货，网易考拉对中消协、雅诗兰黛（上海）商贸有限公司、雅诗兰黛公司等提起诉讼，要求删除相关报道，刊登道歉声明并赔偿损失2100万元。

之后，网易考拉多次发布声明，包括出具第三方认证的对平台所售雅诗兰黛小棕瓶的成分鉴定，证明产品为真，致信雅诗兰黛全球CEO，要求雅诗兰黛中国公司出示鉴定资质、鉴定标准等。

网易考拉在声明中特别强调的是：

"通过跨境电子商务模式采购境外正品雅诗兰黛商品销售给中国消费者，不应受到任何差别对待。"

这是针对雅诗兰黛对网易考拉销售产品鉴定为假的结论，更重要的是应对来自平台消费者的质疑：网易考拉卖的是真货还是假货？为什么厂商都说你是假货？

对网易考拉来说，采用攻击策略处理这次危机，是出于对业务基本面的维护。在所有被中消协点名的平台中，网易考拉对跨境电商的依赖最大，它本身就是一家专门从事跨境电商的企业。

一年后，2019年4月19日，网易考拉在官方微博发布声明，表示公司已于近日就与中消协等单位名誉侵权纠纷案向北京市海淀区人民法院提出撤诉申请。同时，网易考拉表示，虚心接受中消协等监管部门的指导和监督。

非常耐人寻味的结局。

媒体在报道网易考拉撤诉的新闻中，援引电子商务专家的话称，网易考拉和雅诗兰黛关于假货的争论，本质上是一场线上与线下、传统贸易与跨境电商之间的渠道之争，双方利益上存在重大冲突。此次共同撤诉，至少意味着当下双方利益在某个维度上达到了平衡。

本质是渠道之争，网易考拉从国外直接进货，是否影响到雅诗兰黛中国在中国的渠道秩序呢？看来双方已经达成协议。

而在它们达成协议前的2019年3月15日，还有一件耐人寻味的事，重庆市第一中级人民法院公布了雅诗兰黛起诉网易考拉的裁定书，雅诗兰黛要求其停止销售并销毁侵权产品M.A.C，披露其来源并赔偿120万元。

雅诗兰黛也在用法律手段给网易考拉施加压力。双方博弈日渐深入，最后暂时握手言和。

战争艺术，早就深深渗入危机管理之中。

攻击对手弱点

攻击对手弱点，是危机管理中"攻"的一种策略，用于自己被明确的攻击者抓住把柄，对简单认错的后果把握不准时采取的一种策略。

格力举报奥克斯

在第三章"格力举报奥克斯"事件中，我们谈到奥克斯因事发突然而束手无策，回应仓促，奥克斯在回应选择中，确定了一个策略：攻击对手弱点——你格力也有不合格产品。

格力6月10日举报奥克斯，8月30日，奥克斯家电事业部总裁冷冷在微博上发布《致董明珠女士的公开信》,指出格力空调在沙特曾被召回,国内销售产品能效也存在不合格现象,"我们将在下周一(9月2日)主动向您提供格力空调能效不合格的拆解视频,以便帮助您修正这些错误"。

当天,珠海格力电器股份有限公司法律事务部副部长李明晶针对"周一见"回应:"经我们核实查证,确认从无格力品牌空调在出口沙特时被召回的事件。如您对我们的查证结果存疑,请公布格力品牌空调因能效不合格被召回的具体型号和相关证据。相反,我们发现奥克斯品牌7款空调产品因能效不合格问题和安全问题被召回,奥克斯品牌空调因此被沙特政府列入"黑名单"。下面附上截图,便于您查证自纠。"

8月31日,奥克斯冷冷再度回应:"奥克斯是自有品牌征战沙特市场,但格力在沙特却是以自有品牌GREE,以及代工日本品牌SHARP和HomeQueen的方式营销。格力贴牌的SHARP和Home Queen分别有3843台、1922台空调被召回。"

至此,双方的海空大战变成街巷肉搏战,到了如此细节,消费者的耐心也到了尽头,监管部门对两个民族企业如此缺乏气度,在网上互相爆黑,既伤害彼此声誉,也让监管部门颜面尽失。

出于不可深究的原因,万众期待的"周一见"——奥克斯公布格力空调能效不合格的拆解视频,没有如期发生。

"攻击对手弱点"是一种策略,但是这种近身肉搏战,大概率是两败俱伤。如果你的策略是让对手伤得更狠,自己擦破点皮但是让对手伤筋动骨,也不妨一试。

质疑对手攻击理由

在攻击策略中,"质疑对手攻击理由"是下策,一般是被攻击者一时实在缺少反击点,调动部队需要时间,比如奥克斯用了近两个月才准备好猛烈攻击的炮弹,所以在6月10日格力的第一波攻击中,奥克斯在声明中就使用了这样的反击语言：

"格力既非消费者又非国家监管部门，其声称消费者向其举报我司产品问题，明显不合情，不合理，漏洞百出。正当'6·18'空调销售旺季来临之际，格力采用诋毁手段，属于明显的不正当竞争行为。"

意思是，你不就是趁"6·18"大促打击我的销售嘛。

质疑对手攻击理由的目的一是为自己获得缓冲，适当转移注意力，更重要的是争取同盟，帮助自己的潜在支持者认清攻击者的真实目的。

质疑对手攻击理由有几个层次：

1. 对攻击者进行一般性指责（你攻击我就是为了获得流量，博取眼球）。
2. 点出攻击者明显的经济利益（"6·18"打击对手销量）。
3. 公布攻击者受益的具体事实（与黑公关签订的合同，雇用网络水军的证据等）。

可以看出，第一个层次太浅太微弱，说出去不仅没力度，反而会被指没气度，第二个层次偏防御，只有第三个层次才构成真正的攻击。

• 本章小结 •

• 危机应对的基本策略包括堵、疏、攻，三者分别运用或者综合运用。

•"堵"是最基本的应对措施，堵不是强行不让人讲话，而是用沟通、道歉、赔偿、斡旋等方式堵住攻击来源、攻击渠道和攻击理由。堵应以解决问题为目的，在说服攻击者的过程中运用各种资源，如政府和第三方力量，并建立必要的预案。

•"疏"是应对公众情绪的最主要策略。对公众情绪主要采取疏导，不能硬刚，一旦负面情绪被激发，事实的力量会削弱，甚至"说什么都是错的"。把握责任主体疏导，自身做好承担，采取坦诚态度，解决基本问题，然后将主要责任推给真正的责任方。议题疏导，意思是"让我们换个角度看"，在解决造成危机的基本问题后，通过引发公众讨论的方式找到问题的根源，发动所有利益相关方共同努力解决问题，避免下一个类似危机的发生。

•"攻"则需要谨慎采用。如果事实确凿，自己被冤枉，可用辨明事实真伪（你完全搞错了）的策略。但是完全被冤枉的情况极为少见，更多的攻击／反攻采用的是攻击对手弱点（你也不怎么样，还好意思说我），和质疑对手攻击理由（你无非就是蹭流量）。

• 思考题 •

1. 如果你得知一家有影响力的媒体要报道你企业的负面，你希望他不发或者迟发，你有哪几种方法堵住这个攻击渠道？

2. 你同意情绪疏导等于诚恳道歉吗？在企业危机中做好公众情绪疏导，与夫妻吵架中的情绪疏导有什么区别？

3. 如果有家影响力较大的自媒体对比了你公司的产品与竞品，引用了若干消费者的抱怨，指责你公司的产品是"垃圾"，激动的CEO要求团队坚决反击，你在反击的同时还会考虑"堵"和"疏"吗？对这样的事件，硬刚的优势和风险是什么？决定策略的基本要素有哪些？

第六章
公关战

《史记·宋微子世家》中记录了春秋五霸之一宋襄公与楚成王的一场战争。

十一月,襄公与楚成王战于泓。楚人未济,目夷曰:"彼众我寡,及其未济击之。"公不听。已济未陈,又曰:"可击。"公曰:"待其已陈。"陈成,宋人击之。宋师大败,襄公伤股。国人皆怨公。公曰:"君子不困人於阨,不鼓不成列。"子鱼曰:"兵以胜为功,何常言与!必如公言,即奴事之耳,又何战为?"

这段文字的意思是:十一月,襄公与楚成王在泓水开战。当楚兵还未全部渡过泓水时,目夷说:"敌众我寡,我们趁他没有全部渡过河时,就去攻击他。"宋襄公不听。等到楚军已全部渡过河,还没有布成阵势时,目夷又说:"可以攻打了。"襄公说:"等他们的阵势布好了再打。"等楚军将阵势安排好后,宋军才去打他们。结果宋军大败,襄公的大腿被击伤,宋国人个个埋怨襄公。襄公还自有其理地辩解说:"作为君子,不能去困扰处于危难之际的人,不能鸣鼓去攻击没有布好阵的兵。"子鱼说:"领兵打仗是以得胜为目的,还有什么君子之道可言啊?如果必定要照你所讲的那样做,那就像奴隶一般服从于他人了,那又何必去开战呢?"

在当今的商战中,你希望坚守所谓的君子之道,任由对手宰割,还是视商场为战场,利用一切机会击败对手?

公关基本的风格是温良恭俭让、和风细雨。建立声誉不是一两天的事,长期布局、持续传播、不急功近利是公关行事的原则。

但是世界的变化、商业的变化也在为公关行业赋予新的意义,提供新的方法。2002年,"定位理论"的创始人之一阿尔·里斯和女儿劳拉·里斯合著的《公关第一,广告第二》让公关人热血沸腾,但是这本书的要义至今并没有被企业家和公关专业人士真正理解。

里斯父女的核心观点是"公关建立品牌,广告维护品牌"。品牌代表了你在顾客心智中的地位,是企业最重要的资产、最严密的护城河。所谓可口可乐"哪怕工厂一夜之间被烧光,明天业务仍会恢复"就是这个意思。

因为品牌代表了你在顾客心智中的地位,而了解心智的基本规律,进入顾客心智,牢牢占据心智,成为建立和维护品牌,以及品牌的两个主要传播行为——广告与公关的根本任务。

里斯认为,广告没有公信力,公关有公信力。中国公关界一直强调的广告与公关的区别在于:广告是自己说自己好,公关是让别人说自己好。顾客对品牌的最初信任一定来自公关而不是广告,当品牌建立起来,即品牌在顾客心中的认知已经产生时,下面要做的就是提醒,广告是最好的手段,广告会不断提醒受众的购买行为。

针对业界长期争论不休的"公关与销售要不要挂钩"问题,到此应该有一个明确的答案:公关不直接创造销售,但公关会对销售产生间接而根本性的影响。

在长期的商业实践中,公关的两大作用——建立声誉和创造增长,其实一直是并存的，从美国公关大神爱德华·伯内斯1929年策划女性抽着烟参加纽约复活节大游行，用"自由的火炬"符号和女性自由解放议题帮助烟草公司销售香烟，到近30年来中国的"马帮进京引爆普洱茶""滑翔机特技飞行大师穿越张家界天门山"等标志性公关事件策划，都证明了公关活动不仅能够帮助提升企业声誉，其创造增长的并行作用也一直高度有效。

近年来，定位理论在中国得到企业界的普遍认可，一些顶级咨询公司将这一理论与竞争战略结合，通过研究《孙子兵法》《战争论》等经典著作，将争夺心智的企业竞争行为提升到心智战争的高度。

理解战争对于商业的意义，首先要完成那个灵魂之问："生意是哪里来的？"

有的企业家说我创造了新的需求，有的说创造了新的用户，有的说我有绝无仅有的创新产品。

这时你听到一声棒喝："别傻了，生意是从别人手里抢来的。"

买豪华车，是奔驰还是宝马？心灵之旅的度假，去阿勒泰还是西双版纳？高端智能手机，要苹果还是华为？这些面对强烈竞争的品牌其实是幸运的，因为它们已经在消费者心中有了一个位置，不幸的是成千上万的品牌在顾客有限的心智容量中根本排不上号。

心智规律告诉我们，你无法撬动现有的心智，心智是顽固的，顽固的心智认为日本车省油，美国车皮实，你的美国车干吗非要说"省油"，没必要费劲。而当你找到自己独特的定位，用"错位竞争"的方法找到自己的位置，成功就有了基础。

不论是新茶饮中的喜茶，还是燕窝大战中的小仙炖，以及传统服装企业波司登的华丽转身，"更适合中国宝宝"的飞鹤奶粉，都是心智战争中脱颖而出的典型。

进入心智靠公关，打造信任靠公关。公关既然在打一场心智战争，那就不可避免地会运用战争思维、战争手段。

上一章论述的"堵、疏、攻"三种策略仅仅是危机发生后一种极简化的应对方式总结,而如何系统地准备和打好公关战,是我们用公关推动声誉和增长,用战争思维做好危机管理的基本功。

卡尔·冯·克劳塞维茨在《战争论》的开篇中指出:"战争是一种暴力行为,旨在强迫我们的敌人服从我们的意志。"

这里面的关键词是暴力、强迫、服从。《孙子兵法》所说"不战而屈人之兵",以及运用多种方法达到让敌人服从我们意志的目的,体现了中华文化的智慧。

从《孙子兵法》广义的"兵"(用兵)到克劳塞维茨狭义的"战争"定义,到21世纪广义的"战争",今天的战争在手段上更加丰富,我们眼见的贸易战、关税战、科技战、情报战,到处是没有硝烟的战场、没有暴力的征服。

公关战是舆论战的一种,特指:

在舆论场发动对竞争对手的攻击,以达到破坏对手正常经营活动或者损毁对手声誉的目的,以及针对攻击的防御行动。

在21世纪的今天,战争的目标没有改变,方法则有所不同。

《孙子兵法》提出决定战争胜负的五大要素:一曰道,二曰天,三曰地,四曰将,五曰法。

> 道者,令民与上同意也,故可与之死,可与之生,而不诡也;天者,阴阳、寒暑、时制也;地者,远近、险易、广狭、死生也;将者,智、信、仁、勇、严也;法者,曲制、官道、主用也。凡此五者,将莫不闻,知之者胜,不知者不胜。

如果我们将这五要素与今天的公关战相对照,大致是这样一种关系:

	孙子兵法	21世纪公关战
道	君主与民众同心同德	企业价值观、品牌基础
天	昼夜、寒暑、四季变化	市场环境、法规政策
地	道路远近、高低、险易、地形	基础业务的舆论风险
将	将帅的智谋、信实、仁爱、勇敢、严明	企业领导力和团队
法	组织编制、职权划分、物资使用	管理效率、资源能力

对于发起攻击的态势分析，我们以格力举报奥克斯为例。在"天"和"地"维度，政府即将出台对能效作假的整治行动、奥克斯高速发展带来的质量缺陷可能，都为格力发起攻击提供了有利条件。而战争开始之后，双方在"道"上各具优势，都有自己的品牌基础、美誉度、用户和粉丝群。如果战争延续下去，整体态势上哪个会占先？

关于公关战的具体操作，我们可以简单列一个流程图，无论进攻还是防御，都可以参考。

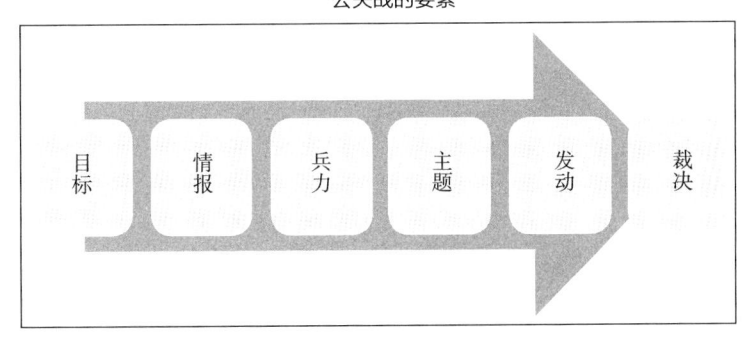

公关战的要素

目标 → 情报 → 兵力 → 主题 → 发动 → 裁决

确定靶心：公关战的目标

从攻击的角度看（防御可反向对照），公关战的目标可分为战略目标、战役目标和战术目标三种。

战略目标：旨在阻击、遏制对手的战略目标。2021年初今日头条对腾讯提起垄断诉讼，一方面是法律战，同时也是公关战，目标是为自身发展创造战略空间，为自己赢得支持，挤压对手的舒适空间，让对手声誉受损。

战役目标：破坏对手的短期业务目标。如阻击对手上市，攻击对手关键产品，针对某个议题破坏对手的声誉等。常见的案例包括，在对手准备上市期间提起高额标的的知识产权诉讼；放大竞争对手的产品缺陷，对手出现负面舆情时增加攻击力度。

战术目标：对竞争对手实行长期侵扰。这一策略与黑公关界限难以区分，经常落入违法操作，或灰色区域，不建议企业采用。

知己知彼：公关战的情报

公关战的情报有趋势、大事件和对手三大类别。

趋势：指行业的技术趋势、市场趋势等宏观信息，这些信息不难获得，关键在如何利用这些信息。趋势信息特别适合针对采用过渡技术的竞争对手，攻击他们"过时""很快被淘汰"，会严重影响对手的摇摆类用户。

大事件：对新出现的重大法规、政策变化保持敏感。今日头条诉腾讯，就是在限制互联网垄断这一政策法规大趋势下设计实施的。2021年3月1日开始实施的《演出行业演艺人员从业自律管理办法》，对网上热议的"劣迹艺人"做出具体定义，对艺人"扰乱公共秩序，造成恶劣社会影响""作品抄袭""假唱假演奏""违背伦理道德"等行为做出"一年、三年、五年或永久等不同程度的行业抵制"。这样的事件也会给演艺行业，特别是经纪公司、投资公司、制作公司和平台形成超常规的攻击机会和被攻击风险。

对手：对手的情报可以通过公开和非公开渠道获得，非公开渠道获取信息要保证合法性。互联网公司大量的公关战，都是基于了解对手的产品计划，在对手推出新产品之前策划攻击。情报既包括获得现有的信息，也包括主动散发的信息。历史上有大量在战前有意散布指责敌方信息的案例，现代商战中在战前造势也屡见不鲜。

实力摸底：公关战的兵力

在发动战争之前要了解自己的力量配备。陆、海、空部队，专业的电子、通信、情报、特种部队是打常规战争的兵力。公关战的兵力可分为自有兵力和盟友两大部分。

公关战在舆论领域进行，所以主要看能为自己发声的群体。自有兵力包括企业自媒体和购买的媒体，盟友包括大众媒体、意见领袖、用户和粉丝，以及对手的对手。

在这里要强调一下，区别正常的公关战和黑公关，主要在于使用的手段是否是真正的公关。公关的核心原则是让别人主动甘心地为自己说话，如果花钱诋毁别人就是黑公关。

这里面的花钱，指的是最终发声者是否得到了财务利益，购买的服务不在此列。举例来说，你雇用一家公关公司攻击对手，为公关公司支付费用，到此仍然是合理合法的公关；再往下，如果公关公司直接花钱购买水军捏造事实诋毁对手，就涉及违法。如果公关公司花钱购买水军，水军在网上发表对对手不利的观点，但没有捏造事实，这更多属于职业道德问题。

还有一层道德问题，就是是否直接获取利益。可以参照主流媒体对编辑记者的规定。编辑记者不能因利益报道企业，不能收取费用，不能利用报道企业掌握的便利做证券交易获利。但是，如果记者参与过企业组织的活动、旅行等（中国和亚洲媒体在这方面规定不是十分严格，企业出费用邀请记者参与和报道相关的旅行是可以接受的），从而对企业产生好感和认同,然后在该企业批评竞品的战役中参与发声,这属于职业道德和个人操守问题,不能上升到法律层面。

师出有名:公关战的主题

发动战争需要有一个主题,或者由头,如捍卫领土、讨伐逆贼、以上帝的名义等。公关战的主题可以从以下三个领域来选择:

对比性主题:控诉对手以大欺小,以强凌弱,将自己塑造成敢于挑战"恶势力"的英雄,"小老鼠挑战大龙猫",获取公众的同情、舆论的支持。2010年奇虎360与腾讯的3Q大战,周鸿祎采用的就是这种对比性主题策略。

异常性主题:挑战公众的现有认知,用事实证明对手一直在蒙蔽消费者。2013年《京华时报》攻击农夫山泉,称"农夫山泉不如自来水"的标准之争,就是一个典型案例。如今已经停刊的《京华时报》当时用28天67个版面,一共76篇报道,称农夫山泉采用的标准低于自来水。双方在媒体上、新闻发布会上互怼,在法院打官司,成为轰动一时的事件。

宣判性主题:提出一个正义的难以反驳的名义讨伐对手,如"不再让消费者蒙在鼓里",揭露对手的技术落后、质量粗糙、材料造假等问题,以及像格力攻击奥克斯那种"打击造假行为,维护公平竞争"的宣判性主题。

主题不是简单的一句口号,主题在公关战中是最重要的因素,也是能够获取持续支持的核心理由。从革命历史年代的"打土豪,分田地",到互联网时代的"打击垄断,维护公平",这些主题的力量,它们能够动员起来的兵力,远远超过攻击者或防御者自身的力量。不仅攻击者需要主题,防御者也需要主题,比如3Q大战中,奇虎360的进攻主题是"创新力量与垄断力量的斗争",腾讯的防御主题是"打击违法,抵制没有道德底线的行为"。

蓄势出击：公关战的发动

在制定好目标、收集和消化了情报、分析了自身兵力、确定了攻击主题之后，下一步就是如何发动攻击。

借鉴新闻的五个 W 的思路，我们把发动分为：发动主体、发动时机、发动地点、发动借口、发动火力。

发动主体：自己攻击或者利用他人攻击。"致竞争对手的一封信"可以由攻击方也可以通过第三方发出。阿里巴巴对工商总局关于假货的抽查不满，用"淘宝店小二致工商局领导"的方式表示抗争。TikTok 在 2020 年针对特朗普政府的禁令，号召消费者起诉美国政府。在不少企业之间的公关战中，经常有神秘的消费者针对争议中的舆论议题在法院起诉企业。

发动时机：精心策划和偶发机会结合。格力攻击奥克斯是精心策划，选取政府部门马上要出台"绿色制冷行动方案"、打击能效造假和"6·18"夏季空调大促之前举报奥克斯。偶发机会是指竞争对手突然出现产品质量、员工道德等方面的危机，这时可以迅速组织火力猛烈攻击对手。比如你的战略对手是大型互联网公司，其旗下游戏是盈利的重要业务，媒体曝出青少年玩游戏上瘾导致抑郁或自杀，这时你加上一把火，可能让对手承受更大的声誉甚至业务损失。

发动地点：包括物理地点和虚拟地点，或称线下和线上。线下可以是对手的营业场所、展会、重要发布会等地点，线上是某个或多个媒体平台。发起攻击的第一个帖子可以发在某个网上论坛，引发争议后逐步扩散。如果内容足够吸引人，平台足够大，如微博、抖音，第一个攻击点很快会蔓延到无数个攻击点；也有可能局限在一个平台，成为具有相当流量的"头条话题""抖音话题""微博话题"等。

公关战包括单点攻击和多点攻击、正面攻击和侧面攻击。格力举报奥克斯基本属于单点攻击和正面攻击。多点攻击和侧面攻击更加常用，比如向不同的主流媒体和自媒体爆料，对竞品的产品质量和高管道德同时爆料，形成多重打击。但是在舆论战中用力过猛，大概率会被质疑动机，失去必要的舆论支持。

发动借口：使用有效的事实和证据发动攻击。与产品质量有关的"口实"一般是检测报告，攻击方会拿出某个机构的报告指责对手不合格，被攻击方会用对自己有利的报告证明自己合格；因此经常会发生"鸡同鸭讲"的情况，攻击方与防御方采用不同的事实和证据，以争取舆论的支持。

发动火力：集中火力短时间猛攻，争取一剑封喉；或者细水长流，放出话题，等待舆论浪潮自然发起。我们能看到的大多是前者，如格力猛攻奥克斯；而后者在势能聚积后同样能产生较强的效果，比如持续放出竞争对手高管的道德问题，"婚外情""小三""对下级PUA（精神控制）"等，给人一种对手价值观缺失的印象，打击对手声誉。

结局定性：公关战的裁决

同所有的战争一样，公关战有时会以"强迫敌人服从我们的意志"为标志结束，比如被攻击方公开认错道歉。但是公关战永远有至少三方以上的力量——攻击方、被攻击方和公众舆论，我们极少看到被攻击方直接向攻击方认输的情况，不论是格力攻击奥克斯，还是3Q大战中的奇虎360和腾讯，战争结束的方式一般都是：（1）在监管部门斡旋下和解，共同向第三方（用户、公众）道歉；（2）接受法庭判决或调解；（3）深明大义，自行和解。

3Q大战后，工信部通报，责令奇虎360和腾讯两家公司向公众道歉，确保相关软件正常使用。2013年农夫山泉和《京华时报》就"农夫山泉不如自来水"展开产品标准大战,双方分别在法庭起诉对方,最后又全部撤诉,撤诉后农夫山泉撂下一句话:"撤诉仅再次表达我们对法律秩序的失望和无奈。"

2018年,网上流传一张"吉利汽车公关分群5"的微信聊天截图,显示"有关长城(汽车)的评论全部开黑,有关吉利的帖子,2条吹吉利,1条黑国产(主要以长城为目标)"等内容。10月18日,长城汽车公开发布声明谴责黑公关,奇瑞汽车也加入谴责黑公关的行列。

吉利也在同一天发表声明,谴责冒用"吉利汽车公关部经理"名义散布虚假信息的行为。吉利汽车高管发表微博称:网上流传的要求群友攻击长城的微信帖8:31发出,8:31截屏,图片是绿色,说明内容是截屏人自己所发,明显是有人来抹黑吉利,甚至不排除挑拨离间。

我们再次强调,公关战与黑公关有本质的不同,长城汽车对吉利的正面攻击并非黑公关,只是将黑公关作为攻击的由头。吉利汽车也为这次公关战采取了防御,包括发布吉利汽车董事长李书福的内部讲话,包括几个关键信息:(1)黑公关不是吉利干的,是谣言;(2)公开回应可能越吵越大,不利于问题解决;(3)吉利不是靠水军发展起来的,水军造不出好品牌;(4)吉利要有担当,自我约束,包容体谅;(5)窝里斗没前途,不利于中国汽车的发展。

10月29日,杭州高新区(滨江)公安分局发布警情通报,称接到报案有人冒充吉利公关部经理在网络上编造、散布虚假信息,警方已将嫌疑人抓获,此人将一个微信群改名为"吉利汽车公关分群5",设置自己的头像为吉利汽车车标,在微信群发布"吉利汽车招募水军、黑长城汽车"的虚假信息,后将该聊天信息截图并以吉利公关部经理的名义通过网络平台发布。

11月15日,长城汽车和吉利汽车发布联合声明,认同此次网络水军事件是造谣、冒充,双方将撤除各自声明,消除影响,撤销法律诉讼。双方将与政府、行业协会和同行共同努力,涤清舆论环境,为中国品牌健康发展营造依法合规、公平有序的竞争环境。

长城和吉利这两个汽车自主品牌的领军企业因黑公关在网上互怼，确实对中国品牌有不良影响，政府、行业协会和消费者都感到不解和痛心，双方和解的结局也是合理和必然的，体现了两家企业的高度和气度。

但是我们从公关战的策略看，长城汽车的攻击有什么问题？长城、奇瑞、陆风等企业对吉利的多点攻击起到了什么作用？长城使用的"武器"——基本证据是否具备强大攻击性，还是貌似强大但容易被挡回？

3Q 大战回顾

发生在 2010 年那场奇虎 360 与腾讯的 3Q 大战，是中国公关战的经典案例。这场公关战中孤注一掷的决战勇气、断臂抗击的彻心苦痛、仰天狂喊的密集回声、硝烟散去的悲壮无奈，都再现了战争中的道、天、地、将、法，以及公关战的目标、情报、兵力、主体、发动和裁决所有六个阶段中的判断、决策及后果，值得我们通过详细复盘，研究商业竞争，总结公关战的规律、经验和教训。

2010 年中国主要互联网公司的中报显示，腾讯的利润（37 亿元）比其他四家公司百度（13 亿元）、阿里（10 亿元）、搜狐（6 亿元）、新浪（3.5 亿元）的总和还多。2009 年腾讯游戏营收首次超过盛大，新晋"游戏之王"；腾讯市值在 2010 年 1 月超越雅虎，成为谷歌、亚马逊之后全球第三大互联网公司，2010 年 3 月 5 日，QQ 同时在线人数达到一亿。2006 年 7 月 QQ 同时在线人数超过 2000 万时，有人问马化腾这个数字何时会超过一亿，马化腾回答说："也许在我有生之年看不到。"但是这个纪录不到四年就突破了。

2010 年腾讯面对的基本舆情是：腾讯被指"一直在模仿，从来不创新""走自己的路，让别人无路可走""垄断平台，拒绝开放"。马云说腾讯的拍拍网抄袭淘宝，李彦宏说腾讯的搜搜抄袭百度，丁磊说"马化腾什么都要抄"，王志东第一个称腾讯是"抄袭大王"，但他表示"要学习马化腾的抄袭行为"。

很少在媒体露面，也很少公开与人争辩的马化腾，在2008年的一次采访中谈到腾讯对"抄袭"的观点时说："坦率地讲，中国现在的互联网模式基本是从国外过来的，没有说太独特、是自己原创的。毕竟商业模式你很难苛求去原创，因为本来就这几种，关键看谁做得好。"①

2010年7月24日，在互联网行业颇有影响的《计算机世界》杂志在网站上发布封面文章《狗日的腾讯》，文中引用互联网著名人士的话狠狠地说："某网站贪得无厌，没有它不染指的领域，没有它不想做的产品，这样下去物极必反，与全网为敌，必将死无葬身之地。"

7月25日，腾讯发表声明称："《计算机世界》作为专业媒体，竟然在未对腾讯进行任何采访的情况下，用恶劣粗言对待一家负责任的企业，用恶劣插画封面来损害我们的商标和企业形象……对于这种行为我们严正谴责，并保留追诉其法律责任的权利。"

这时，一个重要人物，奇虎360创始人周鸿祎准备登场了。周鸿祎是西安交通大学计算机专业学士和系统工程专业硕士，1995年毕业后在方正集团就职，2004年出任雅虎中国总裁，2005年加盟IDG（美国国际数据集团）成为天使投资人，2006年投资奇虎360，担任董事长。

在吴晓波的《腾讯传》、周鸿祎的《颠覆者——周鸿祎自传》，以及相关媒体报道中，我们可以对以杀毒软件为主打产品的360和腾讯之间在竞合关系，以及最后上升到3Q大战的过程做一个简单的时间线概括。

2006年，腾讯推出QQ医生（防范QQ账号被盗）。

2009年11月，QQ医生发布3.1、3.2版本，界面和功能酷似360。

---

① 《解读腾讯，马化腾的精明在哪里》，《羊城晚报》，2008年8月。

2010年5月31日，QQ医生升级为"QQ电脑管家"，全面覆盖360主流功能。

2010年9月22日中秋节，QQ电脑管家再次升级，业界认为将驱逐360。

2010年9月，周鸿祎建议腾讯投资360，拦截百度医疗广告，遭拒绝。

9月27日，360发布针对QQ的360隐私保护器，发动公关战。

10月11日，QQ弹窗声明否认QQ侵犯隐私，周鸿祎弹窗回应称掌握证据。

10月14日，腾讯在法院起诉360不正当竞争。

10月14日，360称此时起诉是"打击报复""转移视线"。

10月15日，金山、卡巴斯基指责360软件存在巨大安全漏洞，腾讯盟友开始发声。

10月27日，腾讯、金山、百度、遨游、可牛发表《反对360不正当竞争联合声明》，腾讯更多盟友加入。

10月27日，360声明"向一切灰色利益和潜规则宣战"。

网上出现弹窗式信息曝光"马化腾享受深圳市经济适用房补贴"，流传歌曲"做人不能太马化腾"。

10月29日，360推出"扣扣保镖"新工具，"全面保护QQ用户安全"。这时360掷出撒手锏，用户在"提示"下选择"修复"，将被系统重装，QQ安全中心被360安全卫士替代。

腾讯立即指责360扣扣保镖"非法外挂"，称这一行为是"全球互联网罕见的公开大规模数量级客户端软件劫持事件"。

10月30日，腾讯向深圳市公安局报案，但据媒体报道，当时公安局和工信部对这一毫无先例的事件并不知如何处理。

11月1日，扣扣保镖已经截留2000万QQ用户。

11月3日，腾讯决定在装有360软件的电脑上停止运行QQ软件。

11月3日晚6点19分，QQ用户弹窗出现《致广大QQ客户的一封信》。

至此，3Q大战进入白热化，双方展开近身肉搏。

致广大QQ客户的一封信

亲爱的QQ用户：

当您看到这封信的时候，我们刚刚做出了一个非常艰难的决定。在360公司停止对QQ进行外挂侵犯和恶意诋毁之前，我们决定将在装有360软件的电脑上停止运行QQ软件。我们深知这样会给您造成一定的不便，我们诚恳地向您致歉。同时也把做出这一决定的原因写在下面，盼望得到您的理解和支持。

一、保障您的QQ账户安全

近期360强制推广并胁迫用户安装非法外挂"扣扣保镖"。该软件劫持了QQ的安全模块，导致了QQ失去相关功能。在360软件运行环境下，我们无法保障您的QQ账户安全。360控制了整个QQ聊天入口，QQ所有数据，包括登录账户、密码、好友、聊天信息都得被360搜查完，才送还给QQ用户，相当于每个用户自家门口不请自来的"保镖"，每次进门都被"保镖"强制搜身才能进自己家门。我们被逼迫无奈，只能用这样的方式保护您的QQ账户不被恶意劫持。

二、对没有道德底线的行为说不

360屡屡制造"QQ侵犯用户隐私"的谣言，对QQ的安全功能进行恶意污蔑。事实上QQ安全模块绝没有进行任何用户隐私数据的扫描、监控，更绝对没有上传用户数据。目前我们已经将QQ安全模块代码交由第三方机构检测，以证明我们的清白。

更甚的是，360作为一家互联网安全公司，竟推出外挂软件，公然站到了"安全"的对立面，对其他公司的软件进行劫持和控制。这些都是没有道德底线的行为。

三、抵制违法行为

任何商业行为，无论出于何种目的，都应该在国家法律法规的框架下进行。而360竟然采用"外挂"这种非法手段，破坏腾讯公司的正常运营。

360已经在用户电脑桌面上对QQ发起了劫持和破坏。我们本可以选择技术对抗，但考虑再三，我们还是决定不能让您的电脑桌面成为"战场"，而把选择软件的权利交给您。

十二年来，QQ有幸能陪伴着您成长；未来日子，我们期待与您继续同行！

腾讯公司

11月4日，腾讯发出第二份声明：

难以承受之痛的背后——致QQ用户的第二封信

现在，360作为安全软件控制了整个QQ的聊天入口。QQ的所有数据包括登录账户、密码、好友、聊天信息都得被360过滤之后才送还给QQ用户。这相当于每个用户自家门口不请自来的"保镖"，每次进门都被"保镖"强制搜身才能进自己家门。而且这个非法"外挂"在360安全软件的包庇下像病毒一样快速蔓延。

万般无奈，我们只能用躲避360的方式，才能保护QQ账号不被恶意劫持。亲爱的用户，您能明白吗？很多愤怒的网友指责我们"霸道"，很多信任的网友说我们"太笨"——可是，亲爱的用户，我们今天面对您，道一道我们心底的苦衷。

我们只是在以一种最惨烈的方式，去发起一次呼救。若没有这次呼救，6亿QQ用户的隐私和网络财产，都将被劫持并掌握在一家没有道德底线的公司手里；若没有这次呼救，不仅QQ会像瑞星、金山、可牛、遨游、卡巴斯基那样无辜地倒下去，接下来，所有进入360战线的互联网企业都会倒下去；若没有这次呼救，不敢想象当 360 纯熟地利用法律的灰色地带控制着用户电脑每一个角落的时候，还有没有正义的力量可以再与之对抗！

11 月 4 日上午 9 点，腾讯在北京召开新闻发布会，腾讯公关部总经理刘畅哽咽着说："这是腾讯成立 12 年来最惨烈的一次行动，昨晚腾讯一万多名员工彻夜未眠。"参加那次活动的很多记者对这样充斥高强度情绪的情景至今记忆犹新。

11 月 4 日，360 发公开信，表示搁置争议，让网络恢复平静，扣扣保镖下线。

11 月 5 日，金山、搜狗、遨游、可牛、百度举行联合新闻发布会，宣布不兼容 360。

11 月 5 日，新浪选择支持 360，两家达成合作，新浪宣布与 MSN（微软门户网站）深度合作。

11 月 6 日，马化腾主动邀约深圳 4 家媒体专访，解释腾讯为何采取激烈对抗，他表示，扣扣保镖周五 11 时发布，到周一已经有 2000 多万 QQ 用户感染，假设每个 QQ 用户有 40 个好友，那 2000 万用户就可以扩散到 8 亿，形势已经很危急，除了对抗和先下网，我们已经别无他法。

11 月 15 日，周鸿祎发表博客：《与其苟且活着，不如奋起抗争》。

11 月 20 日，工信部发出通报，责令两家公司向公众道歉，确保相关软件正常使用。

3Q 大战的最后结果，是广东省高级人民法院驳回奇虎 360 的诉讼请求，360 不服，上诉到最高人民法院，最高人民法院终审判决奇虎 360 败诉。虽然在 360 和腾讯的系列诉讼中 360 均败诉，但是吴晓波在《腾讯传》中根据采访腾讯高管后的感觉，提出这对腾讯来说是一个"尴尬的结局。赢了官司，输了舆论"。

一个耐人寻味的结局是，2011 年 3 月 30 日，奇虎 360 登陆美国纽交所，上市首日便被称为"华尔街奇迹"，首日收报 34 美元，较发行价大涨 134%。以当日收盘价计算，奇虎 360 的市值达 39.6 亿美元，超过新东方、搜狐、盛大，位列所有中国概念股第 6 位。围绕上市的艰难历程、3Q 大战的一系列后果，周鸿祎在他的作品中有详细描述。

回到公关战。

奇虎 360 在 3Q 大战期间采用了以下公关策略：

9 月 27 日，在推出扣扣保镖之前，发起"用户隐私大于天"360 网站专题讨论。

网上出现各种针对腾讯的不利言论：

《QQ 窥探用户隐私由来已久》

《QQ 承认窥探用户隐私》

《QQ 窥私目的》

《请慎重选择 QQ》

360 还声称：360 隐私保护器能实时监测 QQ 侵入隐私信息行为。

从总的态势看，360 为攻，腾讯为守，但是腾讯也有转守为攻的行动。腾讯在 3Q 大战后做了深刻的反思，主动检讨自己在战略、产品和舆论应对方面的问题，继续在中国和全球互联网行业领跑。

而咄咄逼人、攻势猛烈的奇虎 360，也在 3Q 大战中承受了损失。

周鸿祎在《颠覆者——周鸿祎自传》中提到："对于 360 来说，这一战我们受伤很重。虽然在舆论上我们暂时赢得了民意，也一度通过战役让更多的用户知道了 360。但是，我们被迫迎战，涉险过关，其实只是让 360 幸存下来。我毫无疑问给外界留下"刺头青"和"非常好战"的形象，这对公司的品牌形象肯定不是一件很好的事情。事后，我们在公关上遭遇了系统性抹黑，在其他关系方面也遭遇了一些压力。"

需要指出的是，十余年过后，3Q 大战被广泛传播，但是这场公关战的策划细节仍然深藏在当事人心中，我们只能通过舆论场呈现出来的信息来设想，如果这是公关战策划的一部分，它做对了什么，做错了什么？如果它可以发生也可以不发生，我们如何按照自己的需要，让它完全处于我们的掌控之下？

比如《计算机世界》那篇让腾讯恼火不已的《狗日的腾讯》，我们很难找到明确证据证明它是 360 直接策划的，但是在 360 发起的攻击中，这篇报道起到了"增加攻击点""更有利的时机""提高火力""更丰富的攻击借口"等多重作用。吴晓波在《腾讯传》中描述了腾讯一干高管在看到这篇报道后长时间无语，最后马化腾喃喃自语："他们怎么可以骂人？"

公关战的主题，如同发动战争的宣言，"为国家利益而战""讨伐逆贼""匡扶汉室"，不仅是为了给自己找到一个道义制高点，更在于获得公众的支持。周鸿祎在确定主题、获得支持方面赢得了主动。

周鸿祎在自己的微博中称："3Q 之争，本质上不是 360 和腾讯的斗争，而是互联网创新力量和垄断力量的斗争。360 在垄断力量下找到一条生路，也是为其他互联网创业公司找生路。"

从公关战六大要素：目标、情报、兵力、主题、发动和裁决，我们再来回顾总结一下 3Q 大战的经验和教训。

目标：360 选择打击 QQ 电脑管家的战役目标明确，兼顾对腾讯战略目标的打击。

情报：360 对舆情更加敏感，深刻了解互联网行业对腾讯的惧怕和怨恨。而腾讯对"山雨欲来风满楼"的连续负面舆情缺少必要的危机准备。

兵力：360 在争取互联网草根和公众方面领先，在商业盟友上落后，只有新浪跟 360 站在一起；腾讯在争取用户方面行动过于仓促简单，"我们刚刚做出了一个非常艰难的决定"一度成为互联网流行语，体现了背后的无奈和被动。但是腾讯立即动员了一系列盟友共同讨伐 360，回应有力。

主题：360 的"代表草根创业者挑战垄断者"是一个迷人的主题，

腾讯的"保护用户隐私,打击违法行为"也有力量但情感力量偏弱。腾讯在应对《狗日的腾讯》媒体报道中仅仅用"未对腾讯进行采访的情况下,用恶劣粗言对待一家负责任的企业,用恶劣插画封面来损害我们的商标和企业形象"进行严正谴责,保留追诉其法律责任的权利,显得回击脆弱。

发动:在发动时机上,360选择国庆之前上线"360隐私保护器",并发起对腾讯的舆论攻击,希望十一假期结束腾讯高管回来时,战况已经明确,舆论已经攻陷腾讯。360还在10月29日马化腾39岁生日这天推出"扣扣保镖"这一撒手锏,有点"故意添堵"的意思,也许是为了让对手失去理智,做出错误判断,但显然马化腾不是容易上这种钩的人。

裁决:舆论场人心的走向经常难以捉摸,多数情况法律裁决会影响舆情,就连最有影响力的官方媒体也经常强调"尊重法律",3Q大战是罕见的一方法律全输但是仍然赢得一定民意的案例,值得深思。在裁决过程中,腾讯的法务体系显得更加冷静、专业。

	目标	情报	兵力	主题	发动	裁决
360	用舆论战打击QQ电脑管家取代360的势头	业界对腾讯"抄袭""垄断"的不满加剧	• 自有媒体 • 周鸿祎号召力 • 对腾讯有意见的媒体	创新力量与垄断力量的斗争	• 主体:自己发动 • 时机:策划+偶发 • 地点:微博为主,多平台 • 借口:QQ偷窥 • 火力:集中猛攻	• 政府 • 法院 • 舆论
腾讯	保护QQ产品和用户,打击360	互联网商业模式很难原创,腾讯没有根本风险	• 自有媒体 • 金山、百度、可牛、遨游、卡巴斯基等盟友	抵制违法行为,保证用户安全	• 主体:自身+盟友 • 时机:应对 • 地点:多平台 • 借口:保护隐私 • 火力:集中回击+系列反击	• 政府 • 法院 • 舆论

3Q大战还为我们留下很多教训,针对马化腾个人的攻击,显得粗暴低俗无聊,说"马化腾享受深圳市经济适用房补贴",实际人家拿的

是合法的"高层次专业人才住房补贴"。在攻击过程中,争取民心的言论和刻意灌入的诋毁难以分清,这些都困扰公关战,让攻守双方容易落入违法陷阱。

农夫山泉标准门事件

农夫山泉是中国最善公关战的企业之一,但是那些战争却较少被人提及。

在亿万中国消费者的记忆中,"农夫山泉有点甜""我们不生产水,我们只是大自然的搬运工"可以入选"十大最具影响力的品牌广告语",在我们的生活中,无论在超市、餐厅、自动售货机,还是在高铁、飞机、旅游景点,都可以看到红白分明、外包装常年不变的农夫山泉"天然饮用水"。

创立于 1996 年的农夫山泉,是养生堂旗下控股公司,20 多年来,我们喝的"有点甜"的从大自然搬运过来的水,到底卖了多少?赚了多少?直到 2020 年农夫山泉上市,在公司招股书上我们才看到:

农夫山泉年收入超过 240 亿元,毛利率 60%,净利率 20%,2019 年净赚 50 亿元。上市当天,公司市值突破 4000 亿元,创始人钟睒睒当了半小时的中国首富,媒体以惊诧而不无嫉妒的各种标题报道农夫山泉的上市:

《大自然"印钞机"农夫山泉上市:股价盘前上涨超 86%,钟睒睒持股市值超三千亿》

《农夫山泉创始人成中国首富:暴富的感觉怎一个"甜"字了得?》

《大自然搬运工真赚钱 农夫山泉创始人超二马成新首富》

那个一直藏在幕后的首富,没有像互联网明星们那样在媒体镜头前谈笑风生,甚至多数关心这条新闻的人不得不先上网查那个生僻的

"睒"怎么读，睒读 Shǎn，快速地看、窥视的意思。这位在中国创业史上赫赫有名却一直藏在幕后窥视世界的人，给公众印象较深的正式露面只有三次，而且三次都是面对公关战。

我们很难把有点甜的农夫山泉与战争、打仗联系起来，但是，农夫山泉确实是中国公关史上甚至商业史上最爱打仗，在战争中伤痕累累却从不放弃拼杀，直到最后取得胜利的那一个。

在我们正式回顾标志性的 2013 年"农夫山泉标准门"事件之前，有必要先普及一下我们每天喝的水都有些什么名堂。

市面上买到的饮用水，基本可以分为天然矿泉水、纯净水和其他饮用水三类。天然矿泉水是在特定地质条件下形成的，多来自地下深部的水源，含有丰富矿物质，在中国开发需要特别的矿业许可证明，需在水源当地包装，产品价格上属于高端，昆仑山、恒大冰泉、百岁山等品牌就属于这一类。纯净水的水源来自公共供水系统，也就是我们常说的自来水，用过滤等技术去除污染物和有害物质后装瓶饮用，因成本低，产品价格也相对低廉。

在"其他饮用水"行列中，有的品牌称"矿物质水"，其基本原理与纯净水类似，只是在生产过程中人工加入了某些对人体有益的矿物质。从 2000 年开始，农夫山泉就试图创立"天然水"的品类，这里面又有"山泉"和"矿泉"之混淆，不过农夫山泉公司从来不往"矿泉"的方向引，并强调"山泉"是一种广义的习惯用法，不是品类或产品标准，国家也从来没有为"山泉水"建立过任何标准。

从竞争的差异化优势来看，农夫山泉一直极为重视水源，它占据着中国十大水源地，东至农夫山泉起家的浙江千岛湖，西至新疆天山玛纳斯，南至广东万绿湖，北到黑龙江大兴安岭，十大水源地遍布全国各地，是极为难得的稀缺性资源，也是农夫山泉的重要战略护城河。

当我们被农夫山泉"有点甜""大自然的搬运工""美丽纯净的千岛湖"等概念吸引的时候，可能没有注意到，农夫山泉无论从进攻还是防守,都是中国公关战的教师爷。

农夫山泉创立于1996年,一开始也生产纯净水,而从1997年开始,媒体上出现了这样的声音:

1997年,上海市卫生局、上海市科委、上海市教委发文建议不应该在中小学校推荐饮用纯净水,长期饮用将对学生的健康造成影响。

1997年5月,一家全国性学会主办过一场"净水与健康"的研讨会,会上专家称,再过十年,喝纯净水长大的青年或许都会感到力乏或提前患上心血管等老年性疾病。

1997年8月15日,上海一家主流媒体刊登《常喝纯水危害一代人健康》的长篇报道,被广泛转载。两个月以后,上海某蒸馏水(纯净水)公司主办了一个研讨会,会后,另一家主流媒体以半个版篇幅刊发《纯水讨回了公道》,称专家认为,人体营养主要来源于食物,喝纯水对人体无害。

公关战的"情报"要素,在这里非常明显,无论是行业和消费趋势的自然形成,还是已经在做准备的攻击者的刻意渲染,都预示着一场大战的到来。

从公关战的"目标"来看,攻击者需要设立的目标是战略性、战役性还是战术性的?到此为止,可以感觉基本还是在战术骚扰层面,但是打击一个品类的战略目标,也许在攻击者的脑中正在悄悄酝酿或已经形成。

公关战需要配备的"兵力",在当时的瓶装水市场,基本是纯净水和矿泉水,同盟是谁?消费者如何争取?二战前的英法同盟、法波同盟、苏德同盟等如何形成、演化或破裂?1998年,中国公布了国家标准GB17323-1998《瓶装饮用纯净水标准》和GB17324-1998《瓶装饮用纯净水卫生标准》,国家技术监督局和卫生部表示:符合国家标准的纯净水产品消费者可以放心饮用,纯净水获得重要支持。在即将开始的瓶装水大战中,各方都在寻求同盟。

2000年4月24日,世纪水战打响。占全国饮用水行业市场份额第三的农夫山泉宣布不再生产纯净水,原因是科学实验表明,喝纯净水对健康没有好处。

为强势推出"天然水"概念,农夫山泉做了三个实验:

1. 植物实验:分别用纯净水和天然水培育水仙花。7天后,纯净水中的水仙花根须只长出2cm,天然水中长出4cm;40天后,纯净水中的水仙花根须重量不到5g,天然水中的根须重量超过12g。
2. 动物实验:摘除大白鼠身上分管水盐生理平衡的肾上腺,在喂以同等食物的基础上,分别喂以纯净水和含钾、纳、钙、镁微量元素的农夫山泉天然水,6天后那些喝纯净水的大白鼠存活率只有20%,而喝天然水的大白鼠存活率达到40%。
3. 细胞实验:取两个试管,一个装纯净水,一个装天然水,然后滴两滴血进去,放在高速离心机里离心,结果纯净水中的血红细胞胀破了。

包含这些内容的广告和媒体报道引起强烈反响。有媒体称:农夫山泉的实验点燃了中国纯净水行业里的一个烈性炸药包,引发了21世纪初一场空前激烈的"水仗"。(网易财经)

5月25日,农夫山泉与中国青少年科技辅导员协会联合举办"争当小小科学家"活动,开展水与植物、水与动物、水的理化状态等实验,让同学们体会水对植物、动物的影响,思考到底喝什么水更有益于人体健康。

据成都《商务早报》报道,在6月5日世界环境日前夕,成都五所小学的300多名小学生在老师组织下来到锦城艺术宫前整齐列队,场地四周有五把硕大的农夫山泉绿色广告伞,每个学生手里握着一束印有"农夫山泉"字样的各色气球。同学们在参加有政府领导出席的世界环境日活动后,将在业余时间完成比较实验:将金鱼、大蒜分别放入纯净水和天然水中,然后观察其存活和发育状况;分别用两种水泡茶,观察24小时茶色的变化。记者在现场采访参加活动的科协领导和老师,他们都表示,不考虑实验结果,主要是学生参与的过程,是一种挺好的结合实际的生物课教学方式。

我们看农夫山泉发动这场公关战的"主题":回归科学认知,维护公众健康。应该说对公众、对媒体都形成强烈的正义感和关注度。

再看公关战的"发动":

发动主体:农夫山泉为主。成都全兴矿泉水公司4月27日宣布将公布"喝纯水无益"的科学证据。

发动时机:精心策划,并非偶发。

发动地点:线下活动,新闻发布会,媒体广告。(当时没有社交媒体)

发动借口:科学找到了证明,喝纯净水对健康无益。

发动火力:集中火力而非涓涓细流。4月5日发起强大的广告攻势和公关攻势。

再看防御的一方——强大的纯净水大军。

2000年4月27日,四川蓝光与成都10余家纯净水企业结成同盟谴责农夫山泉,并向国家工商局公平交易司举报农夫山泉搞不正当竞争。5月30日,四川、广东等地20多家纯净水厂商联合声讨农夫山泉。

更大的一波反击由占纯净水市场50%的娃哈哈带头展开。

2000年6月8日,由娃哈哈牵头,全国69家纯水企业在杭州共商对策。会上纯水企业发表一项声明,指责农夫山泉有不正当竞争行为,要求养生堂公司立即停止诋毁纯净水的广告宣传活动并公开赔礼道歉,并联名向国家工商局等5个部门分别提交对农夫山泉的申诉。申诉代表团由浙江的娃哈哈、广东的乐百氏、上海的正广和、四川的蓝光、北京的国信和鑫丽等六家公司组成,娃哈哈负责协调。

从防御和反击的角度，我们考虑一下纯净水联盟的公关战策略：

目标：在战略高度，保护纯净水产业。

情报：几年来围绕纯净水的争论，是否引起了纯净水企业的重视？纯净水行业是否为进攻或有效防御做过消费者教育，散布过有利于自己的信息？

兵力：面对"天然水"的攻击，所有纯净水企业都是联盟成员；加持的还有刚刚通过了纯净水国家标准的政府，需要影响的是媒体、专家和正在饮用纯净水的用户。

主题：维护国家标准，保护企业和消费者利益（指责农夫山泉"破坏"国家标准）。

发动：联盟集体行动＋分头行动，找到根据，多点攻击。

从这场水战最后的"裁决"来看，政府和行业协会站出来维护纯净水，维护1998年刚刚出台的《瓶装饮用水卫生标准》，卫生部指出，符合有关规定和卫生标准的纯净水产品是"安全、卫生、无害的"。

农夫山泉阵营也在"裁决"上发力。2000年7月9日，新华社发布新闻：专家提醒，纯净水不宜大量长期饮用。

农夫山泉创始人钟睒睒后来对媒体一再表示："我们从来没有说纯净水有害，我只是说有问题、无益，我们现在还没有最后结论，我们还在继续实验。"

对这场世纪水仗的各方评价不一，但可以肯定的是，农夫山泉开始将"天然水"这个概念通过与"纯净水"对立植入消费者的心智，销量也连年上升，在瓶装水大市场中仅次于娃哈哈，排名第二。

（相关信息参考搜狐号"吃货小猫"《农夫山泉三大公关战助其成功上位》，2019.8.23）

水的世界，从来都不乏隐藏在深处的惊涛骇浪。

在农夫山泉不遗余力推广"饮用水中应该含有一定矿物质"的理念，并因此逐步用"天然水"吞食"纯净水"的市场份额时，出现了一个成功的偷袭者。

2003年,康师傅推出了"矿物质水"这个新品类,其方法是以生活饮用水为水源,经过杀菌、过滤等处理,并加入一定量的钾、镁矿物质成分,满足了人们对水中含健康矿物质的需求。康师傅打出的广告语"多一点,生活更健康",同样是针对纯净水,但是却让常年普及"带有矿物质的天然水"的农夫山泉极其难过。

网上有人评论说,矿物质水是在纯净水中添加人工矿化液而成,价格低廉,折合到500毫升瓶装水中成本也就一厘钱,但是农夫山泉的矿物质来得却极为艰难,必须选择天然水源,与地方政府签订至少50年使用协议,将产品从遥远的山区运到大城市,还要投入资金保护水源地。

又一场大战即将开始。

2008年6月,康师傅在矿物质水推广中使用了"选用优质水源"广告语。7月24日,网名"青草布丁"的网友在拥有2000万用户的天涯社区发了一个帖子:《康师傅:你的优质水源在哪里?——康师傅水厂探秘》,明确指出,康师傅声称的所谓优质水源不过是自来水,而且来自污染严重的钱塘江,并附上了康师傅杭州水厂的照片,显示厂区瓶子任意堆积,并有污水管道,暗示矿物质水是从这里出来的。

康师傅方面认定,照片确实是在厂区拍摄,但与事实不符,部分图片来自废品库,与水的生产车间相距甚远。但是这种解释完全被网上巨大的质疑声淹没。

据《中国新闻周刊》报道,当时市场旺销的康师傅矿物质水又遭到接二连三的炮轰——从水源延伸到产地、商标标注、pH值高低、商业道德、生产质量等。

没有证据显示这一切都是农夫山泉发起的攻击,但是这一招对康师傅打击之强烈超乎想象。根据康师傅控股(00322HK)当年公布的年报,遭受"水源门"攻击后半年内康师傅矿物质水业务由盈利变成数千万元的严重亏损。

关于这场战争的公关战线索，从目标、情报、兵力、主题、发动和裁决，我们可以对照相应的细节，重新做攻击方和防守方的梳理。不过，这一事件的有关细节很值得回味，在这里贴出《中国新闻周刊》2009年6月3日的报道《康师傅水源门事件再调查：谁在毁掉瓶装水》的部分内容：

谁进入了水厂

接受《中国新闻周刊》采访时，参与处理那两名陌生人进场拍照的康师傅工厂保安值班班长称，"当时就觉得此事蹊跷"。而在阅读了网上的帖子和图片后，他开始怀疑，两名入厂者与发帖人有一定联系。

"当时，我刚巡检完毕，就听到'发现两名可疑人员在厂区内拍照'的消息。"他回忆道，"我赶到北门后，当时已有两名保安拦住一高一矮两人进行询问。因为他们专门把镜头对准废品房和污水池。"

保安班长要求两人出示证件，但遭到了拒绝。"他们自称是康师傅的消费者，有权参观工厂，甚至拿出手机要报警。"

双方在僵持中，两人中的稍高者拿出了蓝色的卡片状证件。保安称，看到上面的名字是：吴超超。

"随后两人主动表示，'我们把拍的照片删掉总可以走了吧'。"一名保安对《中国新闻周刊》回忆。在照相机显示"全部删除"并得到一位康师傅职员的检查后，两人被放行。但出了北门后，保安发现这两名自称是"理工大学学生"的人，并没有转向西边的理工大学方向。

"我觉得奇怪，想追上去问清楚。但两人已走出五六十米，听见我的喊声就跑。"保安班长说。众人看难以追上，便回到了厂区。

在康师傅工厂的西门口、库房与厂房之间通道上方以及北门处，三部监控摄像头记录下了两名不速之客的行踪。

摄像显示：这两人先沿围墙向北走了约130米，然后向东进入库房与厂房之间的通道。走过约300米到达工厂东侧后，又向北来到污水处理设备池和废料房。其中上穿T恤下穿牛仔裤的挎包青年负责拍照，而另一位穿深色衣服的矮个青年则负责"望风"。在拍摄过程中，他们被保安发现。

水峰会上的吴超超

尽管康师傅方面从网上查到了潜入者"吴超超"的部分信息，但是仍然无法确认此人的真实身份。此时，中国饮料工业协会将在深圳召开"2008中国·国际饮用水峰会"，各大瓶装水企业都要参加。一封匿名的邮件通知康师傅，"吴超超"也将参会，于是，康师傅杭州水厂的事件处理小组人员赶到了会场。

"我一眼就看到了那名'偷拍者'，他站在会场后方农夫山泉的展台边上。"保安班长对《中国新闻周刊》表示，"那个小伙子留着长头发，额头有点宽，跟当天拍照的人一模一样。当时，我和他面对面争论了10多分钟。"

通过熟悉的媒体人士，康师傅方面获得了一张吴超超的名片。他们还在农夫山泉董事长的记者见面会上，拍到吴超超与他在一起的照片。

偷拍者"吴超超"自称是浙江理工大学的学生，而在峰会上出现的"吴超超"的名片上，印着养生堂（农夫山泉的控股公司）广告中心媒介策划副经理的头衔。

吴超超是否另有其人？2009年5月4日，《中国新闻周刊》记者在浙江理工大学查询了该校的学生名单——2008年的在校生中，没有名叫吴超超的人。

在杭州市经济开发区人才中心，记者查到了三个名叫"吴超超"的登记信息，全部来自浙江大学。其中一人的信息显示：浙江大学人文学院传播所 2008 届硕士研究生毕业。

而在网络上搜索"养生堂"员工吴超超，显示此人在浙江大学外语学院 2006 届本科生毕业，后考入浙江大学人文学院传播所，获得硕士学位。他曾在各类刊物上发表了多篇有关企业品牌建立、重塑、整合的文章，着力品牌战略研究。其中发表于《广告人》2007 年第 8 期的论文是《公益与商业的平衡之术——农夫山泉公益营销的商业智慧》。此外，他的作品还包括《康师傅下一个目标：赶超农夫山泉？》《康师傅"暗算"农夫，娃哈哈"哈"不起来》等。

这些 2007 年刊载的内容，最终在 2008 年康师傅"水源门"中被媒体广泛引用。

2009 年 6 月 2 日，《中国新闻周刊》记者拨通养生堂有限公司广告中心媒介策划副经理吴超超的电话，对于拍照者是不是其本人，吴超超表示"无法回答"。

"是不是我，或者另外的人，我觉得都不是很重要。就看（网上说的）是不是事实了。"他说。

对于"商业竞争应该遵守什么样的准则和底线"的问题，吴超超表示，他还没有考虑过，但哪一种水更健康、更适合消费者饮用，这是一个越辩越明的过程。"如果大家都是一团和气的话，最后受伤的还是消费者。"

从权威的《中国新闻周刊》报道中，我们看到了"潜入厂区拍照""与保安对峙""一封匿名邮件通知康师傅吴超超将参加峰会""康师傅杭州水厂事件处理小组""媒体找养生堂广告中心媒介策划副经理吴超超对质"，公关战中的情报战在这里一览无余。

更令人吃惊和"感动"的是，农夫山泉竟然用自己的员工"深入虎穴"去拍竞争对手厂区的照片，对比多年以后（2013）农夫山泉创始人在新闻发布会上说的"我们没有像其他国外的企业请公关公司，我们全部靠自己的力量，全部靠我们自己的团队"，对比很多企业出了事情一味甩锅给公关公司、实习生、临时工，我们对农夫山泉企业和员工的这种独立担当精神深深叹服。

关于"商业竞争应该遵守什么样的原则和底线"，看那位大学毕业不足一年的"养生堂吴超超副经理"的回答，也感到农夫山泉的强势文化、战斗文化绝对战胜了浙江大学讲授的商业道德课。

叹服，矛盾，无语。

水战仍在继续，以战术骚扰为目标的小型公关战持续不断。康师傅"水源门"后，农夫山泉强调"源自优质水源，从不使用自来水""我们只是大自然的搬运工"，可是谁能想到，关于水源、自来水，后来又成为对手给农夫山泉的致命一击。

转眼到了2013年，农夫山泉已经在瓶装水市场领先，市场占有率超过1/4，紧随其后的是康师傅，市场份额在10%以下的集团军包括娃哈哈、乐百氏、冰露、统一、雀巢、怡宝、屈臣氏等。

一场大战，围绕着水源——农夫山泉一直声称从来不用的"自来水"展开。

这次事件被称为"农夫山泉标准门"，核心战场和交战方是《京华时报》和农夫山泉，《京华时报》在2013年4月10日到5月7日的28天内，用67个版面、76篇报道，指责"农夫山泉标准不如自来水"。农夫山泉坚决反击，开始指攻击是竞争对手华润怡宝策划，后全力与《京华时报》对峙，包括连续发表声明；购买媒体广告版面，发出"人在做，天在看"的长叹；在北京举办长达三小时的史上火药味最足的新闻发布会；钟睒睒亲自与《京华时报》记者现场对质；浙江媒体记者质问《京华时报》；农夫山泉悲愤宣布撤出北京市场；农夫山泉向新闻出版广电总局举报《京华时报》；双方在法院互讼。四年后农夫山泉撤诉，留下一句"撤诉仅代表我们对法律秩序的失望和无奈"。

简述一下在2013年甚至今天都容易让人误解的几个国家标准：

《生活饮用水标准》GB5749-2006，即自来水标准，2006年公布。这是指自来水离开水厂时的标准，这种标准的水出厂后经过市政管道来到千家万户，水质会发生变化，所以我们说家里的自来水不能直接喝。

《瓶（桶）装饮用水卫生标准》GB19298-2003，这一标准在2008年有两次修改，在浊度、砷、镉、总阿尔法放射性标准等方面更加严格，增加了溴酸盐限量标准，使之与GB5749-2006一致。

媒体指责农夫山泉的，是它当时在产品标签上标明执行的是一个叫作DB33/383的浙江省标准，这是一个农夫山泉参与的浙江省质量监督局制定的标准，主要适应农夫山泉这样的地表水产品，而这个标准被媒体对照发现，在铬、砷等独立指标上宽于国家的生活饮用水标准，也就是自来水的标准。从严格意义上说，媒体的指责是正确的。

当时国家标准中有针对"饮用天然矿泉水"、"瓶（桶）装饮用纯净水"和"瓶（桶）装饮用水"的标准，仔细看看这些名字，都不适合农夫山泉一贯的"天然水"品类，因此，据农夫山泉自己称，国家在2008年启动了天然水标准的制定程序，但迟迟没有公布结果，谁也没有提到原因。

《京华时报》咬死了"农夫山泉标准不如自来水"。农夫山泉反击的策略是避而不谈标准，关键信息是：（1）我的实际检测出的产品质量，各项指标都符合甚至远远高于国家标准；（2）《京华时报》是恶意中伤。

我国的产品标准分为国家标准、行业标准、地方标准和企业标准四级，原则上一级比一级严格，国家标准考虑到适应性，是最低限度的保障，是最宽泛的。

实际上，农夫山泉在2012年发布并实行了企业标准，在浙江省卫生厅备案，尽管媒体一再要求，农夫山泉都以可以理解的"商业机密"为由拒绝全面公开。农夫山泉的企业标准首先全文引用浙江省标准DB33/383-2005，表示对这一标准的尊敬，应该也是农夫山泉希望以此标准为基础推广"天然水"的国家标准，但是农夫山泉在企业标准中根据 GB19828 瓶（桶）装饮用水卫生标准做了某些数据的修订，将总砷、硝酸盐、溴酸盐等有害指标重新调整到符合 GB5749 生活饮用水（自来水）的标准上。

根据农夫山泉提供的信息，浙江省的 DB33/383 天然水标准在地方标准中是最严格的，高于广东、云南等地方标准，钟睒睒在新闻发布会上强调：农夫山泉执行的是 DB33/383 和 GB19828 共同监管，而达到基本的自来水卫生标准 GB5749 是任何企业的基本门槛。

但是在被记者反复问到"为什么浙江标准 DB33/383 的两项要求低于国家自来水标准 GB5749"，钟睒睒回答："这个你应该去问浙江省卫生厅。"

而浙江省卫生厅在回应关于标准的公众质疑时表示："瓶（桶）装饮用水已有强制性国家食品卫生标准（GB19828），因此，不需要再制定瓶（桶）装饮用天然水的食品安全地方标准。"并表示要解决食品安全中的历史遗留问题。

不能说浙江省卫生厅"出卖"了农夫山泉，政府只是根据法律法规表明立场，但是在这个节骨眼上政府没有帮助农夫山泉解释 DB33/383 的意义，也许这个意义只有农夫山泉自己最明白，实际上，为"天然水"这一品类建立国家标准的努力，可能到此结束了。

农夫山泉决定以独狼之身，单挑《京华时报》。

按照公关战的六大要素展开，我们回顾一下这场大战的发生、发展和结局。

攻击方：《京华时报》

防御方：农夫山泉

公关战的目标

攻击方《京华时报》：战役目标，以"出格"方式建立《京华时报》敢于批评、尊重事实的声誉。网上有言论称《京华时报》有自己的饮用水产品，但不能证实《京华时报》攻击农夫山泉是出于商业利益。

防御方农夫山泉：维护声誉。

公关战的情报

对战双方并非竞争对手，交战前的情报均来自舆情，开战后的对手动态需要尽量摸清，比如对防御方农夫山泉来说，《京华时报》下一个攻击点是什么，新闻发布会派的记者是谁，等等。

公关战的兵力

攻击方《京华时报》：先期报道农夫山泉负面的同行，报道发出后支持的读者、公众。专家是一个重要的兵力。《京华时报》称在报道中咨询了法律专家和食品安全专家。《京华时报》记者在农夫山泉的新闻发布会上称："在报道中公布了支持我们观点的专家名单，只要我们公布了名单，农夫山泉就恶意攻击人家协会，甚至说信口雌黄，作为媒体，他也有保护专家的权利。"

防御方农夫山泉：自有媒体，试图争取的其他媒体和公众。在 5 月 6 日农夫山泉的新闻发布会上，显然有相当的媒体是支持农夫山泉的，甚至有的媒体提问直指同行《京华时报》。

公关战的主题

攻击方《京华时报》：为你揭开一个想不到的真相，领军水企业的标准不如自来水。

防御方农夫山泉：为荣誉而战。媒体的舆论监督要有底线。法律面前人人平等。

农夫山泉的主题有点偏，太过于跟《京华时报》拼命，如果主题定在"标准在讨论，质量没问题"，其实可以减少很多不必要的资源浪费。主题的偏离，也让农夫山泉在早期失去消费者的支持，但是在《人民日报》于 2013 年 5 月 9 日发布"农夫山泉抽检合格率 100%"后，人民网舆情的调查显示：87% 的消费者相信农夫山泉，只有 13% 的消费者相信《京华时报》，与事件爆发早期的支持率完全颠倒过来。其实，标准的细节问题老百姓听不明白，核心问题是：农夫山泉的水能不能喝。

农夫山泉的主题偏离，是其创始人性格的体现，是公司长期以来独往独来、挑战行业，被攻击后心态不成熟、缺少气度造成的。如果类似的事情发生在其他企业，应该不会像农夫山泉这样被动。

公关战的发动

发动主体：21世纪网报道"农夫山泉水中出现黑色不明物""农夫山泉湖北丹江口取水点污染"，华润怡宝发布"中国饮用水之殇"，大标题指出"从大自然搬运过来的水你还敢喝吗"，将目标引向农夫山泉广告。《京华时报》4月10日发表《农夫山泉被指标准不如自来水》，拉开攻击大幕。华润怡宝和广东消费者起诉农夫山泉。

回击主体：农夫山泉。基本的回击都是农夫山泉自己的官方声明。网上有支持农夫山泉的帖子。

发动时机：21世纪网第一篇关于农夫山泉的负面报道发表于3月14日，即"3·15"国际消费者权益日之前，题为《农夫山泉有点悬：水中现黑色不明物5年来屡被投诉》。《京华时报》在其他媒体的攻击形成一定浪潮后，接棒发动更猛烈攻击。

回击时机：农夫山泉步步为营，3月15日即根据21世纪网报道回复"就农夫山泉瓶装水含细小沉淀物的说明"；3月25日回复"关于丹江口岸边杂物的说明"，声明中提到的取水口源水符合DB33/383-2005瓶装饮用天然水质量要求。这一地方标准可能是引发媒体进一步攻击的借口。

《京华时报》发动地点：《京华时报》媒体本身。

农夫山泉回击地点：微博声明，购买媒体广告，线下新闻发布会，在政府主管部门举报《京华时报》，在法院起诉《京华时报》。

农夫山泉似乎在5月6日的发布会上做了回击的部署。有媒体在提问中质疑《京华时报》：攻击农夫山泉的北京桶装饮用水销售行业协会的联系人与赶集网上华润怡宝的联系人是同一个人，要求《京华时报》对这一"巧合"做出解释，暗指参与攻击的桶装水协会与农夫山泉的竞争对手有利益关系。现场还有人大声指责《京华时报》。

《京华时报》发动借口：标准不如自来水，保证公众知情权。

具体的借口，或者攻击点，包括以下在《京华时报》版面上出现的标题和内容：

- 转述"业内人士"的话称"农夫山泉瓶装水生产标准不如自来水"
- 食品生产经营者应当依照生产企业所在地的食品安全地方标准组织经营生产。因此农夫山泉这一做法当属违规行为。（指农夫山泉在原产地广东省河源万绿湖的农夫山泉外包装上标注浙江省标准）
- 浙江省卫生厅声明瓶装水浙江标准应自行废止　专家：农夫山泉应立即整改
- 避谈标准农夫惹众怒
- 农夫山泉回应质疑避谈有害物质指标宽松
- 农夫山泉一日之内两次成被告（华润怡宝和广东消费者就标准问题起诉农夫山泉）
- 请农夫山泉对着国标照镜子
- 农夫拒绝弃用低标准
- 农夫山泉员工高喊记者"滚出去"（指新闻发布会上有人对《京华时报》记者喊话）
- 一种水 N 种标准　企业或浑水摸鱼
- 采取地表水凭啥叫山泉
- 10 位专家联名敦促农夫实行更高标准
- 宽松地标 6 年未改农夫仍在用
- 饮用水标准不是橡皮筋
- 饮用水标准不可任人玩弄

- 标准面前谁也跑不掉
- 较真水标准 关注健康权
- 标准不透明 农夫山泉澄而不清
- 企业自省才能留住市场
- "农夫山泉通过言语恐吓、制造舆论影响等手段,打压媒体责任,严重侵犯了本社名誉权。本社保留对农夫山泉采取法律行动的一切权利。"(《京华时报》声明)

农夫山泉回击借口:"品质远高于现在国家标准,指责农夫山泉的这种行为是不严谨、不科学的""检测值优于国标,京华时报不仅无知,而且强词夺理""你跑不掉,也别想跑,你必须给公众讲清楚。信口开河的时代过去了""京华时报指鹿为马,混淆两个标准概念,为洗冤情被逼公布企业机密"。

《京华时报》发动火力:28天,67个版面,76篇报道,一家媒体集中攻击一个企业,火力极为罕见。

农夫山泉回击火力:硬碰硬,五次交锋回应《京华时报》,一次新闻发布会。

公关战的裁决

公关战在舆论场进行,公众的情绪甚至比事实更能主导舆论场。但是在交战双方各自陈述事实证据、是非偏向不明时,都会有主流媒体和舆论领袖出来"劝架",强调在法律范围内行事。这也是为什么悲愤至极的农夫山泉一定要跟京华时报在法庭上见高低。尽管关于政府部门的意见和法庭意见没有被公开披露,我们见到的消息就是农夫山泉撤诉,但是我们根据所有公开的事实可以基本判定,京华时报在法律上没有问题,可疑的是它的道德,如此密集火力攻击一个企业,针对的却不是公众最关心的产品质量问题,难怪后来京华时报得到的舆论支持越来越低。所以,我们可以质疑和批评的是京华时报的职业道德,而农夫山泉希望在法律上干倒京华时报并不现实。

农夫山泉标准门,是中国公关战的标志性事件,整个过程中的价值观、职业观、法治观、集体领导力、个人风格、资源调配和战术运用都展现得淋漓尽致。公关战的六大要素——目标、情报、兵力、主题、发动和裁决贯穿战争的始终,每一个要素既明确又充满变数,每一个决策都对结局产生影响,每一个盟友都对胜负增加了必要的砝码。战争的残酷性、战争的必要性、战争的智慧、战争的诡异,在商业竞争这个没有硝烟的战场上变幻着千万种可能、千万种色彩。

• 本章小结 •

- 公关战是商业竞争的表现形式之一，是在竞争中获胜必然要经历的考验。
- 公关战是一个具有高度争议的商战领域，涉及法律、职业道德、公众道德和个人操守，在很多灰色领域至今无法制定明确的规则。
- 公关战有进攻和防御两种态势，或综合运用。并非"我不打别人"就平安无事，做好防御，了解攻击者的套路，也是公关战的一部分。
- 公关战有六大要素：目标、情报、兵力、主题、发动、裁决。要素的拆解和分析在发起进攻或建立防御之前，如同战争前的沙盘演练。在分析每一个要素时，都应设想最佳场景、可行场景和不利场景，了解自己的弱点和风险，准备相应的预案。孙子兵法"以正合，以奇胜"中的"奇"指的就是在双方正面作战难分胜负之时，使用预备队、特别的攻击点，这是制胜的关键。

• 思考题 •

1. 回顾2013年农夫山泉标准门，你认为防御方农夫山泉在策略上有哪些不妥或失误？从目标、情报、兵力、主题、发动和裁决等维度考虑。

2. 如果你所在的企业与竞争对手的决战不可避免，你会从哪些方面设计这场公关战的进攻或防御策略？对手可能以何种大主题、哪一个具体借口发动战争？

3. 结合自己企业或当今其他企业案例，你认为公关战中涉及的最大的法律风险在哪里？最大的道德风险是什么？

第七章
回应框架：设定准星

在我们确定应对危机的策略后，下一步就是考虑用怎样的方式做传播，如何针对危机做出对外和对内的回应。

首先确定是否回应。如果回应，谁来回应，何时回应，在哪个渠道回应，回应内容是什么，也就是我们在新闻学中用的概念：Who，When，Where，What。

不回应

关于不回应，或者在事件发生后较长一段时间不回应，可能出于以下考虑：

1. 对于认为无中生有的事情，回应就意味着跟这件事有了关联，给人更多想象和操作空间。
2. 希望等到有了明确事实后再回应一锤定音。
3. 因涉及核心机密、政治纪律而不能回应。

网传已婚的明星 A 与未婚的明星 B 有染，明星 A 发声明：我和 B 没有任何超出正常朋友关系的行为，我们就是好朋友，我忠于我的家庭。

结果呢，八卦媒体会问，没有就是没有，你干吗那么急，可能就是有问题。还有，什么叫"正常朋友关系"呢，明明有人看见你们躲进一个私密的房间，我们再发一篇。

当然，如果不回应，舆情可能自动降温，或者按照电视剧情节，明星 A 的公关公司抛出明星 C 的绯闻，盖过了对明星 A 的关注；还有另一种可能是，明星 A 不断受到粉丝的压力，或者因攻击一方持续发弹而不得不出来澄清。

不回应的好处是：承受一个短暂的痛，让事情尽快过去。当然这更多针对的是不着边际的谣言、对企业和个人的负面评价等。涉及公众利益的事件，如食品安全、质量事故，则必须回应。

在比较严重的舆情中选择不回应或者被迫不回应，非常艰难。举两个例子你就能体会到。

红黄蓝幼儿园事件

2017 年 11 月 22 日晚开始，北京朝阳区管庄红黄蓝幼儿园新天地分园国际小二班家长反映孩子遭遇老师扎针惩罚，相关视频、照片在网上曝光后形成全国关注事件，而事件的主体，当时刚刚在美国上市两个月的红黄蓝教育机构在 11 月 28 日，也就是事情发生六天后才发出声明向家长和公众致歉，其间红黄蓝教育机构举行了与股东的电话沟通会，被舆论指责只关心资本不关心孩子。

这种涉及"高唤醒情绪"的重大舆情，红黄蓝不可能不想回应，但是因事态发展过快，公安机关在第一时间就介入调查，调取大量视频并向家长了解情况。红黄蓝幼儿园在政府部门介入后再难单独发声，直到 11 月 28 日晚北京市公安局朝阳分局官方微博通报调查结果后，红黄蓝教育机构才正式发出回应。其间，红黄蓝教育机构的股价下跌近 40%，声誉遭到严重损失，甚至很长时间难以全面恢复。

朱军被控性骚扰

2018年7月，一个名叫"弦子"的女生在微博上发文，称四年前在央视《艺术人生》栏目组实习时，曾遭到当时该节目主持人朱军的性骚扰，并在法院正式起诉朱军。这一事件在网上引发广泛议论，很多人声援弦子，也导致朱军在公众视线中消失了很长时间。

曝光事件发生两年多以后的2020年12月21日，自媒体"一个有点理想的记者"在微博上发表了关于朱军被告猥亵案的调查文章，实地走访了当时事发的央视化妆间，还放出了警方笔录和该自媒体与朱军问答的内容，被称为"朱军首次回应性骚扰案"，其中一段对话是这样的：

记者：你为何从不公开回应此事？

朱军：网络舆论发酵以后，我深陷在漩涡里动弹不得，我曾想回应，但有纪律要求，我必须无条件遵守。

12月22日，朱军在转发自媒体这篇文章的微博中称："这位记者通过很多人找我，我没接受采访，但文字内容确实是我跟朋友说的话。"

朱军坚信"清者自清，相信法律，我负责任地对所有观众说，我从未触碰过那位女士的一分一毫"。从回应的策略看有几层意思：

1. 朱军以认可该自媒体报道的方式为自己发声（该报道立场基本是支持朱军的）。
2. "有纪律要求"可以理解为央视或其他政府部门要求朱军不对外发声。
3. 自媒体报道中的与朱军问答并不真实存在，朱军不算"违反纪律"，但是承认文字内容自己说过，这里面很可能有自媒体与朱军极强的默契，是一种发声的策略。

针对重大舆情的不回应，有时是一个不得已的选择。快速回应有可能打开更多事实想象，触动更复杂的利益群体，因此回应与不回应是一个艰难的选择，我们没有办法提供一个行动的标准模板、固定公式。

Who：以谁的名义，向谁回应？

如果选择回应，我们需要考虑下面几个原则：

1. 涉及公众利益越大，回应主体级别越高
2. 不轻易动用"最高领导"
3. 通过第三方回应
4. 向所有重要权益相关者回应

回应主体的级别听起来简单，但做起选择来可能需要费点力气。

假如你是一家地产百强企业，在湖北的楼盘被消费者群诉，你用项目公司回应，还是用区域分公司回应，还是由北京的集团总部回应？如果根据危机管理手册，当地投诉由当地公司回应，但是这起事件上了央视"3·15"晚会，集团总部要不要出面？央视要采访，是让董事长/CEO出面，还是别的哪位高管出面？

涉及公众利益越大，回应主体级别越高
苹果售后服务"3·15"曝光事件
2013年，苹果公司上了央视"3·15"晚会，苹果为什么上"3·15"，现在你问10个人，大概9个人说不清是怎么回事。大致情况是，由于iPhone高度一体化，苹果在美国的维修政策是不做维修，只做整机更换，但是在中国的"以换带修"并不真正更换整机，通常沿用旧手机后盖，以规避中国三包规定。

第七章　回应框架：设定准星

3月16日，苹果（中国）公司发表官方声明：

> 苹果公司致力于生产世界一流的产品，并为所在市场的消费者提供无与伦比的用户体验。这也是为什么我们在每一家苹果零售店的 Genius Bar（天才吧）提供深受消费者喜爱的面对面支持。我们也与全国270多个城市的超过500个授权服务点密切合作。我们的团队一直努力超越消费者的期望，并高度重视每一位消费者的意见和建议。

这样的声明立刻遭到网友的吐槽和官方媒体的痛批。《人民日报》连续发表评论：《傲慢苹果"啃"不动？》《霸气苹果伤了啥》《打掉苹果"无与伦比"的傲慢》。

3月29日，央视记者采访苹果中国在上海的总部，遇到"苹果上海员工推搡镜头，蛮横阻拦采访"，继续猛攻不止。

4月1日，苹果中国在官网上发布长篇道歉信，称苹果"始终对中国怀有无比的敬意，中国的消费者始终是我们心中的重中之重"。

> 我们意识到，由于在此过程中对外沟通不足而导致外界认为苹果态度傲慢、不在意或不重视消费者的反馈。对于由此给消费者带来的任何顾虑或误会，我们表示诚挚的歉意。

苹果还提出售后服务改进措施，包括 iPhone 4 和 iPhone 4S 的三种保修和维修措施，这封信冗长的内容被信的署名盖过：蒂姆·库克（苹果CEO）。

这封信的全文在网上已经很难搜到，网友称4月1日这个时间多少有些搞笑和无奈，而在我看来，信的内容和口气不像是苹果总部也不是库克的，而极有可能是苹果中国团队"绑架"库克发的声明，为的是尽快结束这场令人费解的舆情。

道歉信发布后,一些官媒发布评论,有的甚至用了"苹果终于低下高傲的头"作为标题,对库克亲自出面道歉表示欢迎。

滴滴顺风车司机杀人案

企业面对重大声誉影响的舆情事件,应该考虑高级别甚至最高层领导回应。2018年滴滴顺风车两次女乘客被杀案,致使滴滴声誉严重受损。第二次杀人案发生后的8月25日,署名"滴滴出行"的一份对外声明表示:"对于乐清顺风车乘客赵女士遇害一事,我们感到万分悲痛。在顺风车整改期间发生这样的悲剧,我们深感自责与愧疚。作为平台,我们辜负了大家的信任,负有不可推卸的责任。"

但是,媒体和公众认为这样一封道歉信不足以对四个月内连续两次发生惨痛人身伤亡事故做出充分解释,人们期待公司创始人程维和总裁柳青出来道歉。8月25日,事件发生三天后,程维和柳青发布了这样的声明:

以下为公开信全文

郑重道歉

过去几天,我们的内心再一次陷入了无比的沉痛和煎熬。仅仅三个多月,在平台进行安全整改的过程中,悲剧再一次发生,作为公司的创始人和总裁,我们非常悲痛和自责。尽管在逝去的生命面前,一切的言语都苍白无力,我们还是要郑重地向受害者,向受害者家属,向所有人道歉。对不起,我们辜负了大家。

六年前出发的时候,我们坚定地认为可以用科技的力量让出行更美好,但经历的悲剧让我们意识到自己是缺乏敬畏之心的。因为我们的无知自大,造成了无法挽回的伤害。我们知道,归根结底是我们的好胜心盖过了初心。在短短几年里,我们靠着激进的业务策略和资本的力量一路狂奔,来证明自己。但是今天,在逝去的生命面前,这一切虚名都失去了意义。很多同事开始动摇，怀疑自己是否真的在做正确的事，全公司开始深刻检视甚至质疑我们的价值观是不是正确的。大家陷入了自我审视、自我怀疑、自我否定的情绪中。

在这悲伤的时刻，我们唯一能做的，就是带领团队去面对痛苦，承担责任，争分夺秒尽所有的努力去解决问题，让初心回归，用这种方式表达一份哀思。

过去的几天时间里，团队反复梳理了案件的每个细节，并且深刻反思了背后的原因和管理问题，将在以下方面落实行动：

1. 滴滴不再以规模和增长作为公司发展的衡量尺度，而是以安全作为核心的考核指标，组织和资源全力向安全和客服体系倾斜。
2. 安全产品整体功能升级，优化紧急求助、行程分享等功能。对于人身安全的客服投诉问题，我们会采取三方连线拨打110的方式，确保第一时间将相关信息给到警方。
3. 顺风车业务模式重新评估，在安全保护措施没有获得用户认可之前，无限期下线。
4. 高效响应各地公安部门的依法调证需求，并且启动测试已开发完成的警方自助查询系统。

虽然安全工作永无止境，虽然我们很难完全杜绝别有用心的人利用平台做出不法之事，但我们会尽最大的努力，去守护平台上的乘客和司机，让网约车行业的犯罪率持续降低，配合警方将所有犯罪分子绳之以法。恳请社会各界对我们进行监督和批评，时刻鞭策我们。

在逝去的生命面前，我们没有任何借口，再次向所有人郑重道歉。

程维　柳青
2018年8月28日

这封信虽然来得有点迟，而且这样重大事件中的任何表白都会持续遭到批评，"没有诚意""滴滴嗜血""缺少行动"等指责继续围绕滴滴，但是主要领导人对严重失误的个人反思、个人承诺，在以创始人为核心的企业至关重要，他们为企业、员工、用户，为整个社会所传递的信息，在充满愤怒、悲痛、困惑、愧疚等复杂情绪的撕裂时刻，有着无可替代的作用。

滴滴顺风车司机杀人案的回应主体，还涉及谁出面来慰问家属。在2019年湖南常德滴滴司机被杀事件中，程维和柳青都在第一时间发声，程维在微博中表示："陈师傅遇害的事让我万分悲痛，已经委派柳青代表我们公司全体同事，去常德看望陈师傅的家人，希望竭尽所能提供帮助。"

柳青在微博中说："当我面对陈师傅的家人，看到田大姐哭，那时明白说什么感觉都很苍白，但重要的是我们第一时间去见到家人，去陪在他们身边一起面对。我想到去年的时候的那种心情，那时的不知所措，那时的不知如何面对，甚至那时的懦弱和恐惧。每每想起来，我们自己没有第一时间去探望家属，都是懊悔不已。只能刻骨铭心。恳请大家给我们机会改过自新，破茧成蝶。"

这种彻底的坦诚很少见于面对巨大压力的创始人和高管，在我们向程维、柳青表示敬意的同时，对于危机中"谁出面回应"还有一个艰难的选择：什么情况下需要公司创始人和总裁去探望家属，以怎样的方式表达他们内心的感受？

这个问题没有套路，没有答案，它考验企业的价值观、领导力，考验每一个管理者的良知和责任。

不轻易动用"最高领导"

并非所有危机都像滴滴顺风车司机杀人案那样引发如此复杂的社会情绪，我们也会看到，并非每个危机中都能看到最高领导出面。

网易裁员事件

2019年11月，一名前网易员工在网上发布"网易裁员，让保安把身患绝症的我赶出公司。我在网易亲身经历的噩梦！"，引起巨大社会争议，网友和官方媒体纷纷批评网易在裁员事件中操作不当，侵犯劳动者权益。此事以网易公司当众道歉、与员工达成和解圆满解决。对外声明的署名都是"网易公司"，创始人丁磊没有发声。

华为李洪元251事件

2019年11月28日，有媒体曝光一份刑事赔偿决定书，显示华为前员工李洪元因离职补偿金纠纷被公司举报"敲诈勒索"，遭警方关押251天，深圳市龙岗区检察院认为犯罪事实不清，证据不足，决定不起诉，在李洪元提出申请后，检察院为李洪元支付了117752.94元的国家赔偿，并承诺向其原单位华为技术有限公司发函，消除影响，恢复名誉。李洪元在华为心声社区上发了《给任总的一封公开信》，并要求面见任正非。但是任正非没有回应，甚至华为公司都没有做官方回应，只是以回答媒体提问的方式做了这样的答复："我们尊重司法机关，包括公安、检察院和法院的决定。如果李洪元认为他的权益受到了损害，我们支持他运用法律武器维护自己的权益，包括起诉华为。这也体现了法律面前人人平等的法治精神。"

拼多多90后员工猝死事件

2020年12月29日凌晨，拼多多一名23岁女员工在加班回家路上猝死，在网上对拼多多加班过度和员工政策充满质疑时，拼多多在知乎的官方账号上出现了这样一段话："你们看看底层的人民，哪一个不是用命换钱，我一直不以为是资本的问题，而是这个社会的问题，这是一个用命拼的时代，你可以选择安逸的日子，但你就要选择安逸带来的后果，人是可以控制自己的努力的，我们都可以。"这段话虽然在一分钟后被删，但截图被广泛传播，引发众怒。后来拼多多只对公司账号管理不严道歉，没有回应关于加班和员工待遇问题。人们期待公司创始人黄峥出面表态，但他没有出现。

重大事件中创始人/CEO要不要出面表态，慰问家属，对员工讲话？虽然没有标准答案，但是危机中的企业可以给自己提几个问题：

1. 创始人/CEO出面更多能维护企业价值观，还是会引发更大的风险？（公众情绪强烈时公司最高领导在现场出现受到的强烈质疑或肢体袭击，可能引发更复杂的公众情绪而无助于问题解决。）
2. 决定事件走向的政府、媒体和公众更多需要表态式的高层出面，还是更看重问题解决？
3. 如果创始人/CEO出面仍然不能解决问题，退路和措施是什么？
4. 创始人/CEO本身的价值观和领导力怎样？

通过第三方回应

危机中回应的主体不一定是公司/组织本身，在某些情况下，第三方回应是一个有效的方法。

当然，你肯定会想，最好任何危机自己都不要出面，都让政府、官方媒体、行业协会出面维护你的声誉，这多省事啊。是的，但是有个条件，就是替你回应的第三方有比较强的价值或者利益联系。

"星巴克致癌"事件

2018年3月30日，美联社、路透社、《华尔街日报》等媒体报道了加州法院做出的一项判决，要求所有咖啡生产商和制造商都必须在产品包装上标注癌症警示，原因是咖啡在烘焙过程中产生的"丙烯酰胺"有致癌作用。

尽管丙烯酰胺存在于各种烘烤类食品中，咖啡的健康作用也已成为常识，还是有一些媒体对此事做了夸大炒作。比如一家叫作"澳洲Mirror"的公众号在3月31日发了一篇文章，标题是"星巴克最大丑闻曝光，全球媒体刷屏，我们喝进嘴里的咖啡，竟然都是这种东西……"这篇文章被广泛转载,加上主流媒体对加州法院判决的事实报道,一时舆情蔓延,面对公众压力,对于"星巴克会致癌吗"这个简单问题,其实星巴克也很难用"会"与"不会",简单的"Yes or No"来回答。

星巴克中国巧妙地使用了"全美咖啡行业协会对加州第 65 号判决的公告"作为回应,行业协会的公告指出:"在咖啡产品上贴上致癌警告标签将会是一个误导消费者的行为。美国政府发布的营养指南中指出,咖啡是健康生活方式的一部分。世界健康组织(WHO)也明确指出咖啡不会致癌。无数学术研究都已经证明了饮用咖啡对健康的益处,并且咖啡饮用者通常更长寿。"

星巴克中国发布这个声明后,舆情立即得到缓和,4 月 1 日,连《人民日报》都在微信号发表了题为《比起星巴克致癌,更可怕的是海外中文造谣媒体》的文章,批评某些自媒体无底线炒作。

行业协会是比较明显的可以作为回应主体的第三方。

还有一类第三方是个人,即与事件有关联、掌握基本事实的有说服力的个人。

淘宝店小二回应工商总局

2015 年 1 月,淘宝网的官方微博转发了一条题为《一个 80 后淘宝网运营小二心声》的长微博,质疑 1 月 24 日工商总局发布的《2014 年下半年网络交易商品定向监测结果》。在 92 个样本中,总的正品率为 58.7%,其中淘宝网正品率最低,采购样本 51 个,正品率仅为 37.25%。这位店小二直接点名国家工商总局网络监管司刘红亮司长,当头一句:"刘红亮司长,您违规了,别吹黑哨!"

我们没有证据认为这名店小二是淘宝刻意安排的"枪手",但是他起到了第三方回应的效果。当然,我们不主张公开叫板政府,我们会在后面的章节"危机中的有所为和有所不为"中详述。

在李洪元 251 事件中,华为的公开发声只有几句话——"尊重司法机关判定，支持李洪元维权，包括起诉华为"，显然是有很多不方便讲的事情，但是面对舆论压力总希望有所辩解。网上盛传一篇微信公众号署名 @HW 前 HR 的文章，从华为角度讲了李洪元事件中的不少细节。同样，我们没有证据说这篇文章是华为官方刻意安排的，但是这篇文章起到了帮助华为实现"第三方回应"的效果。

还有一些公司针对传言，用员工署名的方式回应："我是 ×× 公司副总裁 ×××，我以个人名义负责任地告诉大家，那件事情其实是这样的。"官方由于信息披露合规或其他原因不方便出面回应，员工署了名字，又是"负责任地"讲话，很难想象这不是公司行为，但是从程序角度，公司说这不是我发的，是员工自己发的。

如下情况，可以考虑第三方回应：

1. 自身因利益关系过于密切无法形成权威性说服（加州法院判决中星巴克就是被执行一方）。
2. 涉及一家以上或行业的问题（咖啡事件，中国乳制品工业协会声明否认自媒体说的伊利、蒙牛左右国家标准）。
3. 出面回应的第三方不会受到严重伤害（多数情况下平时支持你的第三方在危机中会"闪了"，危机中站在被指责的一方会有极大风险）。

向所有重要权益相关者回应

危机是非常规状态，信息不清晰，舆情难捉摸，支持者阵营不明确，监管部门的"达摩克利斯之剑"悬在你头上；危机管理从过程和目标两个维度看，都是要争取更多支持者，减少反对者，用更多的支持反击少数的反对。因此，危机回应中的"Who"要包括所有的权益相关者，目的是让他们成为你的支持者。

权益相关者包括：政府、客户、供应商、投资人、员工、公益机构等。对于最重要的政府要率先回应，当然方式不一定是发声明，对政府回应主要是一对一汇报。

危机时管理层往往坐在一起纠结怎么写声明，这个没错，但是很多公司写完一个声明就完事了，这不对，在声明的基本文本基础上，各个职能部门还要针对自己的目标群体做定制沟通。

麦当劳餐厅卫生"3·15"曝光

2012年，麦当劳三里屯餐厅在"3·15"晚会上被曝光，央视揭露的问题包括：炸鸡超过规定时间一个多小时还在出售，甜品派的过期时间随意修改，冷冻的麦乐鸡块掉在地上以后没有扔掉，而是放回口袋继续使用。

麦当劳中国在晚会仍在播放的时候就发出了微博致歉声明：

> 央视"3·15"晚会所报道的北京三里屯餐厅违规操作的情况，麦当劳中国对此非常重视。我们将就这一个别事件立即进行调查，坚决严肃处理，以实际行动向消费者表示歉意。我们将由此深化管理，确保营运标准切实执行，为消费者提供安全、卫生的美食。欢迎和感谢政府相关部门、媒体及消费者对我们的监督。

这个声明在当年被称为"最快微博回应"。这种快速回应的形成首先是领导力，麦当劳中国CEO当即拍板，没像其他跨国公司那样请示总部反复协商；其次是麦当劳的危机管理手册很完备，回应声明的各种模板都有参考，因此撰写这个声明并不十分费力。在当时微博字数受限的情况下，用不足140字快速表明企业立场确实体现了麦当劳危机管理的能力。

但是当晚麦当劳团队没有在发过微博声明后就完事回家，他们用了几乎整晚的时间起草了一封给全体员工的信，告诉他们公司对这一事件的立场，建议他们如何应对来自顾客、亲友和媒体的问询。在致员工信的措辞中，他们尽量体现承担、共情、温暖，设身处地从员工的处境着想。危机中很多企业给员工的信都充满了防范心态，要员工"不得随意在网上发议论""禁止任何人接受媒体采访"，而麦当劳使用的语言都是"我们建议你如何如何"，让员工感觉自己是真正的家人。

华为致供应商的一封信

2018年12月1日，华为首席财务官孟晚舟在温哥华被加拿大警方拘留，12月5日加拿大媒体对外披露了这一消息，华为当日发表回应，北京时间12月6日晚，华为发表了致全球供应商的一封信，向2000多家供应商阐明立场，充分沟通，缓解它们的担心和疑虑，这是华为危机管理中"对谁回应"的重要步骤。

尊敬的供应商伙伴：

相信您已经注意到，最近一段时期美国对华为有很多指控。华为多次进行了澄清，公司在全球开展业务严格遵守所适用的法律法规。

近日，公司CFO孟晚舟女士在加拿大转机时，被加拿大当局以美国政府要求引渡孟晚舟女士在纽约东区接受未指明指控为由临时扣留。

华为公司在该指控方面获得的信息非常少，且并不知晓孟晚舟女士有任何不当行为，公司相信加拿大和美国司法体系最终将给出公正的结论。如果有进一步情况，会及时向大家通报。

我们认为，美国政府通过各种手段对一家商业公司施压，是背离自由经济和公平竞争精神的做法。但是，我们不会因为美国政府的无理，而改变我们与全球供应链伙伴的合作关系。

过去30年，华为坚持价值采购、阳光采购的原则，与全球范围13000多家企业通过互利、互信、互助的广泛合作，共同打造健康的ICT（信息和通信技术）产业链。

在全球化技术合作和产业发展的浪潮下，产业链上下游企业之间互相依赖、荣辱与共、华为的发展成长与供应商伙伴的发展繁荣息息相关。

我们将与供应商伙伴一起，增加互信、共同促进全球 ICT 产业的持续健康发展。

期望您一如既往的支持！

华为技术有限公司

2018 年 12 月 6 日

看起来中规中矩的一封信，其实在关键信息、供应商专属内容上是经过仔细推敲的。

在关键信息上与公司对公众发的声明一致：坚持合规经营。华为信息很少，不知孟晚舟女士有任何不当行为（坚称无罪是后来的事，一开始信息不足不能过于绝对），相信美加司法当局会给出公正结论。

对供应商的信息：反对背离自由经济和公平竞争的做法，与供应商的合作关系不会改变。

对支持者和反对者：团结供应商，强调过去 30 年合作，希望未来共同促进全球产业发展；谴责美国政府，表示相信美加司法机构。

When：真的是"速度第一"吗？

在我们熟知的各种危机管理方法论中，都会有一个"速度第一原则"，在危机发生后的第一时间做出回应。工业时代讲 24 小时黄金时间，互联网时代则要遵循"一小时法则""30 分钟法则"，这些当然都是正确的。

我们必须强调：在涉及公众利益的危机中，必须快速回应，马上回应。

比如第二章我们谈到的"泰诺投毒事件"，有人中毒死亡，企业必须马上回应。三聚氰胺事件中厂家隐瞒儿童尿道结石信息是不能容忍的。

当然，多数情况下在第一时间里基本事实不清晰，比如有人说吃了你家巧克力后呕吐、晕倒，你也不能马上发公告说大家不要吃我家巧克力了。如果是个别投诉要马上个别跟进，在单独沟通无法覆盖全部投诉时，需要考虑发公开声明，表示我们非常重视用户意见，正在展开调查，到目前为止，我们的产品经过了怎样的认证、检测等，对提出疑虑的用户，我们将采取何种方式处理。

对于真正涉及公众安全的事件，政府监管和网络自身监管都有相应的辟谣体系，辟谣的方式也简单直接，在 2020 年新冠疫情期间网上经常流传各种谣言，什么某市干部违反隔离规定驾车千里到另一城市导致多人被感染，某小区发现多起新冠病人现已被封锁，不管是当事一方自己澄清或者通过媒体直接发声明，把谣言内容打上巨大的"谣言"标签就好。

实际上，危机的复杂性在于谣言的某一部分是真的，你判定的谣言被公众从另一个角度看不是谣言，这种自我打脸会令人难堪。

2021 年 1 月在公众广泛议论拼多多 90 后员工加班猝死事件时，拼多多在自己的知乎认证账号上发了一段"底层人民哪一个不是用命在换钱"的评论，后秒删，拼多多将这段文字贴出来并打上巨大的"谣言"标签，称"网传截图所说的拼多多官方回应不实"。然而很快知乎发出声明，指出"拼多多系知乎注册用户，其身份真实无误，知乎有严格的身份认证流程和机制"。

后来拼多多再次声明称在知乎上发布的评论是供应商员工发布的，拼多多就"对知乎账号管控不严"表示歉意。

当人们都在议论"拼多多被打脸"时，我们仔细看这个问题，其实拼多多第一次"辟谣"也没错，它强调没有发布过"官方回应"，并"坚决反对截图上的观点"。

你们说这是官方回应，我说这是谣言，这根本不是官方回应；你们说拼多多支持"底层人民拿命换钱"，我说这是谣言，拼多多绝对反对这种观点。

我说的谣言和你说的谣言不是一个谣言。

很多企业领导人遇到危机时，第一时间往往过于狭隘地针对一个自已认为绝对错误的说法，以"辟谣"的方式广而告之，结果引起更大的争议或攻击。这点必须引起注意。

危机管理的目标不是跟人赌一口气，而是维护企业和公众的基本价值观，在这个基础上保证企业的正常经营不中断。

关于危机回应速度有以下几个原则：

- 涉及消费者利益越深回应越快。
- 与消费者利益密切相关但事实不清时迅速表示"高度重视，正在调查"。
- 避免因过慢/过快回应导致小范围事件扩大。
- 考虑暂不回应是否能让危机以有限损害消失。
- 判断竞争对手希望你马上回应还是暂缓回应。

关于在某一个时间点要不要回应，有一个非常简单的检验方法：写出一个公开回应的草稿，仔细琢磨一下，看这个内容发出去——

是帮助控制危机还是会让事态扩散？

是不是有什么更好的说法？

在找到最好的说法后，是说出去好还是不说更好？

关于回应时间，还有一个重要的考虑：

尽量选择对自己有利的节点回应。

同样，这个选择还是要将公众利益放在首位，如果涉及食品、住房、交通、宠物安全，必须尽快回应，或表明正在调查、正在努力等具体方案。

当上述问题已经明确，你就可以选择回应的时间点。

比如，2018年刘强东事件，京东的正式回应选在三个重要的时间点：（1）刘强东被释放，继续在美国的行程；（2）刘强东回到了中国；

（3）刘强东在中国出席与如意集团的签约仪式；（4）明尼苏达检察院宣布不起诉刘强东。

简单地说，你不会在这样一些奇怪的时间点发这样的声明：

"我们老板还被扣在警局，情况不明。"

"我们看到还有很多用户在退货，质量检测结果还需要三天才能出来。"

"我们现在还不清楚未来的计划，不知道老板什么时候想清楚。"

在选择回应时间点时，你可能要经历比较大的煎熬，"组织纪律不允许讲""上市公司规定不能讲"，在禁言或不方便发言的时间里，舆情进一步蔓延，媒体一波又一波攻击。

有时候，公关界小伙伴问我，我们能不能发个声明，请媒体和公众有耐心，先笔下留情，等我们资产重组计划出来以后再报道、再评论。

我说这样没用，只能招致更多负面，自媒体顺手就是一篇"资产重组难产，低三下四求饶"。

总之，你必须给人一个明确的说法，明确的说法建立在事件实质性的进展上，仅靠呼吁冷静没有任何作用。

Where：在何处回应？官微官网是唯一平台吗？

官微和官网回应

在我们目前为止讨论过的近期案例中，你基本都可以看到企业在官微发的声明，毫无疑问这是危机回应的最主要渠道：

- 蚂蚁集团争议
- 辛巴燕窝直播事件
- 麦当劳"3·15"餐厅卫生事件
- 理想汽车召回

- 滴滴顺风车司机杀人案
- 星巴克致癌事件
- 网易裁员
- 西安奔驰女车主投诉

但是也有个别事件中,企业声明从其他渠道发出,我们简单概括一下,危机回应的渠道有以下几种:

- 官媒和官网
- 通过媒体回应
- 内部信
- 口头回应

通过媒体回应

媒体渠道包括主流媒体和有影响力的自媒体。用媒体帮助发声明,或者在自己声明的基础上再由媒体发布相同或者更细致的内容,原因如下:

1. 媒体具有更强的公信力。
2. 主流媒体有更高的搜索权重。
3. 官方声明的承载力有限,媒体采访可以实现更细致的沟通。
4. 官方不便发声明。

有些"全网"传播、是非明确的事件,在官微上的声明很容易被看到并得到广泛传播。更多的中小型危机传播范围并不广,但是你希望企业的声音传播出去,而且将来能够被搜索到,给历史留下一个完整的记录,这样你的声明如果被主流媒体报道,当然是一个最好的方案。

无论你通过个人关系，还是商业合作，在陷入危机时能够让新华网、人民网这样的机构报道企业的立场当然是最理想的。这些媒体的官方地位让你很难通过单纯的关系或者广告合作来影响，你还可以考虑下面一层有公信力但是没有那么官方的媒体，如腾讯网、新浪、搜狐、网易、凤凰网等，以及机构媒体中的《中国经营报》《经济观察报》《21世纪经济报道》《新京报》等。

这些媒体除了报道你的声明，还可以刊登与企业CEO或者高管的对话，给企业一个全面阐释立场的机会。

水滴筹扫楼事件

水滴筹是一个免费的大病筹款平台，由沈鹏在2016年创立，获得了腾讯、蓝驰创投、美团点评、高榕资本、IDG资本、真格基金、创新工场等机构的多轮投资。水滴筹上线一年累计帮助超过4万名大病患者家庭筹得治病钱，累计捐款用户2000多万，获选2017年中国慈善榜"年度十大项目"。水滴筹采用大病筹款零手续费模式，任何需要大病救助的人都可以在水滴筹App或公众号上发起筹款，填写目标金额、筹款标题、求助说明等信息。一旦通过审核，水滴筹会在1~2个工作日内把爱心人士的捐款打到求助人或者患者的账户。

2019年11月30日，一条"水滴筹地推人员在医院扫楼式筹款"的视频刷遍网络，梨视频发布的这段视频显示水滴筹工作人员逐个病房引导患者发起筹款。他们自称"志愿者"，对募捐金额填写随意，对求助者财产状况不加审核甚至有所隐瞒，据称公司有按单提成的规定，每单最高提成150元，个人月入过万，末位淘汰。

视频引发极大争议，《人民日报》也发表题为《水滴筹，别让好心人寒心！》的文章，指出："扫楼式"筹款、员工按单提成，这些做法的每一次成功，都是对民众善心和好意的消解，是对信任与托付的伤害。"

事发当天下午13:31，水滴筹官微发布声明回应，称高度重视，已经开始由总经理牵头全面调查，回应速度非常快。

12月2日，水滴筹再次回应扫楼事件，称全面暂停线下服务。12月5日，CEO沈鹏在微博中称："再管不好，我愿把水滴筹交给相关公益组织。"水滴筹官方微博随即转发。12月9日，公司内部邮件公布整改措施，线下服务的核心问题是管理责任，线下服务团队将于本周二或周三恢复试运营。水滴筹向媒体表示：线下服务以虚假筹款为第一高压线，除了严厉查处虚假筹款人，对造假或协助造假的服务人员一经查实立即开除，如涉嫌违法犯罪将上报公安机关。

你可以看出，这一舆情事件涉及水滴筹的商业模式，最大的争议是人们把大病救助当作公益行为，而水滴筹是一个商业机构，商业化管理的某些做法自然会引起爱心人士和公众的质疑。而单靠公司发声明，特别是公司在快速整改后不到两周时间又恢复线下团队这个遭质疑的业务，是完全不够的。

公司创始人选择了媒体这个渠道发声，沈鹏在12月10日接受了《中国企业家》杂志两小时的专访，在问答中对公众关心的筹款模式、信息造假、公司定位等问题做了解答。

《中国企业家》：假如发起筹款的人并没有到"山穷水尽"的地步，可能会隐瞒了一些情况，之后这个人被发现、被质疑，外界对整个水滴筹模式就会产生质疑。

沈鹏：分两个层面来看，第一，从业务本身来看，一个人没有到"山穷水尽"的地步也是可以发起筹款的。一个人得病的时候才会真正面对治疗的现实。举个例子，一个人可能家里有房有车，但他得了大病后，并不是说想卖车房就能很快卖得出去的。在一些二手车平台上，发布一个二手车信息之后，可能一年都卖不出去，这时候他需要救急，他可以上水滴筹，当然他需要如实说清楚车房的情况。

水滴筹最大的不同是他可以向亲朋好友们求助救急，相当于一个社会的大公益体系，是处于一个救急定位。如果说把追求帮助"山穷水尽的人"、帮助绝对贫困的人作为目标,这不是我们的定位,这是公益基金会的定位。

中国已经有近 6000 家公益基金会,不差我们这一个,成为第 6001 个公益组织,反而不是我们的定位。作为互联网创业者,应该要用互联网优势来弥补当前社会大保障体系内的不足,这是我们的定位。

即使有这么多公益基金会,在过去三年里,也有接近 100 万个大病患者向我们求助,我们是医疗保障体系和公益基金会的补充,业务逻辑是一个有困难的人向自己的亲朋好友去求助救济,如果不做这件事,有很多人根本熬不过第一关。

我们只是摘录了这个专访的一小部分,在长篇访问中,沈鹏还谈到自己的压力、委屈和担当,在舆情发生后如何带领团队自查、培训、梳理线下服务流程,也提到有年老的患者在医院填表求助,团队顶着压力过去帮忙。他要求团队认真对待媒体监督,警示大家回归初心,更严谨、更理性地看待自己。他还说到这几天睡眠不足,走路踩到坑里,脚骨折了。

水滴筹事件给我印象最深的是沈鹏的坦诚,以及通过媒体采访表达自己和企业的心声,是一个在危机中善用渠道传播的好案例。

内部信

内部信是一种非常有效但很容易被忽视的渠道。内部信有三大好处:(1)内部信肯定要被截图外传,完全可以达到广泛传播的目的;(2)用更加诚恳、更加开放的语气与员工沟通,在危机中获得最重要群体的支持;(3)表达对外不方便说但是管理层需要一吐为快的信息。

张一鸣内部信回应美国政府封禁 TikTok 的威胁

2020 年,字节跳动的子公司 TikTok 在美国遇到严峻挑战。

7 月 6 日,美国第一次发出可能封禁 TikTok 的声音,并引发一些西方国家跟风。

7月17日，美国众议院以336票对71票通过法案，禁止联邦雇员在政府设备上下载TikTok。

8月2日，字节跳动深夜发表声明，点名脸书抄袭和抹黑。此时各方博弈关系越来越复杂，字节跳动的危机传播策略有多种选择，选择针对一个美国公司做反击，部分意图也是测试反应。

8月3日，字节跳动创始人张一鸣发出内部员工信，称"争取最好的结果，不放弃探索任何可能性"。

8月4日，张一鸣发出致中国员工信，主题是"不要在意短期损誉，耐心做好正确的事"。

为什么选择内部信，我们的理解是，当时情况过于复杂，中美两国政府，中美两地的用户和员工，全球其他地区的用户和员工，TikTok的股东，都被卷入这场巨大的超出商业范畴的超级博弈，而事件的最终决定权甚至走向，都不在字节跳动的掌控之中。

而作为字节跳动的创始人和管理层，你不能简单听之任之，坐以待毙，但此时如果对外发声，可以选择的关键信息太多，表明一种观点时"得罪"一个或多个权益相关方的风险过大，在这种情况下，公开的员工信是一个最好的选择。

为什么有"内部"和"公开"两种员工信之分？

前面说过，所谓"内部"的员工信，原则上你不想广为流传，但其实员工截了屏一转发，全世界就都知道了。对一个重大事件，坦坦荡荡好过畏畏缩缩，但是"公开"的内部信则可以既公开表明立场，又可以减轻可能遭到的批评，"我是对员工讲的"，是"内部的"，"你们不要过度解读好吗"。

内部信的形式也可大大减轻对外正式声明的措辞压力，减轻每个字每个句子选择的纠结，"跟员工唠嗑儿"的表述方式，在行文上对执笔人的压力会小很多。

张一鸣这封内部信，字节跳动发在公开的自媒体上，在网上被各种媒体广泛转发。

在第一封内部信中，张一鸣谈到了"还没有完全决定最后的解决方案""很多细节还不能在大范围内说""不放弃探索任何可能性"，实际上是为后面正式的决策沟通做铺垫，更是通过这封内部信测试各方面的反应，为决策提供参考。此间舆论根据 TikTok 全盘出售的方案指责张一鸣是"下跪"，以及后来围绕微软、甲骨文公司先后介入、重新组建新公司等各种方案产生的舆情，都显示了这一事件的复杂性和强大影响力。

两封内部信发出不久，美国时间 8 月 6 日晚，特朗普签署行政命令，字节跳动要在 45 天内完成对 TikTok 的交易，否则将被禁止在美国运营。

8 月 7 日，字节跳动发表声明，反对美国总统行政命令，称"愿意与美国政府协商解决方案""如果美国政府不能给予我们公正的对待，我们将诉诸美国法院"。

8 月 23 日，字节跳动正式起诉美国政府。国内媒体响起"反击了"欢呼。

回过头来看 8 月 3 日张一鸣的员工信，它不仅是"危机回应的渠道选择"范例，更是中国的全球化企业在复杂国际政治经济环境中艰难博弈的写照。信中充满的"共情、倡导"，是危机回应中必备的要素。

以下是第一封内部信的全文：

过去的几个月中，公司遇到了很多挑战。大家这几天应该也看到不少关于公司的传言和猜测。在当前的情况下，TikTok 美国业务面临被 CFIUS（美国外贸投资委员会）强制要求出售的可能性，或因行政命令让 TikTok 产品在美国被封禁。

当前的地缘政治和舆论环境越来越复杂，我们在一些市场面对的外部压力较大，过去几周参与应对的团队一直昼夜轮转，加班工作，争取最好的结果。虽然很多细节还不能在大范围内说，但我还是想尽可能地跟大家做一些同步，也说一下我的想法。

第七章 回应框架：设定准星

近一年来，我们一直在积极配合 CFIUS 对我们 2017 年底收购 musical.ly 进行的调查。尽管我们一再强调自己是一家私营企业，并且我们愿意采取更多的技术方案来消除顾虑，但 CFIUS 还是认定字节跳动必须出售 TikTok 美国业务。我们不认同这个决定，因为一直以来我们都坚持确保用户数据安全、平台中立性和透明度。考虑到当前的大环境，我们也必须面对 CFIUS 的决定和美国总统的行政命令，同时不放弃探索任何可能性。我们尝试与一家科技公司就合作方案做初步讨论，形成方案以确保 TikTok 能继续服务美国用户。

在寻找解决方案的时候，我们考虑了三个方面：

1. 用户。TikTok 不仅是字节跳动的产品，正如 Vanessa（瓦妮莎）昨天视频里说的，它更应该是全球用户的社区，所以我们不会把它当作一个没有生命的资产。在这个过程中，我们会竭尽努力来保护 TikTok 的独特存在，并且希望 TikTok 的用户体验能够不受影响。

2. 团队。TikTok 吸引了很多人加入，凝聚了很多同事的努力，对大家来说它是工作也是事业。尤其是对于正在处理危机的当地同事来说，他们的压力更大。我时常想，如果他们是在一个本土企业工作，这样的烦恼应该会少很多。但换个角度想，共同应对挑战也让不同地区的同事更加互相理解了。我们会把团队的利益和发展作为重要考虑。

3. 公司。我们希望为"inspire creativity & enrich life"的愿景继续努力，像产品演化一样不断改进，成为一家优秀的全球化企业。

我们还没有完全决定最后的解决方案，外界对 TikTok 的关注和传言，可能还会持续一段时间。我希望大家能在喧嚣和挑战中，依旧保持好的士气，看长期，有定力，信任公司能在复杂局面下做出好的判断，给员工足够的支持。而我们通过不断的创新和坚定的执行，为用户提供最好的服务，自身保持高速成长，是应对危机最坚实的后盾。

TikTok 已经成为全球文化的一部分，它是用户的窗户、画布和桥梁。有数亿用户聚在我们打造的平台上进行创作，彼此连接，给用户带来许多的欢乐和信息。也有那么多人在我们平台上创作、经营，实现他们的价值。想想这些，我对 TikTok 的未来充满信心。我也相信我们能赢得更多的信任。

和以往一样，在遇到困难的时候，我们的团队尤其团结，大家也很乐观和有韧性。感谢大家的投入和付出，能和这样优秀的团队一起做有挑战的事情，也是我自己重要的动力。最后想再说一下，字节跳动要做一个值得信任的全球公司，始终没有变化，在一个剧变的时代，也更值得为之努力。这本身也是一段有挑战、有意义的旅程。

一鸣

口头回应

口头回应是危机中不应忽视的一个沟通方式，对政府、当事人有效，对员工也非常有效，特别是针对比较敏感的问题，一旦用文字沟通，很容易被截图转发。如果企业有比较有效的管理系统，完全可以通过总裁传副总裁，副总裁传总监，总监传经理这样层层传达，这也是一个与员工对话、收集反馈的机会。这种方式，我在跨国企业工作 20 年经常用到，在国企、民企等环境中也适用。

记得有一次，网传一位公司高管个人作风问题，与××有染，高管情绪激烈地说要开员工大会澄清，发声明谴责谣言，我和人力资源部负责人把他劝住，开了几个内部沟通会解决了。我说："在员工大会上，如果员工问你和××的细节怎么办，你觉得澄清就能说清楚，还是越澄清越乱？"

What：回应什么？

我们前面提到过 2012 年麦当劳"3·15"晚会的"最快微博回应"，到了 2020 年，"3·15"曝光已成常态，被曝光企业排着队发声明。我们以 2020 年 "3·15" 晚会汉堡王的声明（因新冠疫情，2020 年 "3·15" 晚会推迟到 7 月 16 日举行）为例：

> 我们已经关注到央视 "3·15" 晚会提及的江西南昌汉堡王餐厅管理问题的报道。汉堡王中国对此非常重视，立即成立工作组并对这些餐厅进行停业整顿调查。
>
> 报道中提及的江西南昌餐厅隶属于同一家加盟商，这几家餐厅的行为与我们"顾客为王"的企业宗旨严重背离，是我们管理的失误，辜负了广大消费者对汉堡王的信任，对此我们表示深深的歉意。
>
> 我们将全力配合政府部门进行调查，对该事件进行严肃处理并引以为戒。
>
> 感谢媒体、政府、消费者的监督！
>
> 汉堡王中国
2020 年 7 月 16 日

对比下来，危机回应的内容模板有这么几部分：

事实：央视 "3·15" 晚会报道了我们餐厅的问题（麦当劳明确说了"违规操作"，汉堡王只说了"管理问题"）。

态度：深深的歉意，感谢媒体、政府和消费者监督。

原因：管理失误。

措施：停业整顿调查。

应该说，被央视 "3·15" 抓住实锤，事情又相对简单，声明内容并不难组织，很多经常出事的餐饮企业都有自己的危机回应模板，我想任何有文字基础的人看过几篇以后，都能照葫芦画瓢写出来。

当然，写好一份标准的声明也需要价值观、领导力这些底层的东西。比如海底捞北京太阳宫店、劲松店被拍出现老鼠和其他卫生问题，海底捞迅速道歉，特别提出由管理层承担全部责任，不追究员工责任。这跟很多企业出事后称"实习生""临时工"操作失误形成鲜明对比。我们并不是说企业出事不应具体问责,海底捞文化也不易简单抄袭,但是如果领导要推卸责任,说实习生不好、临时工不好、客户不好,你的声明写起来就没有那么顺利了。

如果我们把声明内容再简化一些,如果企业真的有失误,回应其实就两个要点:态度+代价。

关于态度,我们在下一章谈到情绪法则的六个"度"时会详细论述。在这里关于危机回应内容(What),我们要特别提一下代价。

企业在危机中发布声明,有时我们叫表态,关注事件的公众总是会期待你要出来说点什么,网易裁员,华为裁员,水滴筹医院扫楼出现虚假求助信息,媒体曝光了,当事人提要求了,作为企业,你总要说点什么。在表态时最容易的是道歉,最难的也是道歉,公众最期待的首先也是你真诚的歉意。

所以你会看到在某种场合,比如"3·15"晚会将一系列企业曝光后,出现排队道歉的情况。这时候道歉比较容易,也正是因为太容易,公众的期待往往难以满足。

"就这么完了?""道歉就没事了?""我看道歉根本就不真诚""要是道歉管用,还要警察干吗?"

道歉必须伴随行动,即代价。小孩子打架,你打我一巴掌,然后说对不起,我道歉,我不能这么放过你,来,让我踢你一脚,然后咱们找平了。

企业在危机回应中可以明确承诺的代价包括:

1. 退货,赔偿损失。
2. 停业整顿,停止销售产品(都可以很快恢复)。
3. 惩罚责任人(有具体措施更好,也可以只说"严肃处理"责任人)。

D&G 辱华事件

2018年11月21日，仅仅一下午时间，发生了一个被全球媒体称为"灾难"的突发性商业事件。意大利时尚品牌杜嘉班纳（D&G）因创始人在社交媒体聊天中称中国为"狗屎国家"，遭到中国艺人和商家的集体抵制，计划当晚在上海举行的时装秀"The Great Show"被迫取消，11家平台宣布将 D&G 产品下架。

这件事情的起因是杜嘉班纳在20天前启动上海时装秀预热时，发布了一个题为"起筷吃饭"的系列视频广告，开篇第一弹是一名华裔面孔的女模特用筷子吃比萨，配音："我们将率先向大家展示，如何用这种小棍子形状的餐具，来吃伟大的意大利传统玛格丽特比萨。"视频在中国网友中引发争议，有人说 D&G 对中国文化不尊重，对中国文化的理解太幼稚，等等，最终导致视频在网上被删除，但是两位创始人对此事耿耿于怀。

11月21日，越南模特米凯拉·特拉诺娃与 D&G 创始人之一嘉班纳在 Instagram（照片墙）社交平台的对话截图在微博上被贴出，对话中出现了一些对中国严重侮辱的词，截图被曝光后，@环球网披露 D&G 设计师辱华，活动参演模特内部决定"组团撤离"。随后，陈坤、李冰冰、木子洋、陈学冬、王俊凯、火箭少女101、唐艺昕、章子怡、迪丽热巴等明星和艺人公开宣布退出 D&G 时装秀以示抗议。这时，D&G 微博发出了对话截图并打上"盗号了""不是我"巨大标签，这种"不认账""不认错"的行为引起更大一波舆情。

下午16:48，D&G 宣布"The Great Show"大秀因故改期。晚22:00，D&G 发出第二次声明：

> 我们原本梦想着，把一场为中国专属而设，可以展现我们品牌与想象力的活动带到上海。这不仅仅是一场时装秀，它是我们怀着对中国以及全球所有喜爱 D&G 品牌的人的爱与热情创造出来

的产物。今天发生的一切不仅对我们来说非常不幸，对为把这场秀带到现实中来日日夜夜工作的所有人来说，都很不幸。我们发自心底地感谢所有的朋友和客人。

可以看出，其态度是认为发生的事情"非常不幸"，没有道歉，没有反思，没有安抚公众情绪。代价，是时装秀取消了，但取消是明星抵制和公众情绪造成的，不是企业主动付出的代价。

接着，天猫、京东、苏宁易购、网易考拉等电商平台宣布将D&G产品下架。

11月22日凌晨一点，嘉班纳在个人Instagram账号上发布声明称：

> 如果D&G有种族歧视，就不会花费精力关注中国和日本，不会让中国模特出现在D&G的秀里！D&G商店有中国的顾客，公司有中国的员工，身边有很多中国人，就像身边有很多来自世界各地的人一样！不同的人们，不同的文化！我是一个阿尔巴尼亚人并对此感到自豪，我和他们一起工作，并没有感到受歧视！我为你们只能从中看到歧视而感到遗憾。

11月23日下午，"灾难"发生两天后，D&G两位创始人在微博上发布视频道歉声明，内容如下：

> 在过去的几天，我们认真地反省，一直以来，我们对中国的热爱一如既往。无数次的造访，让我们更加深爱中国的文化。当然，我们还有许多需要学习的地方。对于之前我们的表达所犯下的错误，我们必须表达歉意，我们绝对不会忘记这次的经历及教训，这样的事情也绝对不会再发生。同时我们必竭尽全力地理解及尊重中国文化。最后，我们发自内心地请求得到你们的原谅。对不起。

第七章　回应框架：设定准星

D&G 辱华事件对企业本身的影响巨大，在文化冲突、价值观表达等方面对全球商业的挑战意义也极为深远，很多跨国公司用此案例，深入探讨应如何在不同政治经济和文化体系中体现尊重、平等与妥协。

我们也可以从危机管理的多种角度解读这一事件。

价值观：D&G 一直不想对自己的判断妥协，他们不认为广告片有种族歧视。

领导力：对争议观点缺乏理性，甚至爆粗口；不能认识社交媒体的"群体力量"。

如果 D&G 希望用有效的道歉避免损失，道歉的内容必须包括态度和代价。

而我们看到的 D&G 回应是：

态度：道歉来得太晚。

代价：没有主动承担代价，等着别人摧毁自己。

我们假设，如果 21 日下午"辱华"对话视频曝光后，两位创始人或爆粗口的嘉班纳迅速发表声明，对自己的说法表示歉意，称这是一时失去控制，完全不是自己真实的想法，真诚道歉。

明星和公众会接受这样的道歉吗？哪怕你诚恳有加，哪怕你鞠躬谢罪？

这里面少了一个代价。如果道歉管用，还要警察干吗？警察来，就是让你承担代价，而你必须主动承担代价。

再设想一步，嘉班纳在道歉的同时，宣布为了表示我们真诚的歉意，我们决定取消今晚在上海举行的时装秀，尽管公司将承受巨大损失，但是再大的损失也不足以表达我们的歉意，我们一定以此为戒（使用 23 日正式道歉中的语言）。

态度＋代价。至少，这可以让 D&G 之后的业务不中断，保证电商继续卖货，线下专卖店继续经营（因这一事件引发的强烈公众情绪，D&G 多数在中国的专卖店第二天和数周内不能正常运营）。

• 本章小结 •

- 危机回应首先选择是否回应，涉及重大公众利益时必须回应，如不涉及重大公众利益，而是对手吸引你深度卷入，考虑不回应。
- Who：谁来回应，对谁回应。涉及公众利益越深，回应级别就越高；在自己不方便回应时可以考虑通过第三方回应；原则上向所有权益相关者回应；危机中员工是重要传播对象。
- When：何时回应。涉及公众利益马上回应，在其他情况下，"速度第一"并非金科玉律，要考虑过快回应是否会扩大不必要关注，暂不回应是否能让舆情降温，竞争对手是否希望你过快卷入。
- Where：在何处回应。官微官网是最重要渠道，还可以通过主流媒体报道回应，可以通过企业内部渠道——"致员工信"回应，或者对外对内的口头回应。
- What：回应内容（事实、态度、原因、措施）。简化版内容框架为：态度＋代价。代价包括：退货赔偿、停业整顿、产品停售、惩罚责任人等。

• 思考题 •

1.在遇到涉及公众利益但事实不清的危机时，你认为企业应该等待事情有一定结果（如权威部门检测结果）后再发声明，还是应该根据事态变化发出系列声明？

2.如果你是2018年D&G事件中公司中国公关部负责人，你会做哪几件事？

3.你认为在什么样的危机中，员工沟通非常重要，什么样的危机中，员工沟通不重要，为什么？用你企业的具体情况设想。

第八章
情绪法则：六个"度"检验

现在，我们已经做好了基本的事实判断、价值判断、利益判断，确定了回应策略，撰写了回应声明。在发出声明之前，我们还需要做一个自我检验。无论我们之前的行为在多大程度上是从公众的角度出发，所有的决策和声明不可避免地会从企业自身角度出发，首先考虑的是保护自己，证明自己无辜，把责任推给别人，激发公众对我们的同情和支持。

我在新华社做记者、编辑工作的七年时间里，深感新闻编辑部门"一读"制度的有效。一篇稿件经过记者采访、写作、编辑处理、改稿人（外文稿）深度文字处理、重要稿件领导审批、发稿人按照分发流程发稿，在最后一个流程之前，往往有一个"一读"环节，就是发稿人叫来一个没有参与这篇稿件编辑流程的同事整体读一遍，看看细节是否符合逻辑、数字运用是否合理、文字和标点符号有无错用等等。

当然，多数情况下可能"一读"发现不了什么问题，但是在我的记忆中，我就帮助同事发现过不少问题，这并不是说记者、编辑、领导水平不高，只是文字有一种奇怪的化学特质，擅长隐蔽，只会在特定的眼睛里发光。

对比新闻编辑部里播发重要稿件和企业危机管理发布声明前的紧张、

志忐的局面，我总是想起新华社领导和高级编辑们围着电脑看一篇重要稿件的情形，我的编辑组长会突然叫我："国威，你过来当一下'一读'。"

在企业，"一读"应该是没有参与事件处理的一位同事，可以是中层经理，甚至普通员工。他们读了公关部起草、危机管理小组严格审核的声明，可能从不同的视角，提出不同的看法，为过于投入的高管们醒醒脑。

还有一个我一直推荐的做法，就是大企业应该有自己的外部声誉顾问小组，可以包括前政府官员、行业专家、资深编辑记者、法律专家等，他们可以参与声明的起草，如果过于紧急和涉及太多企业机密不便外部参与，可以让专家们做"一读"，他们会从专业和公众两个视角提供观点，补上漏洞。

当然最方便的方法，是危机管理小组自己对着即将发出的声明做一个测试，看这个声明是否具备以下六个"度"：态度、速度、高度、气度、尺度、温度。

态度：是否足够诚恳，认真反思了自身问题。

速度：是否足够快速回答了公众最关心的问题。

高度：摆脱自我中心和自我保护意识，从行业、社会、公众的高度认识问题，努力解决实质问题。

气度：对批评开放大度，对误解不计较。

尺度：承诺是否可以满足，是否会引发无限责任。

温度：对于非自身责任的事件，仍对当事人表达感激、问候和物质馈赠。

态度与速度：海底捞式道歉

我们以海底捞的道歉为例，由于餐饮行业面对顾客基数大，食材不能完全标准化处理，加上海底捞较高的品牌知名度，关于产品质量的投诉也经常进入公众视野。

2020年7月12日，济南市民郑女士和男友张先生去海底捞连城广场店用餐，他们点了半份乌鸡卷。据媒体报道，郑女士表示，吃到一种硬硬的东西，以为是混杂在乌鸡卷里的脆骨，就直接咽下去了，但是后来用筷子拨弄后，发现了疑似塑料片的东西，向店员反映后，店员建议"不要再吃了"，并拿走了剩下的乌鸡卷。结账时，店里提出免单并补偿500元的火锅券，但是郑女士拒绝了这样的赔偿方案。

第二天，郑女士和张先生均出现胃部痉挛和便血，去医院检查后，被诊断可能有肠道出血，但是不能确定病因与前一天饮食有关。

7月20日晚，海底捞在官方微博发布"道歉启事"，内容如下：

1. 对于7月12日晚上，有顾客在海底捞济南连城广场店所点菜品乌鸡卷中出现塑料一事，我们表示非常抱歉。

2. 经过对乌鸡卷产品供应商工厂进行全面排查，已确定事件是因为在工厂灌装环节员工操作不规范，导致产品标签掉落到产品中。门店在分切、摆盘产品时失察，没有发现该缺陷。消费者在海底捞餐厅遇到的任何产品问题，我们都负有全部的责任。在此我们向顾客和广大消费者表示诚挚的歉意，支持顾客维护自身权益，并会积极配合相关部门的检查，承担经济和法律上的相应责任。

3. 我们会深刻反省自身管理上的疏漏，无论是门店还是供应商环节，严格加强内部的生产流程规范和核查力度，并在门店端加强对员工的培训，严格按照规范操作，避免发生此类事件。

按照六个"度"的标准检查这篇声明：
态度：非常抱歉，诚挚歉意。
速度：事件发生八天后，虽然针对个别事件，但仍然有些迟，速度的不足需要从其他"度"上更多弥补。

高度：支持顾客维护自身权益。

气度：大企业不居高临下，不回避问题。

尺度：任何产品问题，我们都负有全部的责任，承担经济和法律上的相应责任。

温度：并非无责，温度未特别体现。

应该说，这篇道歉启事基本符合危机管理的原则。

这里面的一个细节，也是事件曝光后网友集中提出的一个意见，就是店员当场提出的免单+500元赔偿是否合理，有的说吃出塑料赔500元算不错了，有的引用《中华人民共和国食品安全法》第148条规定，"生产不符合食品安全标准的食品或者经营明知是不符合食品安全标准的食品，消费者除要求赔偿损失外，还可以向生产者或者经营者要求支付价款十倍或者损失三倍的赔偿金；增加赔偿的金额不足一千元的，为一千元"，认为赔500元太少了。

"海底捞式道歉"已经成为危机公关的某种典范。2017年8月25日，北京海底捞劲松店、太阳宫店被媒体视频曝光，门店后厨存在"老鼠爬进食物柜""扫帚、抹布与餐具一同清洗""洗碗机油污未清洁""火锅漏勺用于掏下水道垃圾"等卫生问题。舆情迅速发酵，海底捞方面当天下午即发出回应。媒体称"这锅我背，我错我改，员工我养"的海底捞式道歉应该成为危机回应模板，这次海底捞事件还被中国国际公关协会评为"2017年公共关系十大新闻"之一。

来看一下那个著名的海底捞式道歉：

关于海底捞火锅北京劲松店、北京太阳宫店事件的致歉信

尊敬的顾客朋友：

你们好！

今天有媒体报道我公司北京劲松店、北京太阳宫店后厨出现老鼠，餐具清洗、使用及下水道疏通等存在卫生安全隐患等问题，经公司调查，

认为媒体报道中披露的问题属实。卫生问题,是我们最关注的事情,每个月我公司也都会处理类似的食品安全事件,该类事件的处理结果也会公告于众。无论如何,对于此类事件的发生,我们十分愧疚,在此向各位顾客朋友表示诚挚的歉意。

各位顾客及媒体朋友可以通过海底捞官方网站 www.haidilao.com 上的"关于我们-食品安全-公告信息"或海底捞微信公众号(ID: haidilaohotpot)"更多-关于我们-食品安全-管理公告"查询我们以往该类事件的处理结果。

这次海底捞出现老鼠,以及暴露出来的其他卫生清洁方面的问题,都让我们感到非常难过和痛心。今天,媒体的朋友也为我们提供了照片,这让我们十分惭愧和自责,我们感谢媒体和顾客帮助我们发现了这些问题。

我们感谢媒体和公众对于海底捞火锅的监督并指出了我们工作中的漏洞,这暴露出了我们的管理出现了问题,我们愿意承担相应的经济责任和法律责任,但我们也有信心尽快杜绝这些问题的发生,我们也已经布置在海底捞所有门店进行整改。并会后续公开发出整改方案,也希望所有的媒体和支持海底捞的顾客监督我们的工作。

再次感谢社会各界对海底捞的关心与监督。

四川海底捞餐饮管理有限公司(章)

2017 年 8 月 25 日

当天,海底捞还发布了一封内部信,在网络上也被公开转发,内容如下:

海底捞各门店:

今天有媒体报道我公司北京劲松店、北京太阳宫店出现老鼠,餐具清洗、使用及下水道疏通等存在卫生隐患等问题,经公司调查,认为媒体报道中披露的问题属实。

公司决定采取以下措施：

1. 北京劲松店、北京太阳宫店主动停业整顿、全面彻查，并聘请第三方公司，对下水道、屋顶等各个卫生死角排查除鼠。责任人：公司副总经理谢英。

2. 组织所有门店立即排查，避免类似情况发生；主动向政府主管部门汇报事情调查经过及处理建议；积极配合政府部门监管要求，开展阳光餐饮工作，做到明厨亮灶、信息化、可视化，对现有监控设备进行硬件升级，实现网络化监控。责任人：公司总经理杨小丽。

3. 欢迎顾客、媒体朋友和管理部门前往海底捞门店检查监督，并对我们的工作提出修改意见。责任人：公司副总经理杨斌；联系电话：4009107107。

4. 迅速与我们合作的第三方虫害治理公司从新技术的运用，以及门店设计等方向研究整改措施。责任人：公司董事施永宏。

5. 海外门店依据当地法律法规，同步进行严查整改。责任人：公司董事苟轶群、袁华强。

6. 涉事停业的两家门店的干部和职工无须恐慌，你们只须按照制度要求进行整改并承担相应的责任。该类事件的发生，更多的是公司深层次的管理问题，主要责任由公司董事会承担。

7. 各门店在此次整改活动中，应依据所在国家、地区的法律法规，以及公司相关规定进行整改。

四川海底捞餐饮股份有限公司
2017年8月25日

海底捞同一天发出的这两份回应结合起来看，基本上符合危机管理中的舆论期待。他们具备了"态度+代价"（停业整顿但不处罚员工）两大要素，六个"度"中态度和速度非常明显。我们也可以看出，第一封公开信中的不少措辞还是很粗糙，一些句子重复，略显啰唆，如果在新华社这个级别的媒体,"一读"应该通不过,但是他们占了态度和速度,缓解了公众情绪。

回应的速度快于公众期待的时间,可以为危机一方获得好感;公众等待回应的时间越长,对回应声明的期待也越高。

这就是为什么我们常常听到这样的议论:等了三天,就这?

所以海底捞对劲松店、太阳宫店事件的回应,尽管文字略显粗糙,但是让人感觉到"哇,这么快",态度这么诚恳,也许气就消了一半。

但是当我们坚信"天下武功、唯快不破"时,还会有一个问题:当回应的速度快于公众期待,但是其他五个"度"明显缺失,危机一方期待的好感也许会走向反面。

速度与尺度:外卖骑手困在系统里

2020年9月8日,《人物》杂志在其微信公众号发表长篇调查报道《外卖骑手,困在系统里》,用惊人的数据统计和故事呈现一幅百万外卖骑手的工作状态:派送时间不合理,商家出餐慢,规划路线含有逆行,为不影响站点数据,不被系统除名,骑手们违反交规与死神赛跑,外卖员成了高危职业。

这篇报道更加引发议论甚至情绪的结论是:外卖骑手是被平台系统算法与数据支配的"工具人",根本没有选择余地。这样,舆论场对互联网公司用系统压榨人而产生的愤怒,集中到行业两个代表性企业:美团和饿了么。

文章发布后迅速在全网转发,阅读量达到几百万。

9月9日凌晨一点,饿了么发布如下回应:

你愿意多给我五分钟吗?

系统是死的,人是活的。将心比心,饿了么在保障订单准时的基础上，希望做得更好一点。

　　1. 饿了么会尽快发布新功能：在结算付款的时候增加一个"我愿意多等 5 分钟/10 分钟"的小按钮。如果你不是很着急，可以点一下，多给蓝骑士一点点时间。饿了么也会为你的善解人意给予一些回馈，可能是一个小红包或者吃货豆。

　　2. 饿了么会对历史信用好、服务好的优秀蓝骑士，提供鼓励机制，即使个别订单超时，他/她也不用承担责任。

　　每个努力生活的人都值得被尊重。

　　饿了么的回应速度很快，回应时间是凌晨一点。这么做也许是为了避免太多关注而选在夜深人静，也许想尽快表态，但是公司技术、运营层面要协调一致，直到半夜才商量妥当，也许是受到某些部门或重要人物的压力要求给个回复。无论如何，饿了么的回复虽然速度快，但在态度、高度上有所欠缺。

　　饿了么声明贴出以后的大量评论显示，媒体和公众对饿了么不从自身找原因，没有提出切实可行的改变系统操纵快递员的措施，而是把锅甩给了用户表示严重不满。

　　我们无法得知那个午夜在饿了么内部发生的事情，但是从声明表现出来的六个"度"来看，确实有所欠缺。

　　态度和高度：没有从自身角度找问题，没有提出解决问题的实质方案，没有触及问题的实质——系统如何人性化。

　　温度：对公众眼里"受委屈"的快递员，没有表现出温度。仅仅对信用好、服务好的蓝骑士容忍个别订单超时，没有充分提供快递员被困在系统里所需要的关怀，反而给人草草了事的感觉。

　　速度确实是把双刃剑，在同一事件中，两个不同回应主体在速度上的表现，特别是速度与其他几个"度"的关系，比较起来很说明问题。

　　9 月 8 日晚在舆情达到高峰时，媒体询问美团，美团方面表示暂不回应，只是说"下周会举办小范围的外卖业务沟通会"。

9日晚，也就是"外卖骑手困在系统里"被刷屏24小时后，美团通过官方微信回复如下（括注为本书作者所加）：

感谢大家的意见和关心，我们马上行动

大家对外卖小哥、平台系统的关注、意见和建议我们都收到了。没做好就是没做好，没有借口（**气度**），系统的问题，终究需要系统背后的人来解决（**高度**），我们责无旁贷，有几件正在做的事向大家汇报：

1. 更好优化系统

每一单外卖，在为用户提供准时配送服务的同时，美团调度系统会给骑手留出8分钟弹性时间，留给骑手等候延迟的电梯，在路口放慢一点速度（**温度**）。我们将对系统持续优化，保障骑手安全行驶的时间。

恶劣天气下，系统会延长骑手的配送时间，甚至停止接单。骑手申诉功能将升级，对于因恶劣天气、意外事件等特殊情况下的超时、投诉，核实后，将不会影响骑手考核及收入。（**尺度、温度**）

特殊情况下，感谢您对骑手的每一分理解。

2. 更好保障安全

我们将增强配送安全技术团队，重点研究技术和算法如何保障安全。我们正在研发的智能头盔将全力加大产能，通过蓝牙与手机相连的方式，让骑手说话即可完成操作，并可以通过App实时测速；在写字楼、医院等特殊场所，骑手会存在进入难、找路难等问题，我们在这些场所正在努力铺设智能取餐柜，让骑手最后一公里的配送更便捷。（**高度**）

3. 改进骑手奖励模式

对于骑手的奖励模式，将从送单奖励转向综合考虑合理单量区间及安全指标的奖励，让骑手在保障安全的同时，获得更实际的回报。（**尺度、温度**）

4. 关怀骑手与家人

尽管我们现在通过保险、袋鼠宝贝公益行动等保障骑手安全，为骑手家庭及子女提供医疗、教育帮扶，但是我们深知，落实得还远远不够，我们将继续增加投入，与社会各方一起为骑手就业创造更好的保障。**（尺度、温度）**

5. 认真听取大家意见

我们将会定期召开骑手座谈会，设立产品体验官，充分听取骑手、公众、学者、媒体多方观点和建设性意见，帮助我们更好优化调度、导航、申诉等策略，提升骑手配送体验。

鞭策是成长的必修课。感谢每一个好评，也感谢每一个差评，因为这背后都是在乎，能让我们跟大家站在一起，为大家做得更好。**（态度）**

美团外卖
2020年9月9日

美团的回应获得了媒体和公众的大量好评，虽然回应速度上不如饿了么，但是在态度、高度、气度、尺度和温度上都胜饿了么一筹。

在对美团声明的注解中，我们第一次提到尺度，这是危机回应中最难把握的一个度。尺度就是你把话讲到什么份儿上，承诺到什么地步。尺度与其他几个"度"密切相关，有时候尺度过窄，如赔偿过低，显得态度不诚恳，而尺度过大，承诺过多，可能显得态度更好，高度更高，温度更暖，但是如果不能充分兑现，或者给企业带来无限负担，其他的"度"也会显得苍白无力。

我们在前面的章节中多次提到2018年滴滴顺风车司机杀人案，在8月25日针对第二次杀人案的回应中，滴滴的开头是这样的：

关于乐清顺风车乘客赵女士遇害一事，我们感到万分悲痛，在顺风车整改期间发生这样的悲剧，我们深感自责与愧疚，作为平台，我们辜负了大家的信任，负有不可推卸的责任。

声明的开头在态度、速度、高度、气度上都体现得比较充分。当然，在失去的无辜生命面前，任何"度"都是苍白的，在公众的高唤醒情绪被唤起之时，任何文字都难以抚平人们胸中的愤懑。

在这样巨大的危机面前，也可以想象写下这些文字的人承受着怎样的压力，他不是这个悲剧的责任人，但是要在悲剧的氛围中用有限的文字表达所有的自责、愧疚，以及对未来的承诺。

在这篇声明接近结尾处，还有这样的语言：

> 我们承诺，无论法律上平台是否有责，以及应当承担多少责任，未来平台上发生的所有刑事案件，滴滴都将参照法律规定的人身伤害赔偿标准，给予三倍的补偿。

这是滴滴在巨大的危机中为了表达自己的态度做出的一个承诺，但是很快就有自媒体质疑，赔钱就完了吗，责任呢？措施呢？甚至说"滴滴用钱买命""我和滴滴说安全问题，它却告诉我，可以用三倍的价格买我的命"。

是尺度出了问题，承诺的尺度，表达的尺度。

滴滴：这是我们尊重生命的具体承诺，不要说我们讲空话。

公众：少谈钱，我们谈的是安全、是人命。

谁都不希望出现杀人案，安全是每个公民最基本的权利，但是，正如我们后来发现的，平台只能用最大的限度阻止杀人，但是真正的责任还是要由杀人犯来担，"无论法律上平台是否有责"，只要杀人滴滴就赔三倍，这种承诺本身的表达，就会引起各种歧义。

高度与温度：货拉拉女乘客坠车

2021年2月6日春节前发生的"货拉拉乘客坠车死亡事件"，因公众与两年前滴滴顺风车司机杀人案相比产生联想，纷纷指责货拉拉没有车上录音等基本的安全系统，在这次事件中有重大过失。在货拉拉2月14日发布的声明中，我们可以看态度、速度（缺失）、高度、气度、尺度和温度是如何呈现的。

关于用户跳车事件的致歉和处理公告

当前社会公众关注的平台用户跳车身亡事件，货拉拉一直全力跟进。我们深知，对事件的发生，平台负有不可推卸的责任，并感到极度自责与愧疚，在此，我们再次对当事人车女士的家属致以最诚挚的歉意。

在相关部门的协调下，货拉拉事件处置专项小组于2月11日、2月22日、2月23日3次与车女士家属沟通，于2月23日下午取得家属的谅解，并将与家属一起妥善处理善后事宜。

我们认真回溯和反思了事件进程，认为平台在三个层面存在明显问题：

1. 安全预警缺失，2月8日平台才从警方得知此事，对此异常事件未能第一时间觉察。

2. 产品安全功能不完善，在跟车订单的行程录音等问题上存在关键缺失。

3. 跟进速度慢，对本在悲痛中的家属造成了进一步的困扰。

此次事件如同当头一棒，让我们深刻警醒，作为一家货运平台，仅针对货物安全做出的产品流程是远远不够的，部分跟车订单涉及人身安全问题，我们必须高度重视，在妥善处理事件本身的同时，货拉拉由创始人兼CEO周胜馥带队，成立安全整改小组，倒查订单流程，立即推进整改工作。

……

我们看到："平台负有不可推卸的责任，并感到极度自责与愧疚"，与滴滴声明的文字似曾相识。但是再次重申，在失去的生命面前，一切都苍白。作为危机的一方，如果你相信，尽管平台有错误，有过失，但它的基本价值观，为车主、司机、用户、社会创造的价值仍然是这个企业存在的理由，那么你只有冒着千夫所指，认真写下声明的每一个字。

货拉拉的声明几乎无可挑剔，但是我们在网络上听到对货拉拉的一个指责是，声明写得太"完美"了，挑不出问题，反而显得不真实，不如粗糙一些，粗犷一些。

在危机中，危机的主体不断被指责，此时很有可能"说什么都是错的"。在危机管理的整个过程中，哪一个环节最容易？撰写回应声明：道歉＋赔偿＋措施＋承诺不再犯；哪一个环节最困难？也是撰写回应声明。在基本事实不清晰、公众情绪高涨的环境下，下笔尤为艰难。

而针对非高唤醒情绪的个别舆情事件，哪怕是河沟里翻船，在自己擅长的领域里犯错，回应声明可操作的空间还是比较大。

气度与尺度：罗振宇向王路道歉侵权

2015年1月，凤凰新闻客户端主笔王路发文《罗辑思维，你讲点职业道德好不好？》，抨击罗辑思维用了自己的文章不署作者名，也没有标明文章来源。

罗振宇迅速发出"缺了德，赔个罪"的道歉信。

态度：道歉。

速度：马上回应。

高度：不仅仅看作单一侵权，还要请大家一起探讨互联网传播和知识产权保护。

气度：自我嘲讽，说自己得罪了读书人就是"自绝前途的死胖子"。

尺度：惩罚公司内部人员，自己"一天不吃饭"，听起来又严厉又搞笑，对不涉及公众高唤醒情绪的问题，这样轻微闹一下尺度得当。

温度：大肆安抚主笔、读书人、手艺人。

看一下这篇罗振宇的这篇道歉信：

昨天，有不少好朋友肯定看到了王路老师的一篇文章《罗辑思维，你讲点职业道德好不好？》，里面说了罗辑思维一共用了王路老师两次文章，但是在文末居然一篇写错了作者，一篇写错了作者和版权方全名。这两篇文章分别是去年10月的《你过了跟别人比拼记忆力的年龄了》和1月7号的《"拖延症"也是很好的习惯》。现在两篇文章我们已加上作者以及文章来源。

这个事确实没有职业道德。这个骂挨得一点也不冤。如果发生在我们身上，我们也不高兴，甚至会骂街。

在这里，我代表罗辑思维所有的老少爷们姑娘媳妇儿跟王路老师赔个不是。

事是我们做得不对。无论是版权的审核和作者授权方面，我们做得还不到位，未来肯定加强这方面的工作。当然，以后我们也不可能不犯错，但是罗辑思维没有临时工，也没有实习生，每一个错误都是我们团队所有人的错。

我公开私下总是说，自己什么都不是，全靠天下读书人思想家写作者勤于劳作，才有书可读，有牛逼可吹，有文章可推荐，才能给大伙当书童、挣银子。得罪了王路老师这样的人，我就是自绝前途的死胖子。

王路老师文章里说起了主笔最苦，在这个社会会被商人欺负。这种心情我深深地理解，作为在媒体圈混了大半辈子的人，低下头去追讨微薄的稿费也做过无数次。所以在对待手艺人方面，我们一向是希望用自己最大的能力来支持手艺人。要不怎么会有"天使厨房""买主编""匠人如神"这些花样？我们非常希望未来所有的手艺人都是堂堂正正地挣钱，不用寄人篱下，自己挣钱想怎么花就怎么花。

这件事情给我们敲了一个警钟，我们一直做的是知识分享类社群，对投稿的会员和用户都无比信任。但时间长了，百密也有一疏。我们未来会加强寻根溯源的努力，一边恳请投稿的朋友也抱有严谨求真的态度，核实作者真伪和出处，另一边我们也特别欢迎能够发现作者出处有误的火眼金睛。

说一下我们内部的处理意见：

1. CEO脱不花罚薪一月，承担王路老师稿费，剩余款项纳入预提稿费池。

2. 罚自己一天不吃饭。以往一犯错，我总这样。对一个胖子来说，这意味着人生了无滋味。

3. 内容制片人杜若洋不许用公司的按摩椅两个月。

4. 当日内容编辑，自称"小表砸"一个月。

再说下对外部朋友的呼吁：

1. 请社群中愿意帮助我们的律师/法官/法律工作者/学者和知识产权方面的专家朋友出出主意，以后这样的事我们怎么能够处理好？互联网时代的版权问题确实头疼，帮我们的同时咱们也共同探讨下互联网时代传播知识与产权保护这个大命题。

2. 我们诚挚邀请王路老师留意一下我们的招小报主编的活动：不用坐班，不用入职，一个月基本工资三万，再加上一元一票的网友支持，就是为了让不少媒体人牛逼而不清贫。如果王路老师愿意的话，可以参加我们二月主编的拉票活动。反正一天五条资讯，不用看任何人脸色，挣得一个轻松自在。我和脱不花、快刀、吴声都说好了，我们几个的票都投给你。

3. 我们再次公开向王路老师道歉。并且希望能奉上稿费。更希望王路老师能肉身上门砸场子骂街拿钱，气消了，然后咱们就一起去喝喝酒吹吹牛逼，不打不相识。

4. 还是希望大家能在微信朋友圈里转发分享一下，至少让王路老师能看到我们的歉意。拜托大家了。

2015-01-10

道歉信的风格非常罗振宇，更有明显的脱不花的影子，王路老师随后表示理解原谅。文人这种玩法令人叫绝，他们骂人不带脏字，骂自己不惜加码，如同许知远在《吐槽大会》上说他"从不针对个人"，但是"张大大不是个人，（停顿）他是一个现象"。

在这种"玩法"的背后，是撰写危机回应声明的两个重要关键词：共情、倡导。

如果你带着各种思绪、领导意见、同事要求、政府命令等准备敲下回应声明的第一行字，如果真的想不起六个"度"的每个"度"，你可以想：

共情：我要站在需要帮助和公众同情的人的角度讲话。

倡导：我要表达先做好自己的事，然后让大家监督，或者请大家一起来做。

在这个过程中很大的纠结，是你很难在瞬间完全放弃自己原有的立场。

气度与温度：英国女王就戴安娜王妃离世致全国同胞

1997年8月31日，年仅36岁的英国王妃戴安娜在巴黎因车祸身亡，整个英国乃至全球都陷入极度的震惊和悲痛之中。

已经与戴安娜离婚的查尔斯王子和两个儿子面对极大的考验，整个王室也陷入一场危机。众所周知，女王和自己的儿媳多有芥蒂，双方不仅因为查尔斯和戴安娜各自的出轨而尴尬，而且因为戴安娜追求时尚的外向气质与王室传统保守的形象不相吻合，而进入现代的英国公众普遍对戴安娜怀有好感，对古板的王室的不满日益上升。

戴安娜去世后，女王和丈夫以"孩子们需要保护和安静"为理由让自己和戴安娜的两个儿子留在苏格兰的巴尔莫勒尔堡，任凭吊唁戴安娜的人群将伦敦白金汉宫门口堆满鲜花。一周后，女王和家人回到伦敦，她并不情愿地来到白金汉宫门口在鲜花中凭吊，从公众的情绪中，女王感受到的是不解、愤怒和期待，甚至有极端言论称王室就是"杀人犯"。

女王决定在葬礼之前发表全国讲话，整个讲话充满了共情和倡导，她告诉英国人民，我和你们一样爱黛安娜并深深怀念她，我希望和你们一起，珍惜对她的回忆，一起走过这段旅程。

电影《女王》对这段历史做了细致的描写，当时刚刚上任不久的托尼·布莱尔工党政府的新闻官为布莱尔第一次针对戴安娜离世的讲话确定了一个关键词：人民的王妃。抢先于王室顺应民意。

在女王准备进入全国讲话直播间之前，助手送来了布莱尔团队对讲话稿的意见，只有一个意见，在第三段"作为你们的女王"后面加上"和一个祖母"，女王照读了。

"和一个祖母"是怎样加强了讲话中弥漫着的满满的共情，下面是这篇共情表达范文的全文（括注为本书作者所有）：

上周六，噩耗传来后，我们看到英国乃至全世界都沉浸在失去戴安娜的极度悲痛之中。（**一句话交代事实背景**）

我们都在努力尝试以各自不同的方式来面对现实。这是一种难以表达的失落感，因为继最初的震惊之后，接踵而来的往往是一种复杂的情感：怀疑、不解、愤怒以及对在世者的关注。（**认可这种复杂的情感中包含公众对王室的不解和愤怒**）

在过去的这几天里，我们都经历了这些情感。所以，作为你们的女王和一个祖母，我现在所说的一切都是肺腑之言。（**用"我们"引导共情，"女王和祖母"暗示"权威+共情"**）

首先，我想对戴安娜表示敬意。她是一个卓尔不群的天才。无论身处顺境还是逆境，她总能面带微笑，总是用她的热情和善良去激励别人。**（顺应公众情感的表达，赞扬戴安娜的热情和善良，绕过她为王室带来的难堪）**

对于她的活力和她对他人的奉献，特别是对她两个儿子所付出的一切，我无比欣赏和敬佩。**（强调两个儿子，这是戴安娜完全正面的形象，不提令王室难堪的与查尔斯及其他人的关系）**

这个星期，在巴尔莫勒尔堡，我们都在尽力帮助威廉和哈里从他们和我们大家所承受的巨大悲痛中解脱出来。**（辩解的暗示：我们从苏格兰不回来不是漠视公众的情感，而是为了"戴安娜最在意的"两个儿子，我们在做的是戴安娜希望的事情）**

认识戴安娜的人都不会忘记她。有千百万人虽然从没见过她，但他们却感到仿佛认识她，也会永远记着她。**（从辩解回归共情，赞扬戴安娜）**

就我而言，我相信我们将从她的一生，从因为她的去世而产生的不同寻常而又令人感动的反响中学到些东西。我和大家一样，决心珍惜对她的记忆。**（"不同寻常而又令人感动的反响"其实是指对王室的指责，女王表示"我听到了你们的声音"，"决心珍惜"表明女王将由对戴安娜的怀疑不满转向与公众一致的对戴安娜的尊重，"决心"有强调这一行动和表明改变双重含义）**

我希望大家明天都可以，无论身在何方，共同传达出失去戴安娜的悲痛以及对她那短暂生命的感谢。愿死者安息，愿我们活着的每一个人都感谢上帝，感谢她给众多的人带来了快乐。**（回归共情，提出倡导：我们是一致的，让我们共同怀念戴安娜。戴安娜是为很多人带来"快乐"的人。这一简单、中性、含义深远的表达避免了对戴安娜做出具体评价，毕竟她做的某些事让女王难堪和愤怒。但是在上帝面前，女王选择原谅，选择积极地看待一个离去的人。看在上帝的分上，我们的争议就到此为止吧！）**

• 本章小结 •

- 撰写危机回应声明是最容易的工作，也是最艰难的工作。
- 回应声明完成后，应该用"一读"的方式，检验是否有效体现了六个"度"。

　　态度：最大基础分，诚实、诚恳

　　速度：速度也是态度

　　高度：摆脱自恋和自保

　　气度：运用自嘲和自黑

　　尺度：应对当下和顾及长远

　　温度：无责也有情，有责更有义

- 在危机回应声明中，以共情、倡导为主发点。与公众和受害者站在一起，让自己的表达为他们提供帮助而不是增加压力和困惑；首先表达如何做好自己应该做的事，在这个基础上，倡导更多的人监督、参与，共同创造美好。

· 思考题 ·

1. 在涉及公众高唤醒情绪的事件中（对比戴安娜事件、货拉拉客户坠车事件），你认为公众有没有可能被回应声明"打动"，还是无论如何表达，仍然会背骂名？

2. 你认为危机回应声明原则上是尽量短还是尽量长，为什么？

3. 说一说为什么海底捞"总是被原谅"，有的企业"说什么都是错的"，背后的原因有哪些？列举几个原因。

第九章
关键人物：发言人

> 根据现代国家治理的要求，今天的传播可能格外需要重视沟通的"术"——技巧。
>
> ——傅莹，《我的对面是你——新闻发布会背后的故事》[①]

每当我们看到风度翩翩的外交部、国防部发言人登场，看他们镇定自若、舌战群儒，为国家立场发声，让世界听到中国的声音，都不无羡慕。如今，我国政府发言人已经制度化，各大部委的新闻发言人都在网上公开，你可以看到他们的名字和联系方式，也会经常在电视和网络上看到他们的身影。2020年新冠疫情中，国家卫健委、各省市疾控中心及其他相关部委的发言人每天都向公众披露疫情信息，他们每天都戴着口罩出场，让人好奇地想看到他们摘掉口罩的真实面孔。

政府的发言人制度已经在大型国有企业应用，但是央企之外的民营和外资企业中，明确发言人制度的公司屈指可数。造成这种状况的原因主要有以下几个：

[①] 该书简体中文版已于2018年9月由中信出版集团出版。——编者注

1. 信息公开化并不像政府那样进入了法律体系，企业认为没必要对外披露信息。
2. 有信息披露需求的上市公司必须严格遵守证交所规定，发言人沟通方式风险不可控。
3. 用社交媒体沟通更方便。

对大多数企业来说，使用社交媒体确实便捷，我们讨论危机管理时所提到的回应声明，现在基本上是通过微博、微信、头条、官网等渠道发布的，那我们为什么还要讨论发言人的作用？

首先我们看一下，谁是企业发言人，以及危机中为什么企业发言人很重要。

我们在新闻中见过这样的场景，企业老板在镜头前侃侃而谈，记者问了一个令老板感到为难的问题，老板说："这个问题我不好回答，要我们公司发言人来回答。"

如果这位老板是企业一把手，如创始人/CEO，这样的说法是不对的，因为任何企业的一把手就是第一发言人，你的声音就是企业的声音，你的立场就是企业的立场。

从老板的角度，让发言人来说的含义是，发言人可以用技巧的、套路的回答方法把这个困难的问题圆过去。

这种观点对吗？ 基本是对的。

这就是为什么我们要强调"发言人制度"。在政府部门，部长是当然的发言人，两会期间、重大事件，部长都要在媒体面前回答问题。但是所谓制度，就是不需要任何事情都让部长出来讲话，日常沟通，非特别重大事件，应该依靠指定的发言人，在部委一般是新闻司的负责人。

在企业，原则上一把手是发言人。我们在前面讨论滴滴顺风车危机的时候，谈到CEO程维、总裁柳青面临的压力，他们出面表态对政府、公众、用户、司机、员工的作用是无可替代的。我们也看到那些习惯在出现舆情时第一时间出来讲话的一把手，如董明珠、雷军、罗永浩等。但是企业仍然需要一把手下面的执行发言人，一般是公关负责人和部门负责人。

这里要强调，公关副总裁/总监不一定是企业唯一的指定发言人，现在重视增长的企业，都指定产品经理为发言人，让他们去跟媒体沟通，讲产品故事，提高品牌知名度。在危机情况下，质量负责人、生产、物流、人力资源等职能部门负责人，都是发言人的人选。比如华为在孟晚舟事件中，代表公司接受媒体问询的是华为首席合规官宋柳平。企业不能在危机发生以后临时把这些人拉出来挡枪，而首先要根据企业需要，并为这些发言人提供必要的培训和指导。

在全国人大、国务院等部门举行的综合性新闻发布会上，你会看到台上还坐着如发改委、工信部、商务部、市场监管总局这些部门的负责人，因为记者会问到相关政策的具体问题；在大企业的高层业务讨论会上，业务板块的总经理跟公司董事长汇报，往往会带上自己的财务总监、产品总监等下属，原因是总经理担心董事长问到自己不熟悉的业务的相关细节，带上相应的下属以救急。

企业发言人也是这个作用，如果是一个汽车公司的产品质量危机，CEO可以讲基本政策，但是媒体和用户会关心产品如何改进，在前面提到的类似速腾"断轴门"这样的事件中，必须有懂技术懂产品的负责人向媒体和公众解释"加装金属衬板"的合理性、可靠性等问题。

在危机中为什么企业发言人重要？因为一是影像和声音的传播比文字更有力，二是危机中媒体会堵上门来"逼"你直接对着镜头讲话。

大众汽车中国负责公共关系的副总裁彭菲莉给我讲过2013年那次著名的大众汽车"DSG变速箱门"事件，当时央视"3·15"晚会报道了大众汽车"直接换挡变速器"（DSG）存在安全隐患，之后，大众汽车决定在中国召回部分有缺陷的汽车38万辆，这是当时中国市场汽车产品召回规模最大的一次，相关的新闻报道、网络热议、专家争论，充斥所有媒体。

当时彭菲莉刚刚加入大众汽车中国三个月，那天早上彭菲莉正在参加公司管理层会议，部下报告说央视记者在门口了，要采访。彭菲莉跟老板说要出去一下。在楼下，她跟记者简单交流，对方告知要问的问题。彭菲莉说，给我几分钟准备一下。她去卫生间理了下头发，将公司的关键信息迅速在脑子里过了一下，有的有答案，有的没说法，可是没有退路，出来面对央视二套的摄像机接受采访。

我问彭菲莉，采访感觉如何？她说，这种事情我们都知道，（采访）开始以后，问的问题不一定是事先说好的，不一定是你有准备的，好在没有说错话。

朋友看到了央视的采访，告诉了彭菲莉在上海的父母，老人家说，这个工作这么难做，要么就别做了。

我们也在电视里看到过各种翻车，但是这种场合，只有你个人亲身经历才有体会，而对企业来说，不仅是为了那个难对付的场面，更是为了在危机中挽救企业的声誉，必须建立一个有效的发言人体系。

新闻发言人体系有以下几个方面：

- 统一口径制度
- 新闻发言人层级（大公司）
- 新闻发言人培训

统一口径制度

危机的表现特征包括事实不清、观点各异、政策不明等各种混乱，企业危机管理必须有统一口径制度，要求公司所有发言人、高管和员工都按照一个基本的关键信息框架对外讲话。

北京798和颐酒店女子遇袭事件

2016年4月3日晚10:50左右,来北京游玩的网友弯弯在北京798和颐酒店办理入住后前往房间,在电梯口遭到陌生男子强行拖拽。事后带有酒店监控录像的视频在网上广为传播,公众对和颐酒店的管理、公民安全、女性权利等问题展开热烈讨论,和颐酒店被推上舆情的风口浪尖。

4月8日,山东卫视《调查》栏目播出节目《女子酒店遇袭之后》。对于女客人弯弯在其酒店遇袭事件,和颐酒店一刘姓经理在接受采访时表示:"我觉得是在炒作,真的。一没有死人,二没有着火,三没有发生强奸案,对吧?你这警察出面,对吧?也报案了,对吧?你说,就那么回事。"

这段视频在网上传出后,和颐酒店的形象遭到进一步伤害,网友纷纷指责和颐酒店不负责任,事件调查结果还没公布,自己的员工却公开发表这种言论。在这种情况下,公众认为刘经理是代表企业在讲话。实际上,危机中每一个员工的公开言论,都会被放大,特别是一定级别领导的言论,都会被当成企业的正式立场,或者严重的倾向性立场,在企业确定口径之前发表这些"个人言论",无论是对企业形象的直接伤害,还是与企业即将公布的官方口径形成对立,都会让企业在危机中更加被动。

"我觉得就是炒作""赔都赔他了,还能怎么样?""这就是典型的医闹嘛""我们的产品原料是进口的,怎么可能有问题?"这些都是我们作为个人喜欢持有的立场,也会在微信群中与朋友分享,但是一旦对话截屏被广泛传播,对话框中显示你是涉事公司的高管或员工,企业就会受到压力或攻击,这方面的教训不胜枚举。

所谓统一口径"制度",就是要落实在公司的日常管理中,而不是危机后让全体员工禁言。后者的危险是,你要求禁言的文字也会被截屏,哪怕是公司内部邮件,然后被人指责:"这家公司心里有鬼不让大家讲话。""都什么时候了还不解决问题反而封嘴,这公司的价值观烂透了。"

很多企业在员工守则中,或在新员工培训等场合公布"社交媒体言论规则",包括原则上不能发表违法违规和违反社会道德的言论,以及发表对公司看法时的注意事项,特别是在企业遇到舆情危机时,员工必须谨慎发言,按照公司统一口径对外讲话。出于保护公司和员工的目的,危机时员工尽量不要在社交媒体上发表个人言论。

新闻发言人层级

新闻发言人层级主要针对规模较大的企业。以地产行业为例,企业发言人应包括集团、区域和项目三个层级。从分工来看,集团层级的发言人负责有全国性影响的重大舆情事件,以及公司整体的业务发展、财务、人事状况的对外发言;区域层级发言人负责区域(如华北、华东、华南等,或者企业自己的区域或业务架构)的重大舆情事件;项目层级的负责与具体楼盘、物业等相关的舆情事件。

原则上,不同的发言人在自己相应层级的问题上拥有发言的权威,在非自己层级的问题上可以"推诿"。比如记者问一个楼盘的物业经理:"贵公司新财报公布的业绩显示比上季度明显下滑,你怎么看?"物业经理可以说"你应该找集团发言人谈这个问题"。同样,如果记者问集团发言人:"你们在成都××楼盘的葛大爷多次投诉小区草坪维护不当,请问你怎么看?"集团发言人可以说:"葛大爷的情况我需要向成都××楼盘核实,你可以向当地的物业部门垂询,我这里可以告诉你的是……(公司对业主的基本服务承诺)。"

在我担任通用电气中国发言人的十余年间,我特别注意在回答外媒提问时,集中针对中国业务的问题回答,对他们问及的总公司问题,其他国家发生的事件一般都要回避。公司在美国上市,在接待来自美国和其他国家的分析师时,我也会与总部投资者关系部门确定与中国相关业务的公开披露信息，保证讲出的数字与总部一致，对未来的预期不夸大也不保守。你的话可能言者无意，但听者有心，在分析师笔下如果放大，会影响股价，影响投资人利益。

新闻发言人培训

企业在明确了统一口径制度、确定了不同层级的新闻发言人之后，要为公司指定的有新闻发言人职责的高管提供必要的技能培训。

我们想象的新闻发言人培训，不是简单地逃避问题，或者"无可奉告"，而是了解媒体工作的基本原理，学习新闻发言人的基本原则，最后才是练习如何躲过记者下的"套"。

中国前驻英国大使，后来多年担任全国人大发言人的傅莹在她的作品《我的对面是你——新闻发布会背后的故事》中讲述了她最开始学习新闻发言人技巧的故事。

2008年北京奥运圣火传递期间，西方某些别有用心的势力利用人权问题向中国施压，破坏奥运火炬传递，在北京奥运火炬抵达英国之前，多家英国媒体要求采访中国大使，傅莹认为应该利用这个机会向英国公众传递中国的信息和事实。

众所周知，英国媒体以专业和挑剔著称，他们经常向被采访者提出刁钻问题。傅莹曾经在英国留学，在担任大使后对英国政治有深入的了解，知道英国政界人士有自己专业的媒体顾问。她找到曾经做过布莱尔首相媒体顾问的戴维·希尔，希尔告诉她，一定要重视专业训练这个环节。他以自己的经历为例说，如果政要准备接受5分钟的采访，之前至少要花上25分钟，针对几个关键问题反复演练；希尔会充当提问者从不同角度发问，尽可能地刁难被采访者，让被采访者从容面对，守住自己的立场，清晰表达关键信息。

当傅莹发现希尔的顾问公司价格不菲，就通过朋友找到了一家规模比较小的兄妹俩开的公关顾问公司，他们一见到傅莹，讲到中国的国际形象就说："没有见过一个国家，干得这么好，说得这么差。"

傅莹在书中详细描写了她如何接受兄妹俩的训练，包括 2008 年 4 月 1 日傅莹在 BBC《早间新闻》的首秀，顾问公司否定了傅莹按照官方语气的阐述方式，建议她把握自己的立场，不被对方的问题带跑。他们将所有应答要素像乐高积木那样拆解，可以随时打散了再组合，无论问题从什么角度提出，都可以用一两句话引到预设轨道上来。

经过反复演练，中国大使在英国电视上首次亮相，得到了很好的反响。总结时他们发现，准备好的答问要点与现场记者的提问有 70% 的重合度，这给了傅莹充分的自信和思考时间，充分体现了准备和演练的重要性和有效性。

在傅莹后来担任十二届全国人大一至五次会议发言人期间，更加充分地运用了个人学习能力、团队协作精神和相应的发言人技巧，通过中外媒体向全世界讲述了生动的中国故事，也成为新闻发言人的一个典范。

新闻发言人培训在西方国家是比较成熟的行业，大媒体记者、公关公司顾问提供新闻发言人服务时既讲述原则性知识，又针对被培训人进行个性化定制。几乎所有的政治家和企业家都会经历这样的培训。你看到电视里的美国总统竞选人辩论，用两分钟时间阐述一个完整的政策，然后接受提问，参与辩论；参加这种高强度辩论的候选人都有公关顾问的指导，出场前都经过反复演练推演。我们唯一不确定的，就是永远不按常理出牌的特朗普在参加辩论前是不是肯接受别人的指导。

我从第一次参加新闻发言人培训，到自己成为公司发言人，再到做新闻发言人培训师，中间有十余年的过程。第一次领教发言人培训，是 1998 年我刚刚加入通用汽车担任北京办事处公关经理。我的老板公关总监从美国请来一干培训师，为公司高管培训，也让我参加。我还记得培训小组的组长姓福特，但不是福特汽车公司的，这个我印象特别深。

一开始每个人分别被叫到一个小房间，摄像师摆好了机位，培训师扮成记者向我提问，开始是友好问题，你做什么工作，加入公司多久，为什么来这里工作，等等，然后培训师突然问："作为美国公司的代表，你怎么看中国目前的人权状况？""你们在中国推出的别克轿车，跟老百姓的支付能力差距很大，你们是在为官员造车还是为老百姓造车？"

我的汗都下来了，完全没准备啊。

但是一天的培训下来，了解了新闻发言人的基本原理之后，我的自信心提高很多，对刁钻问题的应对也学了一些"套路"，到第三、第四轮练习时，我基本上已经能够对答如流。

新闻发言人到底有哪些技巧和诀窍？我们在这里做一个简单的梳理。

新闻发言人基本原理

媒体视角和企业视角

企业家和公关人对于媒体提出采访的第一个反应一般都是：把问题发过来我们审一审。把自己当成主管宣传的领导，这种态度不对。当然，如果你跟记者关系很好，或者媒体有求于企业，如希望通过报道你们而获得广告投放，那么双方协商，记者只问你们老板喜欢回答的问题，也可以。

但是习惯了这种做法的企业高管会遇到几个问题：第一，在危机环境中采访你的不都是你认识的和关系好的，他们不会让你审查问题。第二，外国媒体，特别是西方媒体不会同意事先提供问题，双方只能决定基本话题，采访中经常会问到你没有准备的话题。

从专业角度，媒体的最大利益是获得有价值的新闻，新闻的异常性规则总是促使记者在采访中让对话更有趣、更深刻，得到其他媒体得不到的独家新闻，甚至为了获得流量而刻意引发争议。

从对企业不利的角度说，记者，特别是在危机环境中，特别希望你讲出有争议性的话。下一章我们谈到现场应对媒体还会具体说明为什么"记者要树立一个敌人，希望你就是那个大灰狼"。

2019年3月28日，《彭博商业周刊》发表封面文章"世界最大的外卖帝国"，报道了该刊记者对美团创始人王兴的专访。文章讲述了王兴的创业过程以及美团的成长，是一篇正面报道。但是《彭博商业周刊》中文版却从采访中抓取了一小部分内容，发布了一篇文章："专访王兴：我仍然认为马云有诚信问题"，内容是王兴谈当年的支付宝剥离事件。尽管我们都知道美团和阿里直接竞争，但是王兴也不至于在一个谈美团的专访里刻意攻击竞争对手。很明显，媒体夸大了矛盾，并以文章大标题的方式刻意呈现了这种冲突。

很多媒体人批评彭博的做法，但是这反映了媒体的视角和媒体的工作方式。

我在跟外媒记者交往时，他们总提到中国公关人的"保守"，企业公关有时会主动联系外媒给公司创始人安排专访，甚至探讨能不能上封面，花钱也行。这些熟知中国企业规则的外媒总是说，你们老板的影响力够上封面的，但是我们的报道总会有一些负面，如同撒胡椒面，可能80%的正面，但是一定有批评你们的内容，这是我们报道的原则，能接受吗？

据说，多数中国企业的公关都闪了，你看那些登上国际媒体封面的中国企业家，其实都是有勇气，有高度，懂取舍的。

从常规的报道来看，中外媒体的主要区别在于，中国媒体喜欢根据政策和行业构建故事，特别是主流媒体；外国媒体喜欢用质疑的角度构建故事，也许最终的结果是正面的。当然，对企业最可怕的是谈起来好好的，和和气气，报道出来都是负面，甚至电视采访，也可以通过剪辑掐头去尾，只播出符合他们故事逻辑的部分。

当我们谈论发言人应对危机时应该明确，我们的目标是通过对话沟通建立认同，危机不是借机引发争议制造流量的时候，发言人首先要稳，不讲错话，然后是清晰表达关键信息，再往上才是用真诚的态度与适当的修辞建立对话和认同。

用开车做比较。做发言人，第一步是安全，刚拿本的时候考官会对你说，你现在是安全的司机了。拿本上路是作为驾驶员的第一关，以后再学习更多的复杂路况处理、冰雪雨天的驾驶技巧，更高级的是学习驾驶赛车。新闻发言人也是如此。

发言人还是回答人

发言人（spokesperson）最重要的原则就在这个词里面，跟这个词对应的是回答人（answerperson）。我们要做的是发言人，不是回答人。

这两个概念的区别在于，前者是做好了准备，主动表达一个观点，在任何情况下都要表达出这个观点；后者是被动地回答问题，被问题牵着跑，被记者牵着跑。

我们设想一个场景，你是一个茶饮店经理，顾客在奶茶中吃出了虫子并在网上曝光，电视台民生节目记者赶来采访。

当你是一个"回答人"。

记者：请问你是这个店的经理吗？贵姓？

你：是的，我是经理，免贵姓葛。

记者：葛经理，这是本周第三次有顾客投诉在你们店奶茶里吃出虫子，为什么会出现这个问题？

你：这个我也搞不清楚，谁知道虫子怎么进去的。

记者：你们做了调查吗？

你：有的顾客给我们看了，是虫子，但我们不确定是从哪里来的，有的顾客拿回家发现然后晒在网上，我们更不知道怎么回事了。

记者：你们会赔偿顾客吗？

你：我要等总公司鉴定之后，由上面决定。

记者：你和你的员工要负什么责任？

你：这个要领导确定，我不清楚。

如果你是消费者，看了这段视频会有什么感受？一定是：企业推诿，管理混乱，不负责任。

而换一个姿态，把角色从被动的回答人变成发言人，可能是这样：

记者：请问你是这个店的经理吗？贵姓？

你：是的，我是经理，免贵姓葛。

记者：葛经理，这是本周第三次有顾客投诉在你们店奶茶里吃出虫子，为什么会出现这个问题？

你：我们正在调查进货和储存的各个环节，总公司和市场监督管理局相关部门也参与了调查，相信很快会有结果，我们已经给投诉的顾客免费重做了奶茶，并提供了赠饮，其他赔偿方案我们正在跟顾客协商。

记者：你和你的员工负什么责任？

你：我们会根据调查结果确定责任，但是我们可以明确地讲，公司每一个经理和员工的最重要职责是让顾客满意，现在我们要配合政府和公司的调查，保证提供健康优质的产品，并解决相关顾客的投诉和困惑，也希望广大消费者和媒体继续监督我们。

发言人和回答人，不同的角色设置，呈现出来的效果完全不同。

关键信息结构

发言人最主要的工具是关键信息，或者叫核心信息。

关键信息是以洞察为核心的内容结构，结构中的基本要素是数字、故事和金句。

2019年11月比尔·盖茨访问中国时，与央视记者白岩松有一段对话。

第九章 关键人物：发言人　233

白岩松：以您自己的体验来说，挣钱难还是花钱更难？

盖茨：这是个很棒的问题。如果你对自己如何影响世界有更高的标准，那慈善（花钱）是一件很难的事。慈善的功能是解决市场经济无法解决的问题。市场经济很重要，可以解决很多问题。但是在消灭疟疾这种领域，因为没有利润空间，所以没有公司有动力去解决这个问题，这个时候就需要慈善发挥作用，鼓励科学家在这个领域投入更多精力，弥补市场失效的领域。美国的慈善很厉害，但是只占经济支出的 2%~3%，慈善的投入很少，和政府支出或者私营企业的投入不可比，但却扮演了很独特的角色，做出很多创新，比如如何提高教育水平、如何让大学有大量研究课题。慈善事业可以帮助政府取得更长足的进步。

分析一下这段对话，盖茨的阐述体现了发言人的思维和关键信息结构。

发言人思维：不是简单说挣钱难还是花钱难，而是提出了关于花钱的洞察，这符合他作为盖茨基金会创始人和全球公益慈善人的角色。

关键信息结构：

洞察：慈善帮助解决政府和市场难以顾及的重要问题。

数字：美国的慈善投入只占经济支出的 2%~3%。

故事：如果不是慈善，类似疟疾这样不赚钱的事业没人投入；解决教育水平、大学研究问题。

金句：如果你对自己如何影响世界有更高的标准，那慈善（花钱）是一件很难的事。

再看一段阿里巴巴 2014 年 9 月 19 日在纽交所上市时，马云接受彭博社采访的一段对话，看看他是发言人还是回答人，他的关键信息是什么。

记者：您打算用募集的资金做什么，会买下雅虎吗？

马云：我不知道他们愿不愿意卖，呵呵，但是……

记者：你会考虑（买下雅虎）吗？

马云：不，我认为非常重要的一点，是我们要建立公司，不是买公司。我们要保证我们的生态系统能够帮到中小企业。任何能帮助中小企业发展的项目，我们都会考虑。

记者：你说过美国业务发展很重要，有一个时间表吗？什么时候能看见你们在美国大举扩张？

马云：我们已经开始帮助美国的很多中小企业，在加州、华盛顿州，我们在帮助美国中小企业卖美国樱桃、阿拉斯加海鲜，我们想卖更多东西。我们来这里不是为了竞争，我们是为了帮助中小企业而来。我认为很多事情需要有人去做，这样并不是竞争。

记者：有人建议阿里巴巴和亚马逊做一个合资公司，这事会发生吗？

马云：哦，真的吗？我刚听你这么说，我以前从来没听说过，哈哈。但是我会对这样的建议感兴趣。任何事情，任何人，只要是能够帮助中小企业，我们都愿意参与。

我们非常清晰地看到，马云不是简单回答记者的问题，是，或者不是，知道，或者不知道，他在利用每一个机会强化自己的关键信息：阿里巴巴致力于帮助美国中小企业。

这就是发言人的意识、关键信息的作用。

搭桥与挥旗

你可能会说，人家马云口才多好，我们怎么能练成他那样呢？ 具体来说，如果我有关键信息，准备好了数字、故事和金句，但是人家问的问题不是我想讲的，那怎么办呢？

发言人有两个重要的技巧：搭桥和挥旗。

搭桥，就是把一个不相干的问题先接过来，然后在这个问题和你想讲的话题之间搭一个桥，然后再去谈你想谈的话题。

比如你是马云，你想谈帮助美国中小企业。记者突然问：你希望共和党的总统执政还是民主党的总统执政？

如果是"回答人"，你可以说"不方便讲吧"，"这个有点敏感吧"。

但是作为发言人，你的意识里有强烈的表达"帮助中小企业"这个关键信息，于是你会主动搭桥。

先把问题接过来：总统选举确实是美国民众关心的话题。

在"总统选举"和"帮助中小企业"之间搭个桥：其实不管是哪个党派的候选人，都会关注经济发展，而刺激发展的重要领域就是中小企业。

阐述关键信息：阿里巴巴希望在美国建立一个生态系统，利用我们的平台优势，帮助美国中小企业跟中国和全世界做生意。

你看，也没有那么困难吧。

这里我们提供几个挥旗的句式，如果你是企业发言人，这些句子很可能用得上。

- 重点问题是……
- 我认为这里的关键问题是……
- 真正重要的事情是……
- 这都可以归结为……
- 人们真正需要了解的是……
- 让我们换个角度看这个问题……
- 这里真正要紧的事是……

刁钻问题的来路和应对套路

发言人在接受媒体采访时，特别是在危机状态下，面对的问题比正常情况的公司上市、开业庆典、荣获大奖等场合一定会更加尖锐。

有几类刁钻问题需要特别引起发言人的防备：

第一类：是与不是（Yes or No）问题

问：你们公司还会不会出现质量问题？

回答方法一：谈为避免再次出现质量问题而采取的措施。

例：我们对生产流程做了全面检查，引入了更全面的电子监控，加强了原材料抽检频次……

如果记者继续穷追：我就问你们还会不会再出现质量问题？

答：我相信我已经回答了你的问题。

回答方法二：换一个角度。

问：请问喝星巴克会致癌吗？

答：请参照全美咖啡行业协会的声明。咖啡有益于健康是经过世界卫生组织和无数科学实验验证的。

第二类：负面描述陷阱

问：请问你们公司是不是流氓公司？

回答方法：用正面描述，不重复负面问题。

答：我们是一家负责任的公司。（不说"我们不是流氓公司"，不要把"流氓、致癌、邪恶、骗子"这样的词跟公司名字对应）

第三类：假设万一问题

问：万一你们的新产品失败呢？

回答方法：正面谈对这件事的信心和证据。

答：让我们面对现实。新产品经过团队充分的市场调查，采用世界前沿科技设计完成，市场期待很高，我们很有信心。（不要跟着负面假设走：失败了我们就解散公司）

第四类：个人看法问题

问：你讲了半天官方立场，我知道你一直私下反对公司这么做，你个人怎么看？

回答方法：按照公司口径，作为发言人尽量不发表个人观点。

答：我想重申一下公司的观点。

第五类：将家人置于风险之中

问：你会让自己的家人乘坐 737MAX 飞机吗？（记者问波音 CEO 米伦伯格）

回答方法：（米伦伯格的回答）绝对会的。

实际上这可能不是一个好的回答，人们会觉得你为了自己的地位，连家人性命都不顾了。类似问题也会出现在食品行业，比如因产品原材料不合格导致食用后身体不适，记者问会不会让你家人吃这个产品。

我认为，更好的回答是：最重要的问题是我们的产品要符合相应标准，完成最严格的检测，让所有消费者放心，包括我的家人。

演练，再演练

新闻发言人如同企业的产品、销售、物流负责人一样，是企业的一个重要岗位，无论你是公司创始人还是高管，承担发言人的工作，就等于将公司的声誉扛在肩上，你的一举一动，每一句话，讲话的表情、语气，都牵动着公司的安危，特别是在陷入危机时，发言人所承担的压力非常人能够理解。

所以，发言人一方面要锻炼自己的硬功夫，更重要的是依靠团队，可以武断地讲，一个成功的发言人后面是一个团结、负责的团队，一个失败的发言人后面是一个懦弱、拆台的集体。发言人不是个人的秀场，而是企业总体能力的检阅。没有强大的价值观、领导力，没有高效的流程管理，一个发言人不可能在巨大压力下完成传递企业关键信息的艰巨任务。

很多中国企业家相信自己的悟性，认为讲话都是随心随性而来。但是，真正的沟通大师，都理解刻意练习的力量。

通用电气前 CEO 杰克·韦尔奇每次参加分析师会议、财报发布会等重要活动之前，都要花半天时间与他的讲话稿作者反复演练，他会把关键信息、相应的数字、故事、金句讲一遍，问坐在台下的讲话稿作者，你觉得我讲得可以吗？数字用得合适吗？哪一个要点太弱了，哪一个故事要加强？

演练的结果通常都是公司股票的大涨。韦尔奇非常喜欢这个方法，在所有的对外沟通场合都要专门准备，有时候因为在台上讲了一句比巴菲特更精彩的话而得意不已。这些故事，都记载在一本叫 *Jacked Up* 的书里，作者是为他写了 20 年演讲稿的助理比尔·雷恩。

马云在阿里上市时那段精彩的采访，也是经过精心准备，并非依赖突发感悟、奇思妙想。

如果你觉得自己比韦尔奇、马云、克林顿、傅莹更懂得传播，可以拒绝演练。

本章小结

- 新闻发言人在危机中承担着维护企业形象、倡导对话、建立共识的任务,发言人以文字、形象、声音呈现的对外传播,具有不可替代的作用。
- 新闻发言人体系包括:统一口径制度、发言人层级和发言人培训。统一口径制度保证全体员工在危机时在一个共同原则的基础上对外发声而不是各行其是;发言人层级在大公司为不同岗位的发言人明确分工、协同作战;发言人培训是企业为指定的发言人提供的不断更新的知识和技巧提升工具。
- 发言人与回答人有本质的区别:发言人积极主动表达关键信息;回答人消极被动地回答问题,被问题牵着跑。
- 发言人的基本职责是传播企业关键信息。关键信息的结构是一个带有洞察的核心观点,辅以数字、故事和金句的支撑。传播关键信息的技巧是搭桥和挥旗。危机中需要注意的是五种有挑战性、容易陷入误区的问题,包括:(1)是与不是问题;(2)负面描述陷阱;(3)假设万一问题;(4)个人看法问题;(5)将家人置于风险之中。
- 发言人不是单纯的个人能力,必须依靠团队。发言人除了掌握基本技巧,还应充分演练,不断提升。

• 思考题 •

1. 读完本章以后，关注一下"外交部发言人办公室"这个微信公众号，看一下当天或者头一天的新闻发布会内容，找出一个你觉得发言人可以提升、有更好回答的问题，如果你认为没有更好的回答，为什么？

2. 找出一段你佩服的企业家接受媒体采访的片段，根据我们提到的发言人技巧，指出这位企业家表达的关键信息是否清晰完整，可以怎样提高。

3. 什么情况下发言人可以说"无可奉告"，企业发言人为什么不应使用这样的语言？

第十章
媒体应对：收敛与主动

危机发生后，网络会充斥各种声音，信息加料、情绪宣泄、中肯批评形成一波又一波舆论浪潮，企业忐忑地盯着实时更新的热搜榜，眼看着下去了，不知谁又公布了一个新的爆炸新闻，企业再次冲上热搜，舆情再次燃起，网友激动异常，企业叫苦不迭。

作为危机的一方，你悲愤大喊：一定有背后操纵。是的，公关战不可避免，你出了事，有人在后面推了一把舆情，在不违法的情况下让你进一步难堪，只能任打。我们无法灭掉背后的"黑手"，也无法控制公众的情绪，能做的，是控制可控的因素。

危机中自己可以掌控的是：基于核心判断做出的对外声明，企业为解决危机采取的各项行动。

在可控和不可控之间的是：员工及企业权益相关方的行为。

不可控的事件包括：攻击者行为，媒体报道，监管部门措施，网友评论。

本章我们主要讨论应对不可控事件中最大的变量，媒体行为对危机的影响。

现场媒体：专业应对

我们在第一章"危机触发"中谈到过主流媒体对危机爆发和蔓延的作用。现在我们具体分析一下，危机后媒体与企业的互动行为如何影响危机的走向。

在我的上一本书《品牌公关实战手册》中讲过一段我自己的经历。在我去一家《财富》世界 500 强公司面试的时候，CEO 问我："如果我们工厂出了生产事故，电视台记者到厂门口了，保安说不能进去，记者说非要进去，不惜硬闯，你作为公关经理，应该怎么办？"

我是用这个问题说明公关需要随机应变处理复杂事件，但是很多读者问我，那到底应该怎么处理呢？让不让记者进来呢？你没说啊。

其实，回答这个问题还需要其他条件，事故是否严重，人身安全方面是否允许外人进入，公关人员是否可以在 5 分钟之内赶到现场，等等。不过，原则上，建议保安要心平气和地阻止，用双手张开的方式阻止记者的进入和拍摄，而不要用手遮挡镜头，要与企业公关人员保持电话沟通。

其实也没有什么更好的办法。

矛盾的焦点在于，企业发生危机后会引发公众情绪，群体总是代表正义的，而媒体最简单的姿态，就是站在"正义"一边，去谴责"邪恶"。

所以从现场媒体的角度看，他们最希望让自己的观众／读者看到的，就是自己是正义的化身，代表愤怒的公众跟大灰狼斗争。

这种情势下的企业，要做的不是让大灰狼一下子变成小可爱，而是让人人憎恨的大灰狼看起来不那么凶狠。

这样就产生了危机中应对现场媒体的原则：

1. 避免与记者冲突。

2. 礼貌接待，不卑不亢。

3. 一线员工迅速呼唤公关人员。

主流媒体的记者都非常专业，会坚守自己的底线。但是从我个人以前做记者的经验来看，记者是渴望冲突的，那种代表正义惩罚邪恶的感觉，不在那个位置很难体会到。我喜欢做正面报道、深度采访，但是遇到批评报道，特别是跟批评对象斗智斗勇时，会觉得激动、紧张又刺激。

可是当我的角色从记者转到企业公关，那种颠倒的感觉也是挺有意思的。

20年前我刚刚离开新华社加入生力啤酒公司做公关，刚刚上班三天，公司就遇到了一次声誉危机。当时公司与中国奥委会签约成为合作伙伴，作为回报，公司将中国奥委会标志——国旗加五环印在酒标上。那时候员工很自豪，消费者也很喜欢，一时销量大增。

但是一家央媒报道，某公司公然违犯《国旗法》，将国旗图案印在商标上，而且记者在餐厅看到，桌上横七竖八的酒瓶，有的掉在地上被人踩，国旗就如此被践踏。

那个时候网络还不发达，要放在今天马上进热搜，但还是有不少媒体跟进报道。早上我刚刚来到办公室，前台就来电话，说有北京电视台三名记者来采访，你赶紧过来一下。

我跑到前台，看到三名访客，首先注意到一台摄像机对着我，录像开启的红灯亮着，我一下子心绷紧了，脸上还要试图放松。

这里插入一个问题：当电视台的镜头对准一名陷入危机中的企业的公关经理，公关经理应该笑还是哭？

我们习惯了微笑服务、热情接待，但是这时候不能笑，你的笑脸会被媒体解读为"这家企业玷污国旗还觍着脸笑，简直恬不知耻"。

那如果哭呢？"这家企业玷污国旗，哭就完了吗？他们根本没有意识到向全国人民道歉、改正错误才是最重要的。"

上小学的时候，老师也是这么训你的。

我不知道应该怎么描述"诚实的严峻的"表情，要体现对这个问题的震惊、重视、反思，所以简单地说，危机中对着电视台摄像机，不哭也不笑。

伊丽莎白·泰勒拍摄《埃及艳后》最后一个赴死镜头前问导演："我应该用怎样的表情？"导演说："什么表情也不要。"结果这个镜头成为经典。

我跟电视台记者介绍了自己，我大致说了这些："欢迎你们来采访，我是公司公关经理李国威，你们是为了商标的事来的吧，这个事情我们正在跟有关部门沟通，现在没有什么特别可以公开的信息，我也刚刚来公司几天，也在了解熟悉公司各方面情况。你们挺辛苦的，我们到会议室坐下来聊聊。你们喝点水吧。哦，对了，咱们先交流一下，能不能先不要拍摄了。"

这些话有几个要点：

1. 建立一种友好气氛（大灰狼不那么可憎）。
2. 明确表示无法提供实质信息。
3. 说服记者不要继续拍摄。
4. 保证自己说的每一句话都是废话（没有引用价值）。

最后一点非常重要，记者既然来了，绝不想空手而归，总是希望抓走一些素材。既然已经开始拍摄，突然让人家停机不礼貌，而且会引发冲突，冲突和异常是现场记者最想看到的。作为一线人员，你必须讲话，但是公司政策不明确，没有那个准备好的"关键信息"，在采用这种临时应对措施时，第一是不要讲错话，第二是尽量不要让自己讲的话被媒体引用。既然都是废话，他们也就不会采用。

当然，临时措施并不能让企业免除风险，在送走了三名记者后，我还是通过关系与电视台节目负责人取得联系，希望暂时不要播出。与此同时，公司市场部、法务部与中国奥委会紧急联络（这对中国奥委会也是一个危机），最后国家工商管理总局广告司认定，这不适用于国旗法，而是一个广告法问题，当然我们认为这样辩解对公众毫无作用，反而可能引发更多批评。

问题的根子在于刚刚建立市场机制的中国奥委会相应的配套措施还没有完整建立，这一事件后，中国奥委会推出了商用标志供赞助商使用，商用标志中有奥运五环但是没有国旗图案，"五环+国旗"的官方表示只有在正式场合，包括中国运动员奏国歌升国旗的场合才会使用。我们公司的舆情危机在政府部门的帮助下逐渐缓解。

回到应对现场媒体的几个原则，在避免冲突上，除了一线人员控制住自己的情绪，还要特别警惕在现场由非企业人员引起的冲突。

在某些行业，用户拉横幅抗议的情景经常出现，记者有时会赶到现场，自媒体时代拿着手机和摄像机拍摄的人，你搞不清他们是央视的还是省电视台的还是隔壁老王家儿子的自媒体，所以首要任务不是把拍摄者赶走或隔开，而是在现场营造避免冲突的氛围。

在房地产和汽车行业，有时候消费者的投诉比较激烈。有这样一个真实事件，我们看看中间出了什么问题。

某市地产商 A 公司开发的楼盘，因位置好吸引了很多外地客户购买，但是交房两年，开发商迟迟不给住户办房产证，业主比较着急，有的需要用房产证为孩子办理户口、入学等事宜。

这天，一些业主在售楼处抗议，该市电视台记者前来采访。我们在电视台播出的节目中看到：

- 一位业主情绪激动地跟开发商工作人员辩论，眼部有明显伤痕。
- 激动的开发商工作人员指着这位业主的鼻子，厉声说我没有打你。
- 记者在拍摄开发商与业主冲突时，"突然有三名开发商工作人员上前拍打并抢夺记者的摄像机，阻挠拍摄"。
- 开发商工作人员大声说你们怎么可以到我们单位随便拍，"我可以告你"。
- 记者被多名工作人员围攻，很快记者的摄像机和手机都被对方硬生生地抢走，工作人员"还对记者进行恐吓"。
- 镜头中显示有人摔倒在地。
- 记者报警，民警赶到，将冲突各方带到派出所。
- 两名女记者有不同程度受伤。
- 电视台强烈谴责开发商。

从这些描述中，我们可以看出开发商的主要问题是：没有在现场控制住情绪的升级。不管业主说了什么，做了什么，开发商工作人员怒气冲冲暴跳如雷的样子都为危机埋下了巨大的炸弹。

而偏偏又有媒体在场，工作人员又直接与媒体发生了冲突。

不冷静的情绪状态必然导致冲突。

冲突一旦发生，责任就很难分清。

在责任难以分清的时候，掌握话语权的媒体就有对事实和真相做解读的优势。

两人打架，谁先动的手很难说清，一方说你指着我鼻子碰到我鼻子了，另一方说我没碰你，后面的人推了我一下才碰到你的。

我们在前面章节中提到的上海仁济医院赵医生和患者家属冲突，谁先动的手，警察也没特别说明。

我们可以去问问一线的民警，处理打架事件的时候，是不是谁都说是对方先动手的。

我们不是说媒体缺乏道德，但是每次我读到"一群黑衣大汉突然袭击了我们""我在心平气和讲述我买到的产品问题，厂家代表突然对我大吼大嚷，让我滚出去"这样的文字，总是心存疑惑，你们一定忽略了中间某些细节。

但是这种描述符合公众的心理：大灰狼是邪恶的，它会突然咬你。

所以，大灰狼即使在现场被打了，也不要当场就咬人，而应当尽全力消除现场的对立和冲突气氛。

与记者的直接冲突不可取，与任何人的直接冲突都不可取。

我曾经为一家企业做危机管理培训，当时正好因为产品问题，一些老年消费者在这家公司门口每天静坐抗议。培训当天公司领导说，我让保安队长也来听听。我说我的内容都很"虚"，帮不了队长啊。后来我跟队长说，就一个原则：不要跟任何人冲突。避免冲突的前提是不跟任何人有肢体接触，特别是对大爷大妈，如果你要扶他他却摔倒了，被人拍下来就是你的责任。

人员都交代清楚了，警戒线设了好几道，警察来了但是远远地不干预，这时候你还要抬杠，说大爷大妈向保安冲过来怎么办？那我也没办法了，问警察叔叔。

从一线的前台、保安，到每天上下班的员工，到企业发言人、董事长，都有应对现场媒体的任务。企业发生危机或争议期间，记者会蹲在厂门口堵着员工采访，我在做企业公关的时候，工厂说有记者拿着员工的工牌混入厂区采访。这样的事情听起来有些久远了，现在的人脸识别技术，一个生人也混不进去。

我们在上一章的思考题里问过大家，为什么企业发言人尽量不要说"无可奉告"？因为这样说，给人态度不好、搪塞，甚至有意掩盖的感觉。

公司出了财务造假丑闻或争议，董事长早上一下车就被记者围住："请问董事长如何看待媒体报道的贵公司造假问题？"

只有在一种情况下可以说"无可奉告"，就是董事长非常清楚是被人黑了而且证据确凿，但是现在还没有到公布证据的时机。

多数情况下，董事长或者发言人如何做到既什么都不告诉人家，又显得态度不那么差，不那么大灰狼呢？

"我不知道""我不想说""滚一边去""我烦着呢"这些你心里想表达的情绪，在记者面前要软化三个以上层级，变成：

"我们现在没有更多可以公布的信息，谢谢大家的关注，我们保持联系。"

董事长想表达一点关爱，说："记者朋友们辛苦了，喝点水吧。"记者会说："你就想着让批评你的记者喝点水，你知不知道那些被你们伤害的消费者多么无助，他们连水都喝不下去吗？"

唉，大灰狼，你就是大灰狼。

日常媒体关系：理性交往

遇到危机的时候，企业除了迅速行动纠错之外，经常有一种强烈的情绪：委屈。为什么那些平时帮我们说话的媒体、用户、政府领导，现在都闪了呢？

记得吗，当年滴滴顺风车出事，全网一片骂声，如果你想说"我觉得滴滴还是给用户带来很多方便的"，会有被人猛喷的风险。

出现代孕争议的明星，突然被全网围攻，那些看过明星作品的观众、明星的粉丝哪里去了呢？而发微博挺这位明星的另一位明星朋友，也悄悄删了帖。

我们会在后面专门讨论舆论的特点。而当我们在危机中面对媒体的围攻，总是会想，我们花这么大精力建立的媒体关系，还有那些投放过广告、有过商业合作的媒体，怎么才能让它们来帮一把呢？

我们要强调一下，不是日常的媒体关系没用，而是要为那些友好的媒体在我们的危机中创造帮助我们的机会。

这样的机会有以下几个：

1. 帮助我们传播企业正式声明。
2. 用书面采访方式与企业高管对话并发布对话新闻。
3. 发布"对冲"新闻，报道在危机过后企业的正面新闻。

在你深陷危机时，如果有媒体出来说"我们报道过这家企业，董事长是好人，他们公司不可能干这样的事"，媒体会被扁死。

但是媒体可以用客观报道的方式，传播企业的关键信息。

企业声明：尽管企业在官网官微上可以发布声明，但是主流媒体的影响力更大，传播范围更广，搜索权重更高。企业危机不一定都是万众瞩目、连上热搜的事件，有些事情可能传播并不广泛，但企业深感形象受损、不堪回首，如果主流媒体报道了企业声音，将来在人们搜索这个事件时，首先跳出来的就是主流媒体的报道，而不是其他人对你的批评和谩骂。

书面采访：书面采访可以补充企业声明中表达不充分的内容，可能通过一问一答的方式，让公司表达事件背后的原因、自己的思考，甚至自己的辩解。我们在前面章节中提到的"水滴筹"扫楼事件，企业就用了这样的方法。我一直强烈推荐这种做法，而很重要的前提就是你跟这家媒体要有良好的日常关系，双方有基本的信任，甚至媒体发布的内容都经过企业的认可。

对冲新闻：发布对冲新闻有极大的减轻危机压力的好处，但前提一是企业与媒体的关系程度，二是对冲新闻要有比较大的新闻价值，给主流媒体一个发稿的专业化理由而不是单纯靠关系。这方面的例子太多，为了不引起大家对主流媒体的争议，我们在此不详述。

媒体关系是一个很大的话题，每个公关人都逃不过，现在大家最大的困惑是媒体总是寻求"合作"，给人感觉不花钱就没法做媒体关系。

有钱当然更好，可是我自己的经历告诉我，没钱的时候，我的媒体关系更好做。

我在通用电气工作 15 年，主管中国业务的品牌、广告投放、赞助、公关、员工关系和企业社会责任。在 2008 年北京奥运会前后，品牌广告投放的预算比较高，当然投户外比较多，主要是机场、廊桥，但是新闻媒体的投放也比较多。我的感觉是，广告预算多的年头，媒体关系特别不好做，因为媒体跟你交往总是有目的性的，一个类别的媒体有三家，你投了一家，另外两家跟你急，你投两家，第三家跟你急。企业的投放永远不会让所有媒体都满意。所以我特别怀念预算特别少的年头，跟媒体一摊手，看看，今年真的没费用，跟你关系好的记者怎么说呢，没钱就不理你了？不至于。

如果不考虑品牌发展、营销获客这些目标，单从声誉管理、危机管理的角度看媒体关系，我认为需要重视下面几类媒体，如果有费用的话，不妨考虑他们。

1. 有选择的央媒，如央视、新华社、人民日报下属的客户端和新媒体账号。
2. 政治影响力在央媒之下，市场影响力足够大的新浪、搜狐、网易、凤凰网、新京报、澎湃新闻等。
3. 财经类媒体，如中国经营报、经济观察报、界面新闻等。

这些媒体的结合基本上可以为你构建一个危机中的传播信誉体系。所谓信誉体系，就是信用背书，这些平台上发布的关于企业的信息是权威的、被公众充分认可的，比你自说自话有力得多。

自媒体关系

很多企业认为，造成企业危机的根源不是产品问题，不是经营问题，而是自媒体。但是自媒体为什么跟企业过不去？他们认为有两个原因，一是自媒体写负面新闻然后向企业要钱；二是自媒体被竞品"收买"刻意攻击我们。

如果八卦下去，企业会谈起某些行业的自媒体比较"黑"，某些城市的自媒体比较"野"。自媒体已经成为舆论场的一个重要的生态，在很多情况下，自媒体的影响力丝毫不亚于主流媒体，而且，有不少主流媒体的编辑记者自己开的自媒体号，有时候比自己服务的机构媒体影响力还大。

在企业公关的媒体名单中，现在一定要有一个行业自媒体名单。维护这些媒体的关系与其他主流媒体没有根本区别，都是提供专业服务、帮它建立行业地位，以及提供费用支持。

现在企业大型的媒体活动非常复杂，有时一边是正襟危坐的央媒和行业媒体五六十岁的资深记者，另一边是嬉笑怒骂的年轻自媒体，还有一角，甚至占主要位置的是网红主播。

媒体人往往自视清高，瞧不起其他圈子，所以做媒体关系最重要的是给这些记者面子，这是老一辈公关人的经验。其实现在行情也有很多变化，有些记者特别是自媒体也不需要那么周到的服务。有时候我自己作为自媒体参加活动，公关公司小伙伴一步不离地跟着，我也不好意思。有位以前是甲方公关现在做行业自媒体的年轻人跟我说，自己做公关伺候这些媒体，现在他们一口一个老师地喊我，又是接机又是陪吃的，没必要，只要给钱我一定会把稿子写好的。

媒体关系讲到一定程度就进入八卦模式，我爱八卦，不过还是到此打住。

最后我们谈一下对自媒体特别难办的部分——跟它们对峙。按企业的话说就是如何"搞定"自媒体，别再黑我们。

还是要分两部分，一是建立应对自媒体攻击的体系，二是用个人关系"搞定"他们。

如果你的企业到了一定的规模，你的影响力到了值得被人攻击的程度，就需要建立应对自媒体攻击的体系。

什么叫值得被人攻击，我们可以不完全地看下面几个因素：

1. 你的规模在行业即将进入或者已经进入前三。
2. 你有明确的竞争对手。
3. 你有重大业务计划，比如颠覆性新产品发布、准备上市等。
4. 你公司的人事纠纷让当事人很痛苦。
5. 你很长一段时间都觉得太顺利太得意了。

第五条的意思比较模糊，当然不是说你中了彩票，买了豪车，生了二胎，而主要是讲你的业务进展太顺利，这也许来自好的产品、好的机会，或贵人相助，但是我们一定要记住，"生意是从竞争对手那里抢来的"。你可能感觉不明显，但是你业务的顺利进展一定会让某些竞争对手极为难受。

面对市场劣势，有的企业发奋图强，有的用暗器伤害对手，更多的，也许是未来的趋势，是一边发奋图强做好自己，一边施用暗器伤害对手。就像《三体》中的黑暗森林法则，每一个文明都是带枪的猎人，谁也不知道对方是否友善，稍有迟疑自己就可能被干掉，所以最好的办法是直接干掉对方，以保证自己的安全。

应对自媒体攻击的体系包括：

1. 舆情监测体系
2. 自动投诉体系
3. 法务干预体系
4. 政府举报体系
5. 法律诉讼体系

舆情监测体系。可以通过外部服务公司和内部资源两种路径。如果你想在公关战的情报战中占据主动，不仅要及时知道攻击你的内容，还要了解攻击者的背景，也就是负面文章内容的作者、公司和相应的社会关系，是否为竞争对手写过营销软文，总体的态度如何，等等。

自动投诉体系。可以迅速对无端形成的负面舆情做出行动反应，对有恶意攻击、造谣诬陷嫌疑的文章和内容，组织资源向该内容发布的平台提出投诉，对内容发布者提出警示。当然，如果攻击者是有备而来，这种投诉根本不起作用，但是在多数情况下你还是可以找到攻击者的漏洞，比如明显的事实错误、用词中含有诋毁名誉的语言等，以此为理由向平台投诉。

法务干预体系。需要企业的公关和法务部门密切配合。多数互联网大厂都有这样的制度，面对自媒体攻击，法务部会迅速根据模板出具律师函。这是比平台投诉更高一级的反应。同样，有备而来的攻击者可能不为所动，但是大厂强大的法务体系，具有震慑力的潜在赔偿数额，有可能让攻击者有所收敛。

政府举报体系。遇到比较严重的恶意攻击，企业可以向网信、公安等部门举报。这方面的政策企业应该深入了解，知道如何保护自己。

法律诉讼体系。如果上面方法对攻击者都不能奏效，那只有走法律诉讼。法院起诉对大公司比较适用，大公司资源丰富，经验丰富，一旦获胜，对其他攻击自己的自媒体也有很强的震慑。

但是，大公司跟自媒体对峙一旦失利，不但伤及企业形象，也会潜在鼓励更多的攻击者加入。

在自媒体崛起后很长的一段时间里，大公司跟自媒体打官司都是公司胜，直到 2017 年 6 月 2 日，南京市玄武区人民法院做出一审判决，对途牛网起诉自媒体人于斌侵犯名誉权一案，驳回了途牛网的全部诉讼请求。

这是比较有影响的大公司与自媒体打官司败诉的首案，影响极为深远,此案之后发生了一系列大公司对自媒体的败诉案。一方面,这说明我国法律制度更加健全,更加保护公民言论自由;另一方面,也说明自媒体积累了更多的自我保护的经验,在与企业对战中开始占据部分主动权。

我们根据媒体的公开报道,简单回顾一下途牛网和自媒体人于斌的这场官司。

途牛网在起诉文件中称,于斌自2012年4月开始,在互联网平台上发布了多篇文章抨击原告的发展前景、产品和服务模式、财务状况、人事管理制度,以及旅游者的投诉纠纷等问题,并呼吁公众不要购买途牛网的旅游产品。途牛网认为这些内容侵犯了自己的名誉权,为企业造成巨大损失,要求于斌删除文章、登报道歉,并赔偿经济损失200万元。

而于斌则表示,自己发布文章是基于法律赋予公民的言论自由权,文章中引用的数据都来自公开数据,发布的信息都有明确的来源,文章中的评论客观中立,不存在侵犯名誉权行为。

我们来看一下于斌发布的部分关于途牛网文章的标题:

《网友参加途牛旅游网两日游后称再也不敢选途牛》
《途牛旅游网加班严重导致员工流失率高》
《途牛旅游网股价不过是虚假繁荣》
《看完这些悲剧,你还敢选途牛旅游网吗?》
《途牛旅游网不注重产品和服务,股民的钱都去哪儿了?》
《CMO离职,途牛旅游网出了什么问题?》
《途牛旅游网用户事故频出,回归商业本质才是正道》

法院在判决书中表示,本案中,原被告争议的焦点有两点:一是涉案文章涉及原告的内容是否严重失实;二是涉案文章中是否存在以侮辱、诽谤等方式损害原告名誉的情形。

途牛网认为，于斌有选择地过滤信息，只选择呈现途牛网的负面信息。其实，这一点我们也看到了。这样做，确实让人怀疑自媒体的动机，但是，这样做犯法吗？

于斌是一个有丰富经验的媒体人，他的文章中所用事实、数据，确实都有根据，而所谓"主观的负面的"评论，也是个人的权利，个人不能因为批评企业而获罪，正如你想在网上说："我认为阿里巴巴业务模式有问题""我认为腾讯的路错了""字节跳动不过是在忽悠投资人"，这些公司可能不喜欢你，但是只要你没有"严重失实"，没有"侮辱、诽谤"，在法律上你有权利讲话。

你再把于斌批评途牛的文章标题中的"途牛"改成自己公司的名字，看看你有没有理由质疑于斌或任何自媒体。

假设你的公司叫哈士奇。

《网友买了哈士奇公司产品后称再也不买哈士奇了》。肯定有这样的用户的。

《哈士奇公司加班严重导致员工流失率高》。你说公司流失率不高，但人家拿出一些流失率比你低的同行数字，说你高你没脾气。

《CMO离职，哈士奇公司出了什么问题？》。你们总有高管离职吧，你们总有问题吧，批评你们不行吗？

关于事实的选择，你只能质疑道德，无法诉诸法律。

• 本章小结 •

- 当你陷入危机，媒体代表正义，你代表邪恶。媒体赶到现场代表正义审判坏人，你需要摆正心态，尽量显得不那么可憎。
- 危机中一线员工应对现场媒体的原则是：避免与记者冲突；礼貌接待，不卑不亢；一线员工迅速召唤公关人员。
- 公关人员和发言人面对现场媒体，要建立友好气氛，在公司政策不明确时避免与记者讨论实质问题，多说带来更多风险。
- 建立日常媒体关系，在危机中寻求主流媒体帮助企业，传播正式声明，安排书面采访，发布对冲新闻。
- 危机中应对自媒体，除了建立个人关系，一定规模的企业需要建立应对自媒体攻击的体系，包括：舆情监测体系、自动投诉体系、法务干预体系、政府举报体系、法律诉讼体系。

• 思考题 •

1. 一群消费者在你公司门口举横幅维权，一些媒体在拍摄，夏日酷暑中一位维权大妈晕倒，公司保安问你，要不要过去帮助，你有什么建议？

2. 如果你遇到途牛网这样的连续自媒体攻击，内容和方式类似，你知道官司很难打赢，你会选择怎么处理？

3. 公司一次大型活动邀请了很多媒体，有一位行业资深的 50 岁的自媒体老师，还有一位新华社地方分社刚刚参加工作的年轻记者，第一排主要座位中还有一个位置，你会给这两位记者中的哪一位？

第十一章
危机边界控制

危机发生后，企业管理层第一个念头往往是灭火，包括迅速与投诉人沟通提出和解方案，安排对网上负面新闻做平台投诉、要求删帖、内容对冲等等。但是在制订危机管理方案时，还需要特别注意危机的边界控制，判断灭火无效、危机蔓延的可能性，以及危机蔓延可能的方向，从策略的高度对危机做出管控。

危机的三个维度

我们将引入一个危机边界的框架，简单来说，危机分为产品、道德和政治三个维度。我在与企业大量的交流中，一度把"法律"作为第四个维度，但是我们希望危机边界的框架更简单一些，另外，法律问题往往是由产品或道德的某一个要素引起的，打官司只是危机爆发和最终解决的一种方式。

三个维度顾名思义，不用解释，我们划分维度，不是为了学术研究，而是为企业决策者分析危机走向提供一个思路。

- 一个危机可以表现为产品、道德、政治三个维度中的一个。
- 三个维度可能有某种程度的交错,交错越广,危机的程度就越深。
- 将危机尽量控制在单一维度。

将危机局限在单一维度

我们用影响比较大的一些危机为例:

滴滴顺风车事件(道德、产品)

货拉拉女乘客坠车事件(道德、产品)

辛巴直播"假燕窝"事件(道德、产品)

杜蕾斯因内涵广告被罚 81 万(道德)

饿了么、美团回应《外卖骑手,困在系统里》(道德)

苹果确认部分降噪耳机出现声音问题(产品)

理想汽车为起火事件道歉(产品)

波音 737MAX 质量事件(产品、道德)

上汽大众回应帕萨特 A 柱撞断问题(产品、道德)

故宫回应闭馆日"车入故宫"事件(道德、政治)

华大基因辟谣"基因编辑 58 个婴儿"(道德)

NBA 火箭队莫雷言论事件(政治)

韩国乐天超市退出中国(政治)

D&G 就辱华言论道歉(道德、政治)

滴滴、美团、拼多多、阿里"社区团购"被《人民日报》点名(政治、产品、道德)

海尔回应"午休开除门"(道德)

明星郑爽代孕事件(道德)

联邦快递"误送"华为快件事件(道德、政治)

山东大学回应留学生伴读事件(道德、政治)

我们可以看到大致的一种趋势，即单一维度的危机比跨维度的危机相对容易。因此我们有必要有意识地将危机控制在一个维度，避免在三个维度之间互相蔓延。

我们简单看几个案例。

2020年苹果 AirPods Pro 耳机出现降噪功能失灵，爆裂声和静电噪声引起消费者投诉。苹果发表声明证实产品有问题，宣布消费者可以前往苹果授权服务商免费维修。这属于简单直接的产品危机。

即使是威马、理想汽车起火这样听起来比较严重的事件，仍然属于纯粹的产品危机，企业都做了及时有效的处理，危机并没有长时间扩散。

而上汽大众帕萨特A柱门事件，持续时间就比较长，影响相对广。事情起因是帕萨特在2019年10月中保研的碰撞测试中A柱断裂，在参与测试的41款车中正面25%偏置碰撞测试排名垫底。这本来是纯粹的产品危机，但是一些媒体指责帕萨特"双重标准"，其美国版在碰撞测试中全优，说明"对中国老百姓不负责任"，将产品问题引申到道德层面，从而加剧了上汽大众危机处理的难度。本来，如果是产品自身的问题，厂家做出改进就好了，但是在道德维度上，即使上汽大众宣布了产品提升方案，还是有媒体质疑"既然改进，说明以前的标准有问题，以前就是在中美市场之间实行双重标准"。

危机维度的蔓延，从而造成危机管理更大的挑战，源于媒体和公众对单一事态的积极联想，这与我们从小被培养的思维方式有关。一篇文章很美，考试一定要问文章在暗示什么、主张什么、批判什么。本来下雨就是下雨，但是下雨一定要"渲染一种悲凉的气氛"，寓意即将面临更加艰巨的任务。

这同样也是媒体，特别是新闻评论员的思维方式，"以小见大""宏观思维"，在全民衬托下，企业一个单一事件被扩展的可能性越来越高。

像2019年1月一女子开大奔在故宫太和门外拍照炫耀，引发从官媒到网民的全面声讨。换作一般地方，车停在一般人不能进的地方，顶多是一个小小的特权问题，但是放在故宫，特别是在故宫多年宣传中强化的"国家元首也不能把车开进故宫"背景下对比格外强烈，一个简单的道德事件被迅速戴上大量的政治标签，"特权思想""文化遗产保护""规则面前没有撒欢儿的特权""一查到底"。

根据故宫博物院院长本人的公开回应，事发当天的1月13日，有一个故宫博物院批准的闭馆日活动，有200多人参加，因原定停车场车位已满，相关部门引导车辆停放时，临时改变停车位置，未严格执行报批的接待方案，将原定的西华门内西河沿停车场，变更为午门内金水河南侧临时停车场。这个"午门内金水河南侧临时停车场"就是开大奔女子拍照炫耀的地方，也就是说，奔驰女停车的位置是合法的。

我们这里绝不是抱怨或指责来自媒体和公众的批评，故宫进车是一个极为敏感的事情，故宫博物院由对外宣传形成的公众期待与自身管理的严格程度之间差距太大，本身早已构成舆情风险。

2019年7月山东大学学伴事件，本来也是一个道德维度的危机，但是后来被提到政治高度。为海外留学生安排学伴（buddy）本来是教育、企业管理中常用的方法，但是山东大学或者出于目的偏移，或者宣传材料表达不当，在学伴报名表中将"结交外国异性友人"作为选项之一，网络曝光后引发轩然大波。最后山东大学出面道歉，对"结交外国异性友人"引发的不良影响深表歉意，并指出项目开展以来一直受到中外学生的欢迎，"不存在一名男留学生对应三名女性学伴的情况"。

这件事被延伸议论的结果是上升到了对外关系层面。据央媒报道，在2019年7月15日外交部新闻发布会上，有记者提问，最近在山东大学发生了"学伴事件"，事件发生后网上出现了一些歧视非洲留学生的言论，你对此有何评论？

外交部发言人耿爽回答："你提到的针对非洲留学生的言论我没有看到过。我能告诉你的是，我们欢迎外国留学生来华学习进修，这对促进中国同有关国家之间的相互了解、增进两国民间友好具有积极意义。"

耿爽强调，外国留学生也是外国公民，他们在中国应当遵守中国的法律法规，同时他们的各项权利和自由也会依法得到保障。

上面提到的，都是危机爆发后出现的自然蔓延，人为作用很难堵住。在可以控制的范围，阻止危机从一个维度向另一个维度扩散非常重要，也相对可行。

2020年6月，开创了"鲜炖燕窝"新品类，近年来在燕窝消费市场异军突起的小仙炖遇到了一次危机，起因是一家名为"佳明佳北京绿色食品科技公司"的微信公众号发布声明称，在控股股东不知情的情况下，小仙炖公司公然使用其名称及食品生产许可证信息，以"委托声明人加工"名义大肆销售"小仙炖"品牌鲜炖燕窝。

小仙炖随后发表声明，指出小仙炖与佳明佳签署了正式委托生产加工合同，合同期限为2016年12月1日至2019年11月30日。小仙炖与佳明佳存在委托生产加工合作关系，并向佳明佳按约支付了加工费用。按照双方约定，小仙炖协助佳明佳办理了燕窝生产资质，获得了生产许可证，小仙炖燕窝一直在食品药品监督管理局等主管部门监督下合规生产。导致这一纠纷的原因是佳明佳股东变更后经营理念与原股东不一致。而小仙炖在与佳明佳委托加工协议终止后已于2019年将工厂搬至现在的河北廊坊，产品全部自行生产。

这看似是一个法律官司，双方进行了互讼，标的高达数千万元。按照我们对危机的分类，这属于"冒用资质、损害名誉权"等道德问题引起的法律纠纷。但是很快在网上出现了小仙炖产品在"黑工厂""黑作坊"中"非法生产"这样的议论，目标直指小仙炖的产品。此时小仙炖的危机公关策略就非常明确：保卫核心产品，防止危机从道德维度向产品维度蔓延。

小仙炖的产品保卫战包括：

- 客服端诚恳应对用户质疑，不争执法律问题，只强调产品合规生产，检验合格，向用户出示产品检测合格证书。
- 配合政府部门针对舆情做了新一轮产品检测，并及时将检测结果与用户沟通。
- 接待政府领导视察小仙炖廊坊工厂。
- 接待主流媒体在廊坊工厂做采访、直播，展示先进的生产工艺、严格的原料选择程序。
- 与行业协会、权威机构、高校和产业链上下游头部企业合作，加快起草《鲜炖燕窝良好生产规范》，并与 2021 年 3 月 1 日将之作为国内首个鲜炖燕窝生产规范标准予以公布，进一步提升行业影响力。

在围绕小仙炖产品合法性的争论中，媒体也报道了专家的意见，一些专家认为，燕窝行业过去零散化发展，委托生产可以避免重复性建设与资源浪费，但企业与受托方很可能因利益问题产生纠纷，制约品牌发展。企业要想持续发展，需要自建工厂，以保证产品稳定性和品牌的可持续发展。这些专家建议与小仙炖自建工厂的策略不谋而合，缓解了小仙炖的舆情压力。

产品危机

产品危机有以下几种情况：

- 有明确的、权威的证据表明产品有问题。
- 有不明确的、模糊的证据指向产品问题。
- 对企业产品的主观攻击。

产品危机的回应策略取决于对销售带来的影响和对声誉伤害的程度。

第十一章 危机边界控制

影响销售、损害声誉的产品问题或者争议问题，都需要回应。

在手机市场，因各种原因，消费者、媒体和舆论领袖分成不同派别，有的专门黑小米，有的长期黑荣耀，就是不断说这个品牌的产品不好，这种情况厂家一般都不会回应。

但是媒体说"农夫山泉标准不如自来水"，影响声誉也打击销量，当然要回应。

在研究企业危机的过程中，我一直对某些行业充满同情，对某些行业充满嫉妒。我同情的是那些产品问题往往涉及复杂的原材料、设计和生产、流通等诸多环节。比如汽车，我自己在汽车行业工作过，知道汽车的复杂性，但是西安奔驰女车主事件中提到的"新车漏油也可能是运输造成的"，让人彻底无语。当时我猜奔驰女车主事件最终解决至少半年以上，过去的经验表明像奔驰这样的外企，特别是德国企业，对产品极其较真，他们恨不得把涉事车辆运回德国分析半年，然后准确地、毋庸置疑地告诉你哪里出了问题。当然，如今中国政府的法律法规和检测水平都能对产品问题做出裁决，最大限度地保护消费者利益。

我嫉妒的是餐饮行业。菜里吃出头发，再炒一份，或者免单。喜茶说"都是我们的错"，你要是对我们的茶饮不满意，马上免费重做一杯。海底捞后厨发现老鼠被曝光，非常重视"这一个别事件"，决定对该店停业整顿。

很少听说，对这辆车觉得不满意，给我换一辆吧；手机这个批次有问题，全给你换新的。

到目前为止，我们看到的餐饮行业的产品问题都是单一问题；西安奔驰女车主新车漏油后来被查清是这辆车的生产问题，可以换一辆新的，事情大大简化了。

总之，产品的单一问题容易解决，批次问题较难解决，大批次的争议问题最难解决。

像强生那样召回 3100 万盒泰诺，需要勇气，通用电气前 CEO 杰夫·伊梅尔特在1989年主持了召回330万台电冰箱压缩机行动，公司为此损失5亿美元，这也需要强大的勇气+执行力。

记得21世纪初中国汽车市场第一次实施产品召回，生产商是一个知名外企，当时动用了很大的公关力量，让这一事件没有在媒体上成为重大新闻。但是今天，市场更加规范，消费者更加理性，产品召回并不是什么要命的事情，耗资巨大的汽车产品召回更是已成为常态，把车开到4S店，喝着咖啡玩玩手机，零件就换完了，你的车就算被召回过了。

比较难处理的是涉及大批次产品的争议性问题。本书开头提到我参与过的通用电气燃气轮发电机事件，客户坚决认为是设计缺陷，我们坚称是制造缺陷。制造缺陷只影响这一台机器，承认设计缺陷，我们在全球几十个国家的产品都要召回，影响数千万人口的用电。

产品危机的回应方法

有明确证据的产品问题：道歉，通过维修、更换、赔偿等解决问题。

无明确产品问题证据的投诉：快消类低客单价产品无条件更换；技术类高客单价产品保持与投诉者沟通，承诺调查解决。

对企业产品的主观攻击：如果对销售无重大影响，不必直接回应；对销售有直接影响，选用不同主体予以回击。

可以看到，三类情况中，无明确产品问题证据的情况，危机处理周折更多，企业与当事人的沟通相对复杂，也考验企业的各种能力。

美的燃气灶玻璃面板碎裂事件

2020年8月，一个知名自媒体人发微博称，8月12日刚刚在某电商平台美的自营旗舰店购买的美的JZT-Q216 B型号的燃气灶，20日晚上在家里老人做饭时钢化玻璃面板突然爆炸，所幸未造成人员伤亡。

美的在接受媒体采访时表示"对于赵先生投诉的燃气灶玻璃面板碎裂事件，我们再次向用户在使用过程中受到惊吓、带来日常生活不便郑重致歉"。美的方面迅速完成了退货退款。

然而用户马上表示通过第三方发布的道歉是应对舆论的"权宜之计"，美的根本没有跟他本人道歉。他还对美的声明中所说的"双方达成共识""委托第三方检测"表示不解，称美的方面从未告知他采取这种方式，他也不知道具体委托的是哪家检测机构。

但是后来博主在微博上称："上周美的钢化玻璃面板燃气灶爆炸事件引起社会各界高度关注后，美的公司派三位负责人于上周六从佛山总部赶到北京，当面向我和家人致歉，并就燃气灶自爆的可能原因进行了解释，同时解答了燃气灶质量相关问题。"显示美的在态度上与用户做了坦诚沟通，但已属于补救。

用户还一直引用美的上门服务人员的话说玻璃碎裂是千分之一的概率，后媒体和专家纷纷指出，一千台煤气灶就有一个玻璃碎裂，这属于危险品。

我们一直注意到双方的用词不同，用户称是"爆炸"，美的称是"碎裂"。

9月8日，美的发出如下官方声明（点评为作者所加）：

9月7日上午，在中国五金制品协会燃气具分会的组织下，相关专家、用户赵先生、美的公司代表共同参加了"灶具玻璃面板碎裂事件技术分析会议"。**（点评：寻求行业协会支持是明智之举，将"碎裂"作为正式用语）**

与会专家充分听取了用户、美的公司代表关于事件和产品的相关陈述，对涉事产品进行了勘查，也对用户疑问进行了充分解答。

与会专家就事件达成共识如下：

1.排除了运输、安装、使用不当造成事故的可能性，事故也没有造成人身伤害和其他财产损失。**（点评：排除了用户使用不当的责任，显得中立）**

2. 钢化玻璃因其材料的特殊性，存在内部效力，在使用中还会叠加其他压力，如重力、冷热冲击等造成的压力。

3. 钢化玻璃质量检测属于破坏性试验，厂家无法做到100%出厂检验。**（点评：针对用户疑问做常识性自我辩护）**

4. 厂家品质控制要求结合同批次第三方检测结果显示，生产过程受控。**（点评：这句话不清楚）**

5. 本次事故很有可能是多种应力不均匀存在的情况下，导致钢化玻璃应力失衡造成破裂，这是一个低概率事件。**（点评：强调多种可能，低概率，没有使用"千分之一"这样的数字很明智）**

6. 厂家同批次产品破裂试验，结合现场照片、涉事产品分析，证明同批次产品及涉事产品均符合国家相关标准要求，未发现存在质量问题。

感谢用户提出问题，帮助我们不断提升产品，也感谢媒体的关注和监督。

广东美的厨卫电器制造有限公司
2020年9月8日

美的燃气灶玻璃面板事件，属于无明确产品问题证据的危机，如果不是因事主为知名博主，也许不会在媒体上如此充分地展示出各种细节。对于这样的产品危机处理，如果美的还能进一步提升的话，可能需要：舆情监测反应更快，在对媒体发声之前先与投诉的消费者沟通；与投诉的消费者个人沟通应当更有效；改进一线人员与公关和媒体部门的沟通，避免出现"千分之一概率"这样随意的事故解释。

这类证据不清的产品问题的沟通，可能需要多次声明，如第一次表示歉意，承诺调查；第二次公布调查结果。如果消费者进一步投诉或起诉，原则上不应再回应，直到监管部门或法院做出比专家论证会更权威的结论。

道德危机

道德危机的范围很广，甚至有趋势成为造成企业危机的主要原因。

道德危机与产品危机最大的不同是，道德危机在多数情况下没有一个准确的对错结论，这对企业处理道德危机也提供了多种选择。

我们提出下面几个原则：

1. 在与公众道德观明确有冲突的问题上，迅速道歉。（阿里蒋凡事件，"外卖骑手困在系统里"的美团、饿了么，为不雅营销内容或低俗广告道歉的杜蕾斯、喜茶、全棉时代、京东金融、支付宝、茶颜悦色，等等）
2. 在明确自己具有道德制高点的问题上，主动进攻。（中国乳品协会回应伊利、蒙牛左右国家标准不实，京东发文称"遭遇黑公关"）
3. 在有争议的道德问题上，回避特定话题，倡导新主张。（小仙炖不谈官司谈产品，鸿茅药酒不辩解跨省抓人合法性）

前两种情况比较简单，对第一种情况的回应，需要特别注意，道歉时可以指出原因和为什么事情道歉，重要的是亮明道歉的态度。比如网上盛传的高管和第三者事件，企业或当事人的道歉不一定直说为婚外情而道歉，而可以是为"网上传言给公司带来了不好的影响"而道歉。现在明星道歉中的常用语"抱歉，占用了公共空间"也是一种不管怎么样我就是道个歉的态度。

除了不惧怕道歉，还要注意避免"过度道歉"。掌握这个度比较难的地方在于出了事情以后总有人穷追猛打，企业有时候绷不住了，就再次道歉，多次道歉。但是这里面有一个奇怪的规律，就是对攻击方来说，越来越多的攻击视角会让事情更加好看；对防守方来说，越来越多的道歉角度会让自己越来越难看。

如果你知道再次回应没有更多可讲的内容，不如不再回应。

说得越多，把柄越多。

我脑子里经常出现一个画面，危机中的企业如同被困在窝中的兔子，周围有拿着各种武器的猎手等着兔子出来。当兔子出来用跳舞希望感染大家，猎手用猎枪、气枪、火枪、水枪、油彩枪射向兔子，看着被染成各种颜色的兔子兴高采烈。

如果兔子扔出一面白旗，然后僵死般倒地，大家觉得没意思透了，散了吧。

兔子后来站起来，掸掉泥土继续前行。

政治危机

政治危机指明显违背国家宪法及核心政治主张的行为，以及企业出于公认的政治原因遭到抵制或限制。

我们比较熟悉的危机事件有：

- 外企在中国的宣传品对中国地图的错误使用。
- 企业代言人表达"港独""台独"等明显有违中国宪法的立场。
- 外国企业在明显危害中国国家安全的问题上站在中国的对立面（韩国乐天公司允许美国使用公司所属场地部署萨德导弹，导致乐天超市遭到中国公众抵制）。
- 地缘政治变局令中国企业在海外发展受阻（华为、TikTok、微信等企业和产品在美国受到政府限制）。
- 企业对政治问题表态，因观点倾向一方而导致另一方抵制。

我们可以把企业的政治危机分为三类，分别采取不同的措施。

第一类：政治立场错误。包括用错地图、错误政治主张等。应对方法：道歉，一次性道歉，彻底道歉，坚决改正。

第二类：中国企业因政治因素海外受阻。应对方法：回避政治，倡导交流，法律维权。

孟晚舟事件后，华为一方面在加拿大法庭积极应对，同时做大量公关，以公司创始人任正非为首的高管频频与全球各地媒体沟通，任正非本人在 2019 年就接受外媒采访 36 次，平均不到两周一次，一年见的媒体数量比华为 1987 年创立以来的前 31 年的总和还多。

TikTok 在美国受阻后，字节跳动在美国启动司法程序，起诉了特朗普政府，利用公司起诉、消费者起诉等多种司法手段为自己争取支持，争取时间，使特朗普政府对 TikTok 的禁止令一直被法院延迟执行，一度因美国大选而不了了之。

第三类：外国企业在中国因选择政治站队遭到一方抵制或限制。应对方法：回避政治，倡导共同价值观。

关于第三类政治危机，我们马上会想到 2019 年 10 月 NBA 火箭队总经理莫雷因发表涉港言论而导致火箭队和 NBA 在中国被抵制事件。

NBA 火箭队莫雷事件

莫雷在发表涉港推特后，一小时内自己删除，但内容已经引起轩然大波。中国篮协迅速表态，停止与火箭队合作。浦发银行、李宁、上海嘉银金融等赞助商宣布停止与火箭队合作，腾讯体育、央视体育频道也宣布停止转播火箭队比赛。

莫雷随后在推特上表示：他无意冒犯中国，他只是表达自己的观点，与火箭队及 NBA 无关。中国网友指责莫雷这一声明根本没有道歉的意思。

NBA 总裁肖华在日本接受共同社采访时称，NBA 支持莫雷个人发声的权利，但不支持他的观点。

可以看出，肖华在试图骑墙，两边都不得罪。对美国支持莫雷的声音他考虑了，对中国反对莫雷的声音也考虑到了。

比较有意思的是 NBA 首席传播官迈克尔·巴斯的声明，这条声明被 NBA 中国贴在微博上。

中文微博是这样写的：

> 我们对休斯敦火箭队总经理达瑞尔·莫雷发表的不当言论感到极其失望，他无疑已经严重伤害了中国球迷的感情。莫雷现已澄清他的言论不代表火箭队和 NBA 的立场。在 NBA 的价值观下，人们可对感兴趣的事情深入了解并分享自己的看法。我们极其尊重中国的历史和文化，希望体育和 NBA 作为一股团结的正能量，继续为国际文化交流搭建桥梁，将人们凝聚在一起。

有意思的是，当我们仔细看英文原文，发现中文译文已经做了一些修饰，比如原文没有"对莫雷的言论感到极其失望"，只是说"我们意识到莫雷的观点冒犯了中国的球迷和我们的朋友"。原文只是"意识到"，但是没有表达"失望"，只是"遗憾"发生了这样的事情。

我们对比一下 NBA 声明的英文原文：

We recognize that the views expressed by Houston Rockets General Manager Daryl Morey have deeply offended many of our friends and fans in China, which is regrettable. While Daryl has made it clear that his tweet does not represent the Rockets or the NBA, the values of the league support individuals' educating themselves and sharing their views on matters important to them. We have great respect for the history and culture of China and hope that sports and the NBA can be used as a unifying force to bridge cultural divides and bring people together.

更加准确的中文翻译应该是这样的（括注为本书作者所加）：

我们意识到火箭总经理莫雷的观点已经冒犯了很多我们的中国朋友和中国球迷，对此我们感到非常遗憾。（**阐述事实，中国人被冒犯了，我们觉得挺遗憾的，但是没有更重的态度表达，如失望、道歉等。**）尽管莫雷已经表示他的推文不代表火箭或者 NBA，但是联盟的价值观是支持人们自我教育并对自己觉得重要的事情分享看法。（**这里有语气上的强调，强调的是后半部分，NBA 是言论自由的，但是也模糊地指出很多地方是靠"自我教育"，暗示个人对复杂的政治问题可能不那么明白。**）我们非常尊重中国的历史和文化，而且希望体育和 NBA 能成为文化分歧（**这里强调了文化有分歧**）之间的桥梁，让人们团结在一起。（**最后一句是倡导**）

从两个不同的中文版本中可以看出，NBA 中国团队试图弥补这件事情对业务带来的伤害，但是我们仔细读 NBA 声明的原文，可以看到其两边不得罪但更偏重美国价值观的良苦用心。

NBA 这次危机，如果能总结出什么更好的解决方法，最好的办法当然是莫雷开始不要出来讲那个话，但世间没有后悔药，当危机确实发生了，NBA 必须维护美国主流价值观的立场我们可以理解，对广大中国网友来说，事情非常清楚，要么在中国做生意，要么别做，不要一边骂着我们又来赚我们的钱。

但是世界并不总是非黑即白的，如果我们一定要给焦灼的 NBA 提一点建议，只能是这样的：不要陷入"他说得不对但是有权说""他有权说但是说得是不是合适我们也不好说"这样的话题本身，只强调：我们希望搁置争议，回到体育精神上来，希望体育和 NBA 能够成为消除文化隔阂的桥梁，希望我们一起努力。

你看我们国家的外交也是这样，不一定非要辩出个理儿来，不一定在特定的时间里一定要说清谁对谁错。

"搁置争议，共同开发，寻求共识，保持对话"，这些表面的外交辞令，其实藏着大智慧。

倡导共同价值观也适合于中国企业在海外，以及外国企业在中国所面临的政治站队问题。

如果你是一家美国高科技企业，现在面临美国政府对华为的禁令，公司已经停止为华为供货，美国总部还有人建议减少与中国的高科技合作，现在中国政府和央视来问你，请问贵公司是不是已经停止给华为供货？贵公司将如何在中国发展？怎么回答呢？

明确企业价值观，坚信商业、经济和人员交流会创造一个更美好的世界。在这个基础上，想想最好的外交辞令吧。

• 本章小结 •

- 危机分为三个维度：产品、道德、政治。
- 危机在三个维度之间交错越广，危机的程度就越深。
- 应尽量将危机控制在单一维度，防止蔓延。
- 应对产品危机。有明确证据的产品问题：道歉，通过维修、更换、赔偿等解决问题；无明确产品问题证据的投诉：快消类低客单价产品无条件更换；技术类高客单价产品保持与投诉者沟通，承诺调查解决。对企业产品的主观攻击：对销售无重大影响的，不必直接回应，对销售有直接影响的，选用不同主体予以回击。

- 应对道德危机。在与公众价值观明确有冲突的问题上，迅速道歉；在明确自己具有道德制高点的问题上，主动进攻；在有争议的道德问题上，回避特定话题，倡导新主张。

- 应对政治危机。政治立场错误：道歉，一次性道歉，彻底道歉，坚决改正。中国企业因政治因素海外受阻：回避政治，倡导交流，法律维权。外国企业在中国因选择政治站队遭到一方抵制或限制：回避政治，倡导共同价值观。

• 思考题 •

　　1. 公司高管遇到个人生活问题，如"第三者"，什么情况需要回应，什么情况不公开回应？

　　2. 为公司代言的明星遇到个人生活问题，如婚外情，公司需要弃用代言人吗？什么情况下公司会考虑维护代言人，什么情况下考虑弃用代言人？

　　3. 中国企业出海面对更不确定的地缘政治变化、价值观冲突，你可以提出三条建议吗？

第三部分

认识舆论：
跳出误区再起航

第十二章
新媒体环境下舆论规律的变与不变

>恕我不能苟同勒庞先生的结论，认为我们的时代是"群体的时代"。这是公众的时代，是各种公众的时代。
>
>——加布里埃尔·塔尔德，《传播与社会影响》

我们经常提到"舆论"这个词，舆论监督是社会主义民主制度的保障，舆情监测是企业声誉管理和危机预警的日常工作。那么，舆论的本质是什么？舆论有哪些特点？舆论的特点会怎样影响企业的危机管理？我们需要回顾一下"舆论"这个概念的起源，以及围绕这一概念在历史上形成的主要理论。

我们今天使用的舆论概念，实际上是西方语境中舆论（opinion）和公众舆论（public opinion）模糊的统称或结合。

德国学者哈贝马斯在他的经典著作《公共领域的结构转型》中，对"公共"或"公众"（public）这一概念的演变做了详细论述，从希腊城邦时期私人与公共领域的区分，到18世纪启蒙运动期间学者将舆论的单独意思"意见"，拓展到个人意见影响他人的名声，从而产生范畴的变化，公众舆论的雏形开始出现。

在后来的争论中，有的学者提出了公众精神（public spirit）这一概念，有的将公众与贵族和当权者对立起来。法国哲学家卢梭强调批判精神，在英美文化中具有重大影响的爱尔兰思想家埃德蒙·伯克则明确提出，"普遍舆论"（general opinion）是来自公众的批判，其来源不仅仅是个人偏好，而且包括私人对公共事务的关注和公开讨论。伯克的"普遍舆论"与"公众精神"是同义词，后来很快被"公众舆论"这个词取代。

20世纪美国著名的新闻评论家沃尔特·李普曼在他的《公众舆论》一书中提出，外部世界的特征可以简略成为公共事务。这些特征与他人的表现相关，只要他人的表现与我们的表现相抵触，就会受到我们的左右，或者引起我们的关注。

"他人脑海中的图像——关于自身，关于别人，关于他们的需求、意图和人际关系的图像，就是他们的舆论。这些对人类群体或以群体名义行事的个人产生着影响的图像，就是大众的舆论。"这是李普曼对舆论的看法，关键词是"主观图像、群体、影响"。

李普曼在《公众舆论》中的核心观点是，人们的行为依据都不是直接而确凿的知识，而是自己制作的或者别人给他的图像。在寻求所谓公正的见解时我们往往坚持自己的成见，坚持成见的原因一是省力，二是可以保护我们的社会地位。

在《公众舆论》的姊妹篇《幻影公众》中，李普曼更明确提出，在纷乱的信息中公众无法做出正确的判断，需要把事务的代理权交给专业人士，或者称"局内人"。

李普曼在《幻影公众》开篇中写道："当今的普通公民就像坐在剧院后排的一位聋哑观众。""理论上他所拥有的主宰权只是一个虚幻，实际上他根本无法主宰……'主宰权'对他而言，就像拿破仑三世在俾斯麦眼中，远看似乎存在，但事实上什么都不是。"

20世纪20年代在美国发生过一场关于民主、媒体和公众的争论，一方是主张公众是"幻影"，决策需要靠"局内人"的李普曼，另一方是主张公众应被赋予绝对民主权利的著名哲学家约翰·杜威。

杜威在他的《公众及其问题》中也承认，"过广的公众"（too much public）和"太多的公众"（too many publics）产生的组合与冲突，无法形成民主政治中有效的方案。"娱乐数量的增加、多样化和廉价，代表了注意力从政治关切分散的有力转向。一个不成熟的公众的成员有太多的工作方式，也有太多娱乐的方式，以至在组织有效的公众方面无法提供什么看法。"

看到这里，似乎杜威与李普曼的观点是一致的，对比今天的现实，我们也有似曾相识的感觉。但是杜威进一步提出，"拯救民主弊病的良药就是变得更加民主"，建立一个"未掺杂外来异质元素的纯粹共同体"。

这场著名的辩论在理论意义和现实应用上都影响深远。李普曼是著名的新闻记者，他认为媒体"像一道躁动不安的探照灯光束，把一个事件从暗处摆到了明处，再去照另一个"。但是反对意见认为，新闻机构并不能像李普曼期待的那样成为"一道稳定的光束"，新闻记者也是公众的一员，专家也会被偏见影响。同样，批评者认为杜威描述的民主政治目标过于理想化，对如何形成伟大共同体没有提出可行的方案。

我们今天谈论的"舆论"实际上就是李普曼和杜威的"公众舆论"，其重点在于主观、群体、影响。

一个世纪过去了，从今天我们所处社会的常态——每个人都是自媒体、针对社会性事件的网络议论、网络暴力、企业面临的无时不在的攻击、直播、网红、节日大促、眼花缭乱的商品选择、网上传播的千姿百怪的观点——你怎么看李普曼的"局内人"作用？在公众舆论这个"虚拟环境"中，你作为个人是充满自信还是充满迷茫？作为视声誉高于一切的企业，你对自己在舆论世界的生存充满信心还是充满恐惧？

从危机管理的角度，最让我们困惑的是这样几个问题：

1.（公众）舆论是否等于民意？
2."局内人"、意见领袖（KOL）能否引导舆论？

3. 舆论是否可以控制？管理文件中的"舆情管控"能否真正实现？
4. 负面舆情到什么程度才会导致我们信誉扫地、失去民心？
5. 失去的民心还能不能找回来，被玷污的形象能否得到重塑？

因为舆论是主观的、群体的，其最终影响力必定由许多复杂的因素决定，包括政治的、社会的、心理的。

关于舆论蛮横的主观性，我们在第四章中谈到过"后真相时代"现象，除此之外，还有几个重要的舆论规律。

巧寻杠杆：弱传播理论

弱传播理论是厦门大学邹振东教授提出的，他研究了历史上"舆论"和"公众舆论"概念的变化，推演出舆论的真正定义是"关注的表达与聚集"。他认同李普曼关于舆论是"虚拟环境"的理论，提出了"弱传播"公理系统假说："舆"竞天择，弱者生存。

在《弱传播》一书中，邹振东教授提出，弱传播理论是关于舆论世界的一种哲学。

- "现实中的强势群体就是舆论中的弱势群体。"
- "舆论世界是情胜于理的传播世界，简单地说，舆论是不讲道理的。"

弱传播理论运用在危机管理，首先的问题是：现实世界中谁是强者，谁是弱者？

亿万富翁，在现实社会是强者，在舆论世界是弱者。

警察，在现实社会是强者，在舆论世界是弱者。

或者看下面这个表：

	现实世界	舆论世界
企业家	强	弱
农民工	弱	强
明星	强	弱
大企业	强	弱
打工族	弱	强
出租车司机	弱	强

当然，对现实世界中某些群体的强弱判断也是主观的，有人认为自己永远都是弱者。比如有的医生就认为，在现实社会中医生工作辛苦、收入低，还经常面临投诉、医闹，甚至人身伤害，医生是弱者。

但是稍加讨论，他们就会承认，医生对病人，对普通人来说，绝对是强者。我们平时说"听父母的话""听领导的话"，都不如"请遵医嘱"来得严肃。而如果再往下讲，我们发现，好像医生在舆论世界也不是弱者，医生在网上说的，我们也要听啊；新冠疫情中医护人员"逆行者"形象早已深入人心啊。

我们这里讲的舆论世界的弱势，不是一个群体在舆论场现有的声量，甚至不是现有的美誉度，而是他在完成与自己身份相冲突的行动之后所能做出的自我辩护的力量。

现实世界的强者——医生，如果医生收取厂家贿赂被曝光被判刑，在舆论场上的辩解力很低。

现实世界的弱者——互联网996打工人，因绩效不好被解聘，在舆论场的辩解力就相对较高。

2010年的3Q大战。当时，在现实世界奇虎360是弱者，腾讯是强者；在舆论世界奇虎360是强者，腾讯是弱者。

2020年腾讯因老干妈在营销项目中欠款，通过法院封存了老干妈相应金额的资产，腾讯在现实世界中的强势暴露无遗，但是本来是合法行动，在网上却遭诟病，特别是老干妈以报警抓捕骗子的独特手段"澄清事实"，腾讯在舆论场上更是千夫所指。腾讯的危机公关策略就是示弱，用卖萌的方式称自己"逗-鹅-冤"，让自己委屈可爱的形象在舆论场上挽回一分。

现实世界趋弱的群体在舆论场越来越强势，甚至宠物也成为舆论场的超强势能携带者。

2021年1月一家猫粮企业遇到的突然危机，让我们对舆论场复杂的局面有了更新的认识。在天猫等电商平台进口猫粮榜上一直领先的加拿大猫粮品牌go！遭到数百名铲屎官的投诉，反映猫咪吃了这个产品后出现腹泻、呕吐，甚至死亡。事件迅速在网上发酵，人民日报微博也报道了这一消息，并指出宁波市（进口商注册地）市场监管机构已经介入调查。事件直接导致产品在天猫下架，消费者惶恐不安，企业采取了各种措施，包括致歉、退货、公布检测结果（全部合格），但仍遭质疑，企业销售出现断崖式下滑。

过去很难想象宠物会引发高唤醒情绪，今天，人们对宠物的态度开始逐渐成为某种次级价值观，甚至可能上升为主流价值观，2021年有全国政协委员提出将遗弃宠物行为纳入个人不良征信记录。这样的议题会越来越多地进入公共空间，而对与宠物相关，特别是宠物食品企业来说，现实世界中弱小生物在舆论世界中聚积的势能也会更加强大。

企业总体上在现实世界是强势的，当然小企业对阵大企业，小企业是弱势，如奇虎360对阵腾讯。企业需要理解自己的强势地位，学会在舆论世界示弱。

示弱要特别关注几个问题：

第一，示弱要坚持到底。

弱者的范围非常广，我们关注的不仅是弱者，更是弱者周围的情绪场。高唤醒情绪往往涉及社会不公、对待儿童、老年人、残疾人等。宝马司机殴打电瓶车主，高考被人顶替，婴儿奶粉不合格，高价出售的燕窝竟然是糖水。社会急剧变化中的强弱关系也在变化，昨天令人羡慕的互联网大厂员工今天突然成了 996 的牺牲品，昨天因欠债被限制消费的企业家今天成了炙手可热的带货主播。

其实企业都理解在舆论场要示弱，但是有时候觉得，那些找我们麻烦的装扮成现实社会弱者的人，其实想获得更大的利益，不仅在舆论场继续攻击我们，在现实场也"漫天要价"，企业一下子绷不住就开始在舆论场示强。

2017 年，一名湖南籍女歌手在深圳一家美容整形医院做了自体脂肪填充术，两次手术共花费两万多元，抽吸腰、腹、大腿、双上臂及背部脂肪，同时填充额部。手术后不久，女歌手出现身体不适，一年多后，全身出现因抽脂留下的十多个黄豆粒大小的疤痕，并有多处淤血，伴以颈椎、胸椎和腰椎不适和疼痛。医院也承认确实手术有问题，同意赔偿，但不接受女歌手提出的赔偿 120 万元的要求，双方发生严重意见冲突，女歌手及伙伴在医院门口举牌维权的行为更让医院光火。

在一段网络传播的视频上，医院一位负责人说："治死治残了，直观看得到因手术造成的伤害，多给一点钱无所谓。你（患者）还没死嘛，100 多万元是随便给的？管你是不是歌手，能威胁医院？医院是吓大的？"

双方的纠纷可以最后通过法庭解决，法律决定现实场的胜负。医院在现实场可以示强，但是在舆论场示强，就失去了民心，即使它认为当事人要求的赔偿不合理，在舆论场依旧要保持弱势，将示弱坚持到底。

第二，示弱要保持专业。

在弱势群体占有优势的舆论场，企业的示弱一方面可以疏导公众的情绪，而疏导情绪的办法不是卖惨，强者的卖惨不会得到同情，最重要的是用专业高度让质疑的公众意外。

"脱口秀女王"李雪琴在《吐槽大会》上这样吐槽直播带货一姐薇娅，她说在电视里看到薇娅接受采访，崩溃到痛哭，讲述自己总是工作到凌晨，不能陪女儿，但是下一条新闻看到薇娅年收入20亿元，李雪琴说："姐，卖货都挣这么多钱了，惨就留给别人卖吧。"

虽然是玩笑，但是这反映了弱者普遍的心理。

另一位直播带货王罗永浩，人称翻车大王，前七场直播就翻车五次，老罗对这种危机的处理，除了快速反应、诚恳认错、认真赔偿之外，还有一个专业精神。

罗永浩在"交个朋友直播间"销售的皮尔卡丹品牌羊毛衫，被投诉不是纯羊毛。团队迅速调查，专业机构检测出一件确实为非羊毛制品，为此罗永浩团队迅速公布供应商，指出供应商"涉嫌伪造文书、涉嫌伪造假冒伪劣商品、涉嫌蓄意欺诈"，在向公安机关报案的同时，马上联系所有购买了该产品的两万多名消费者先行做三倍赔付。在另一个直播带货产品"英国漱口水"被职业打假人指责用"假洋鬼子"欺骗消费者时，罗永浩团队发表详细回应说明英国公司历史渊源、报关单、办公地址和虚拟办公地址的合法性，他们展示的这些细节消费者并不关心，如此操作是显示罗永浩团队的专业性，你细致我比你还细致，你想不到的地方我都想到了。

当然，这样的方式更多适用于像羊毛衫、漱口水这样的消费产品，即使有合法性问题，也不至于造成人身伤害，可尽量展示专业性。但是在化学品、药品、食品等方面，过多的细节反而对消费者造成困惑和恐慌。

第三，示弱要争取支持。

示弱不是认怂，示弱不是放弃。在示弱时用诚意、倡导获得支持，避免声誉进一步受伤害，甚至为声誉修复、策略反击做好准备，是舆论场的弱者需要谨慎采用但绝对必要的策略。

2021年3月7日，英国哈里王子和梅根夫妇接受美国著名支持人奥普拉的采访，透露王室成员议论他们孩子的肤色，梅根还一度因王室生活的压抑而"不想活了"，引发全球对英国王室"种族歧视"等问题的强烈关注。

节目播出后 40 个小时，王室发表了一个只有 61 个单词的声明，可谓字字珠玑。

The whole family is saddened to learn the full extent of how challenging the last few years have been for Harry and Meghan.

The issues raised, particularly that of race, are concerning. While some recollections may vary, they are taken very seriously and will be addressed by the family privately.

"Harry, Meghan and Archie will always be much-loved family members."

译文：

在充分得知哈里和梅根过去几年面临的挑战后，王室成员们感到很难过。

他们提出的问题，尤其是种族问题令人担忧。虽然一些回忆内容可能会有所不同，但它们将被非常认真地对待，并在家人之间私下解决。

哈里、梅根和他们的孩子阿尔奇将永远是受珍爱的家庭成员。

在这份极简但含义深刻的声明中，我们可以读到：共情——理解你们这几年的苦、立场，种族问题不可轻视；辩解——有些事件的回忆可能不同，版本和解读可能不同，可能有误解；担当——任何误解和矛盾都会被处理；倡导——希望问题在家庭内部私下处理。

最后一句话，听起来像女王对孙儿一家的喊话、求和——希望你们不要再爆料，但更是倡导——我们是一家人，不要搞成这样。

而每一句话，不管是共情、立场还是倡导，都是在争取支持。

放在历史和现实的角度，英国王室自从查尔斯和戴安娜的婚姻出现问题，以及1997年戴安娜之死给王室带来"冷漠、古板、脱离时代"的形象危机之后，王室在历史上在位时间最长、经历过第二次世界大战的伊丽莎白二世女王的主导下，在坚持王室传统的同时，试图与这个时代有所妥协。接受混血的美国人梅根本身就是这种妥协或与时俱进的表现，女王不希望她精心维护半个多世纪的王室形象再受重创。

在奥普拉对哈里和梅根的采访播出后，英国《每日邮报》的民意调查显示：49%的英国人认为王室受到的伤害更大，32%的人认为哈里和梅根受伤害更大，19%的人表示"不清楚"；在"你更相信谁"的问题上，37%的人表示相信女王和王室，35%的人表示相信哈里和梅根，28%的人表示"不清楚"；在"采访是否损害了王室形象"问题上，57%的人表示肯定，27%的人表示反对，16%的人表示不清楚。

在这样一个涉及道德、责任、真相的事件中，舆论弱势的一方争取支持是多么重要。女王和王室体系对哈里和梅根这样的个体来说是强者，在舆论场则是弱者。

而短短四句话的声明，没有一句不是在争取支持：哈里和梅根的支持，民众的支持。

短短四句话声明，每句话都隐含着多重含义，我们不得不佩服英国人在运用文字上的功夫。

顺势而为：舆论世界的规律

舆论世界是主观的、群体的，带着主观和认知偏差的群体形成了舆论世界中特有的现象和规律，我们将这些规律大致罗列在这里，可以看出它们对企业危机的直接影响。

弱传播理论：现实世界的强势群体就是舆论世界的弱势群体。企业要学会示弱、坚持示弱，在示弱中保持专业，寻求支持。

"后真相时代"：忽视真相和逻辑的情感煽动传播业态。企业在危机中希望陈述的事实被公众的情绪压倒。

刻板印象：被李普曼称为"头脑中的图像"，后泛指对某一群体或事物的固定偏见。在美国，刻板印象现象最明显的证明就是白人对黑人的"贫穷、懒惰、暴力"印象。延伸到危机，企业往往面对："利润高就是黑心"、"资本就是割韭菜"、"影视圈就是很乱"、"美国车就是费油"、经历一连串争议事件后的企业"说什么都是错的"。

乌合之众：源自法国社会心理学家、群体心理学创始人居斯塔夫·勒庞于 1895 年出版的《乌合之众》，其核心观点和他描述的群体现象至今仍有巨大影响力。他认为，人一加入群体，原先的个性便会丧失，不再独立思考，而是随大流。群体是无意识的，只服从冲动，情绪变幻无常，狂怒才是正常状态。尽管勒庞的理论有片面和臆断之嫌，他的支持者、精神分析学派创始人西蒙·弗洛伊德也因实证缺乏而受到心理学派的批评，群体心理学理论仍然具有极大的生命力和跨越时代的现象解读准确性。对当今的企业来说，一次产品争议、一个道德事件，都可能在舆论场突然引发无组织无计划的群体攻击，断言、重复、感染是他们攻击的武器，"你双重标准""你产品垃圾""你原料致癌"的声音迅速蔓延。

沉默的螺旋：源自德国社会学家伊丽莎白·诺埃尔-诺伊曼 1974 年的一篇论文和 1980 年出版的著作《沉默的螺旋》。沉默的螺旋基于一个假设：人们因害怕孤立而不愿说出与多数人相异的观点。强势一方的表达引发另一方沉默，形成螺旋，一种声音越来越强，反对的声音越来越弱。近年来，一些学者根据互联网的传播特点，分析了美国 2016 年大选和不同的互联网舆论事件，提出"双螺旋"理论，研究如何在社交媒体上快速激活沉默的一方。这样的研究意义重大，但是沉默的螺旋在互联网时代仍然是一种主导现象，企业在危机中，支持你的一方在情绪高涨的对立人群面前往往会选择沉默，让你困惑"我们的铁粉用户哪里去了，关系不错的媒体哪里去了"。

危机中有所为有所不为

对于舆论世界那些我们似曾相识的法则，对比危机防范、预警和回应过程中无数的判断和决策，我们提出五个危机管理行动中的"要"与"不要"。

倡导，不辩解

舆论世界是一个"不讲道理"却"有情有义"的世界，危机中应少做自我辩解，多以共情为基础做行动倡导。

倡导的前提是自己先采取行动，不是一上来就"让我们一起努力"，要让人先看到你的努力。女王表示种族问题要认真对待，哈里和梅根的挑战我们充分得知，你们提出的问题会得到处理，但是，让我们一家人好好谈，私下谈，你们还是家庭成员。对公众来说，这也是倡导大家相信王室秉承的道德原则，倡导公众把那些争论的问题留给王室自己去处理。

辩解在英文中有个非常贴切的词叫"be defensive"。一个人为自己的错误辩解时，对方一说"Don't be defensive"，辩解的人就输了。反过来，当你想自我辩解但是不想给人这种印象时，一般会说"I don't intend to be defensive"或者"it's not meant to be defensive"（我这不是自我辩解，而是……）。辩解是一个微妙的充满玄机的心态和行为。一辩解，你就输了。

如果委屈得不行一定要辩解，辩解要融在倡导中，比较一下以下两个句式：

产品出问题后的辩解：我们将质量看作企业生命，我们每一批产品出厂之前都要经过100道机器检测、200道人员把关，出现问题实属意外中的意外。

融在倡导中的辩解：我们将质量看作企业生命，100道机器检测，200道人员把关，我们虽然努力，但是问题就是问题，残次就是残次，哪怕是百万分之一的意外，我们都要百分之百地承担，以下是我们的退赔政策……

稳住，不上头

企业有时候是受气包，客服就是出气筒，但是，不论是培训得好还是自身修养好，客服总能稳得住，掀桌子的往往是高管和CEO。"一喊就是100多万，低于100万免谈，这不叫欺诈叫什么，不管什么形式什么后果，我们都陪他玩，我企业是让你吓大的啊？"真的上法庭，法律说了算，但是在媒体面前这样上头掀桌子，你的理就丢了一半。

原则，不细节

危机回应声明越长越好还是越短越好，正确的答案是，根据具体情况决定长短。

如果你觉得这个回答太虚伪，那就越短越好。原因是说得越多，漏洞越多。

2021年3月6日，东海航空DZ6297南通—西安航班上发生机长与乘务长互殴事件，网上曝光后引发公众对飞行安全、机组人员职业道德、航空公司安全管理等的严重质疑。3月7日，东海航空发布了这样一个声明：

> 感谢社会各界对东海航空一直以来的关心和支持。针对公司近期机组人员涉及机上纠纷事件，公司高度重视，立即严格进行内部核查，为确保安全运行，涉及人员已第一时间停止工作，公司对由此而产生的不良影响表示诚挚歉意。目前，公司正在全面

开展安全整顿，进一步提升运行品质。

够简短，但是用态度、速度、高度、气度、尺度、温度来衡量，好像缺了什么，好像有些搪塞。

3月8日，东海航空在官微再次发布声明：

一、针对东海航空DZ6297航班（南通—西安）事件，非常感谢社会各界通过事件报道对我司的关注，对于公众的关注和对安全的关心，我司诚恳感谢，对该事件给公众带来对航空安全的担忧深表歉意。

二、东海航空自事件发生以来，公司管理者高度重视，第一时间做出处理决定，对当日肇事人员立刻做出了停飞处理，既是本着对广大旅客负责，也是民航法规规章要求的落实。并在事件发生后，第一时间上报民航主管部门。

三、事件发生后，我司高度重视此事件，公司多次召开会议研究调查事件，统一认识。事件看上去是飞行与客舱人员的问题，从根本反思，是我司在航空安全管理工作中的宽、松、软，也暴露了公司在安全管理工作中的漏洞。

四、按民航主管部门的要求，我司开展了全员安全整顿，对整顿中发现的问题立行立改，重点放在查思想、查作风、查纪律。对任何违反安全的行为零容忍，筑牢安全底线。此事件涉及人员无论位置多高、岗位多重要，我司将依规依纪落实责任、严肃处理，"绝不护短，绝不姑息"。

我司将以此事件为契机，扎实进行安全整顿，筑牢安全底线，坚决杜绝类似事件的再次发生。我司有决心和信心让广大旅客安心乘坐东海航空航班。并将积极配合民航管理部门对此事件进行调查，再次感谢社会公众给予我们的关注与支持，待事件调查终结,我司将对外公布管理层及涉事人员的处理结果,给社会公众一个满意答复。

第二个声明显然比第一个有不小的提升,在态度、高度、气度、尺度、温度上把握更加到位。

如果你还不满意,一定是在细节上不满意,你想知道,到底发生了什么?谁先动手?怎么把牙打掉了?他们两个之前有什么矛盾?他们是情敌吗?

这也是危机的一方——东海航空需要极力避免的。避免谈论细节,避免纠缠细节,避免因细节引发更多的议论。

必要的细节,只有在监管部门调查结果出来以后,根据需要向公众公开。

论事,不上纲

2018年1月,驰名中外的中央芭蕾舞团与芭蕾舞剧《红色娘子军》原创作者家属因侵犯著作权和报酬事宜的争议,以法院在终审判决两年后对中芭强制执行而引发又一次舆情。

中央芭蕾舞团在官微上发表声明称:

> 由于北京市西城区法院错误地执行渎职法官的枉法判决,已对深植于广大人民群众心中的芭蕾舞剧《红色娘子军》造成严重伤害,进而使《红色娘子军》将遭遇被迫停演的命运。
>
> 为捍卫无数先烈用生命和热血染红的《红色娘子军》不被司法腐败玷污,为捍卫六代艺术家用心浇灌的《红色娘子军》舞剧能继续屹立于舞台,为捍卫国家院团献身人民艺术近六十年所建立的声誉,中央芭蕾舞团强烈谴责北京市西城区人民法院枉法判案法官孙敬肆意践踏国家法律、破坏社会法治的恶劣行径!

这样的声明可能也是因为一时上头,但是将一个法律官司上纲上线,做道德宣判,才是真正违背法治精神的行为。

其实,法院二审的判决只是维持原判:中央芭蕾舞团没有侵犯著作权(因而没有《红色娘子军》被迫停演的问题),但是需要向原作者继续支付报酬。

强行上纲上线与"贴标签"之间的区别,在于是否围绕事件本身,"双重标准""黑心工厂""燕窝就是智商税"这样的标签还是针对事情,而把一场公司内部打架事件说成"蓄意破坏国家安定团结的大好局面"就属于上纲上线。也许,随着人们法律意识的增强,上纲上线的事情会越来越少。

明理,不叫板

这里的叫板对象,主要是指政府。企业应申明利害,了解政府在维护市场秩序中的作用,以正面沟通、阐明观点的方式据理力争,而不要轻易在舆论场上跟政府或者央媒宣战。

2015年1月"淘宝店小二质疑国家工商总局"事件在网络引起热议,80后店小二质疑工商总局关于假货调查的抽样不合理,甚至直接点名网络监管司司长,直言"避免黑哨对市场无比重要"。

淘宝在舆论场得了一分,但是在质疑工商总局之后,自身的假货问题并没有真正解决,从而继续在假货问题上引发监管部门行动。

• 本章小结 •

- 舆论是主观的、群体的、具有影响力的，是个体的声音经过传播形成的群体意见。
- 邹振东教授的弱传播理论认为，现实场中的强势群体是舆论场中的弱势群体。
- 企业在舆论场是弱势群体，在危机中面对情绪主导的群体需要示弱。
- 示弱要坚持到底，示弱要保持专业，示弱要争取支持。
- 弱传播理论，后真相时代，刻板印象，乌合之众，沉默的螺旋，舆论世界的这些规律影响企业的声誉和危机管理。
- 危机管理的行动需要有所为有所不为。包括：（1）倡导，不辩解；（2）稳住，不上头；（3）原则，不细节；（5）论事，不上纲；（5）明理，不叫板。

• 思考题 •

1. 如果是公关战中的危机,巨头对巨头,或者攻击方企业与你体量相近,在舆论战中示强有什么好处?示弱有什么好处?

2. 举一个危机回应声明因为过长而搞砸的例子,用舆论世界的规律如何解释?

3. 危机时,对以前支持你而现在成为"沉默的螺旋"中的大多数,你觉得在怎样的时间点上可以唤醒他们,让他们打破沉默支持你?

第十三章
重启对话 修复声誉

"石可破也，而不可夺坚；丹可磨也，而不可夺赤。"
——《吕氏春秋·诚廉》

"不要向井里吐痰，也许你还会来喝井里的水。"
——肖洛霍夫，《静静的顿河》

风暴过去了，天空继续阴沉，躲在乌云后的太阳，迟疑着不肯露出全部的光。

自己的危机翻过一页，别人的危机占据了热搜，面对自家院子的狼藉，你正在考虑如何重整旗鼓。

被人暴打的感觉迟迟不能消散，但是一个在坚实价值观基础上建立起来的企业，其生命力是难以想象的。如果你回顾过去十年、二十年的"3·15"晚会，会发现被彻底击倒的企业，往往本身就有捞一把就走的心态，而真正的巨头，比如本书中提到过的苹果、大众汽车、麦当劳，它们跌倒了，爬起来，被误解了，轻轻甩头继续前行，在淬火中愈炼愈强。

那些无法将你打败的，终会使你更强大。

重大危机之后的声誉修复,需要唤醒曾经支持你的"沉默的大多数",感化犹豫不决的中间层,争取曾经"向井里吐痰"的反对者。

声誉修复需要围绕三个重点工作:

1. 解决核心问题,获得谅解。
2. 倡导对话,重建信任。
3. 脆弱期防范二次风险。

我们用不同的案例分析这三个步骤的重要性、有效性及其风险。

解决核心问题,获得谅解

在非危机时间讨论危机,总会冒出来一个话题:转危为机这件事,靠谱吗?

理论上说得通,行动上有误导。一般是没有经历过重大危机的人才会想到转危为机。

他们提出的纸上理由是,可以借危机造成的关注度,把负面引向正面,比如说我们产品有问题,我们本来赔 3 倍但是决定赔 10 倍,本来没有义务赔但我们全部赔,再借着关注度搞一轮促销,宣布把获得的销售额全部捐给慈善机构,等等。

你看,最著名的 1982 年强生泰诺召回案,不就是转危为机的典型吗?

可是,这里面有个微妙但重大的区别,强生在宣布召回 3100 万盒泰诺的时候,是准备好了断腕甚至断血的,这个品牌能不能重塑,当时是不清楚的。

在危机的中心旋涡里,没有人能冷静到做么聪明的算计。

经历过重大危机的企业,都知道那时候的状态,就是想活过来。如同你跌倒骨折被送往医院的时候，想的就是把断骨恢复，最远想到还能不能正常行走，如果你在骨折的时候想将来参加奥运会拿长跑金牌，在戈壁挑战赛夺冠，显然是不切实际的。

保持信心+脚踏实地，是危机之后的基本心态，行动上则需要解决造成危机的核心问题。

2018年滴滴顺风车两次杀人案后，滴滴迅速采取的措施包括：

1. 顺风车无限期下线。
2. 成立"警方调证对接工作组"7×24小时待命，配合警方可在10分钟内完成调证流程。
3. 增加一键报警、司机上线人脸识别、实时位置保护、行程中录音、上线司乘黑名单、未成年人独自乘车提醒等安全措施。

解决核心问题的重要性，一方面是迅速回应政府、媒体和公众的批评，同时也避免因同类问题再次爆发危机。滴滴在第一次顺风车司机杀人案后不到四个月时间再次发生性质几乎相同的危机，不仅让公众的愤怒达到普通危机中难以达到的高度，也让滴滴的管理团队痛定思痛，决心不再让类似的事件发生。

短期看，彻底解决危机产生的核心问题往往给企业增加高额成本，一些企业甚至因此推迟了诸如上市这样重要的业务发展目标，但是长远看，这种投入帮助企业建立更强大的护城河，提高竞争者门槛，在公众心目中形成更强烈的负责任企业形象。

倡导对话，重建信任

经历危机后，有的企业专心解决造成危机的核心问题，如质量管理、安全措施、环保记录、员工政策等，但对一些深层的产品标准、业务模式等越辩越乱的话题，则在传播上选择长时间沉寂。

有的企业则对声誉修复决心更大、信心更强，在解决问题的同时，也会主动进行传播。

2018年危机后的滴滴，下列措施与安全整改方案几乎是同步进行的：

1. 邀请专家、乘客、司机等"问诊"滴滴。
2. 推出司机安全培训计划，定期设计安全知识考试，覆盖所有上线的司机。
3. 发布乘客安全须知，通过线上多渠道积极对乘客宣传出行安全知识，1亿多用户添加紧急联系人。

据公开信息，自第二次顺风车司机杀人案后的六个月时间里，滴滴共推出涉及安全管理、推进合规、产品安全功能、处置流程、警企合作、倾听外部意见、安全教育等7方面共30多项安全相关的措施，其中有的是措施本身，有的是公众沟通。

我们在本书第五章讨论"核心议题疏导"时谈到滴滴在2018年11月，也就是第二次顺风车司机杀人案后不到两个月内推出的"滴滴公众评议会"，也是倡导对话、重建信任的重要步骤。

公共关系的作用，在品牌修复过程中体现得最为明显。在本书中，我们尽量不使用"危机公关"而用"危机管理"，是因为前者往往被简单理解为临时抱佛脚处理问题，甚至更具体化为删帖、灭火这些简单动作。危机管理，顾名思义，是一个管理的概念，危机管理也是公共关系的一个重要范畴。

公关的起源和发展已经100多年了，迄今为止公关都是一个充满各种不同解释的混乱概念。但是同舆论一样，公关也有一些约定俗成的理解和学术层面的定义，在本书中，我们试图从理论定义的高度看公关，从实际操作的角度规范公关的行为。

公关有1000多种定义，比较典型的有以下两种：

1. 公共关系是关于建立一个组织同其既定公众之间相互了解的活动。（《美利坚百科全书》）

关键词：组织、公众、了课、活动。

2. 公共关系是旨在传递有关个人、公司、政府机构或其他组织的信息，并改善公众对其态度的政策或行动。（《大英百科全书》）

关键词：主体（个人、公司、政府机构或其他组织）、公众、态度、改善、行动。

从关键词我们可以看到，公关的主体是个人、公司等，客体是公众，目标是相互了解、态度改变，方式是行动。

公共关系的发展经历了四个阶段：公众该死、公众知晓、双行道和双向均衡。

"公众该死"来自19世纪美国铁路大王范德比尔特无意中讲出的一段话。有一次活动过后，范德比尔特被记者追着提问，即使在上车以后记者仍在追问，并喊着"公众有权知道"，范德比尔特不耐烦地说："让公众见鬼去吧。"（The public be damned.）

这句话迅速上了报纸头条，并被作为一个富豪蔑视公众、主导传播的时代的标志。有趣的是，范德比尔特在什么语境下讲的这句话和针对哪一个事件做的评价有无数版本，对比今天的舆情，媒体和公众可能不去关注语境，只是认定你说了这句话。

"公众该死"体现了美国在1900年前后"新闻代理"（news agent）主导的时代，新闻记者依靠新闻代理（当时还没有"公共关系"这个概念，但可以认为是企业公关的前身）获得消息，这些消息从企业的角度撰写，是一种典型的单向的控制式的传播。

1906年，美国公关的创始人之一艾维·李帮助宾夕法尼亚铁路公司处理一次严重的脱轨事故，那次事故造成 50 人死亡。他主张将事件的所有情况毫无保留地告诉公众，并为此撰写了世界上第一份企业新闻稿，发给媒体后，《纽约时报》一字不落地刊登了这篇新闻稿。

就在同一年，艾维·李通过报界发布了《原则宣言》，也是他自己的新闻代理事务所的原则："我们的宗旨是代表企业单位及公共机构，就对公众有影响且为公众乐闻的课题，向报界和公众提供迅速而准确的消息。"《原则宣言》发表之后的企业实践，开始遵循艾维·李主张的讲真话、迅速、透明等原则，艾维·李也因为一系列大企业做顾问，包括帮助洛克菲勒家族重建声誉，而被载入公关史册。可惜的是，艾维·李仅仅活到 57 岁。

与艾维·李同时代但是寿命达到 104 岁、在 20 世纪末才离世的爱德华·伯内斯进一步发展延伸了公共关系的原则和理念，他不仅最早提出了"公共关系"（public relations）概念，而且让公共关系不仅像艾维·李那样帮助组织和个人建立和修复声誉，而且成为企业增长，甚至促进销售的手段。

伯内斯是著名的精神分析学派创始人西蒙·弗洛伊德的外甥和侄子（他母亲是弗洛伊德的妹妹，父亲是弗洛伊德夫人的兄弟），伯内斯从小跟随家人从奥地利移民美国，他的公关生涯充满了魔幻色彩，最著名的是他用象征符号、社会议题设置手段，为美国烟草公司策划了女性抽烟"自由的火炬"事件营销，让当年公司的销售额增加了 3200 万美元。他提出的"大处思考、间接诉求"的公关策划方法论，对今天的公关仍然极具价值。伯内斯主张的组织与公众的"双行道"反对单向灌输式传播，而强调公关应唤起公众主动的关注和行动。

1976 年，美国著名的公关理论专家格鲁尼格提出了公共关系的四种模式，分别是：新闻代理模式、公共信息模式、双向不均衡模式、双向均衡模式，他与夫人和团队完成的《卓越公共关系与传播管理》成为卓越公共关系学派的经典著作。

格鲁尼格夫妇主张的"双向均衡"模式曾经遭到美国一线公关人员的质疑,认为组织与公众的绝对双向、完全均衡在理论上美好,但现实中难行。格鲁尼格后来提出"协同性倡导"(collaborative advocacy)取代"合作性对抗"(cooperative antagonism),表明对抗最终归于合作,从而让自己的理论更贴近现实。

以中国人民大学教授胡百精为代表的中国学者,近年来对公关的定义和职能做了更加深入的理论研究,强调对话的哲学意义和现实意义,援引苏联学者、对话理论创始人巴赫金的话说:"一切都是手段,对话才是目的。单一的声音,什么也结束不了,什么也解决不了。两个声音才是生命的最低条件、生存的最低条件。"

胡百精认为,对话既是公关之体,也是公关之用,二者分而合一。公关是对话,也实践对话。他为公关下的定义是:"对话以形塑认同和成就共同体。"[1]

其中的三个关键词——对话、认同、共同体,完全体现了公关的理论意义与实践价值。

如果进一步提出公关在企业、在社会中的作用,就是两个方面:声誉和增长。

本书不讨论与销售相关的公关,而着重谈与声誉有关,特别是与危机管理相关的声誉修复。

对话、认同、共同体这三个维度,在目标层级上是由低到高。对话作为公关的基本属性,既有行动含义,也有目标含义。貌似我们每天都在跟人对话,但是对话之难超出想象。

你很难想象,中美这两个世界上最重要的国家,在全球新冠疫情暴发的2020年几乎中断了所有官方往来。外交部部长王毅对美国隔空喊话,提出三点建议:(1)激活和开放所有对话渠道。中方愿敞开大门,

---

[1] 《公共关系学》第二版,胡百精著,中国传媒大学出版社。

随时恢复重启各层级、各领域对话。（2）梳理和商定交往的清单。一是双边领域及全球事务中能够合作的清单，二是存在分歧但有望通过对话解决的清单，三是难以达成一致需要搁置管控的清单。（3）聚焦和展开抗疫合作。（新华社北京 2020 年 7 月 9 日电）

这些建议的核心词就是对话。

对话不仅是解决国际政治问题的基本方法，也是我们在商业和社会生活中的一个基本需求。

你有没有经历或见识过这样的事情：在网上因为支持一个明星被好友拉黑了，再也不理你；同学微信群在中医问题上吵起来了，吵得最厉害的两个人以退群表示抗议；滴滴顺风车危机期间，总裁柳青的企业家同学朋友圈被曝有人说"心疼柳青""柳青加油"而被攻击为"冷血的精英"。

越来越多的场合，你选择退群、静默、拉黑。

农业时代的人们无法躲避自己的邻居和乡亲，互联网时代我们有条件跟任何人断绝往来，全球村正在变成网络虚拟世界组成的一个个孤岛。

回到先前的案例——滴滴。

2018 年似乎被全民谴责、全民抛弃的滴滴，还是选择了对话，用对话作为声誉修复的开端，一切的一切的开端。

在与专家、乘客、司机对话，启动"公众评议会"对话之后，滴滴又把对话导向一个新的高度——吐槽。

2019 年 6 月 6 日，滴滴用内部吐槽大会的形式为公司七周年庆生，公司高管有意在自己的社交媒体上贴出了吐槽会的片段，上面有 CEO 程维被吐槽开会时间太长，说的话谁都听不懂；总裁柳青被吐槽"傻白甜"；程维吐槽柳青，有时两人并排走路柳青人忽然就不见了，不停在摆姿势疯狂自拍。

9 月 4 日，滴滴又把内部吐槽搬到了公众平台，在《吐槽大会》中上演了一期《七嘴八舌吐滴滴》，在腾讯视频平台首播。滴滴的产品经理、司机代表，作为乘客代表的脱口秀演员史炎、王建国、庞博、思文等一起对滴滴大吐槽。他们抱怨滴滴排队时间太长、定位不准、导航不准、司机"无理"取消订单，观众掌声不断。

最后出场的柳青说："我听到一半就想走了，如果不是实在打不到车，我就真走了。"她在解释供给与运力的关系时，说好比"建国有一斤的饭量，但是米只有二两"。在吐槽的最后，柳青重申了公司对安全的承诺，表示"在安全问题上，我们不开玩笑"。

滴滴做吐槽大会，从公关和声誉修复的角度看，是通过对话，形塑认同，建立共同体。从最低到最高目标，最低的对话既是目标也是方法，用吐槽自己并号召别人讲自己坏话的方式建立对话，是一种高级的、难以仿效的但必定会成为主流的对话方式。

认同并不是一个简单的事，对话也需要有平等的基础，如果说平等的尺度还不好把握，吐槽则是互联网时代具有广泛社会认同的对话方式。

滴滴度过了 2018 年的乘客安全危机，次年全面实现了品牌修复，留下了难得的宝贵经验。2021 年 7 月，滴滴又因在美国上市涉及数据安全受到政府网络安全审查，产品遭遇全网下架，再一次身陷强烈危机，这是后话了。

脆弱期防范二次风险

在声誉修复过程中，二次风险是一个躲不开的话题，滴滴顺风车发生第二次司机杀人案受到如此关注，原因之一是激发高唤醒情绪的事件再次发生，二是公众对于声誉损害和恢复期的企业，不是更多宽容，而是更严要求。

滴滴在顺风车第一次事件后没有采取有效措施改进安全，当然是一个巨大的教训，危机后的企业迅速解决引发危机的核心问题，是避免二次风险的基本要点。但是，二次风险也可能会发生在与第一次危机不同但是却微妙关联的领域。

2018年4月发生了轰动全国的"鸿茅药酒事件"，事情起因是2017年12月一位居住在广东的前执业医生，在网上发布了一篇题为《中国神酒鸿毛药酒，来自天堂的毒药》的帖子（注：作者原文误写为"毛"），公司以该帖散播不实言论，传播虚假信息误导消费者，引发两家医药公司和七名消费者退货为由报案。2018年1月10日，公司所在地的内蒙古凉城县公安局对发帖者实施跨省追捕，并经凉城县人民检察院批准逮捕。

4月，这一案件被媒体披露后引发强烈议论，公众质疑警方跨省抓捕的尺度，更引发媒体对鸿茅药酒因经销商多次广告违规被监管处罚的关注，这一事件的中心人物因发帖而遭受长达三个月的关押，得到公众广泛同情，官媒也对警方的执法方式、鸿茅药酒广告违规等问题展开批评质疑。事件结局为当事人向鸿茅药酒致歉，鸿茅药酒撤回报案，中国医师协会、国家药品监督管理局、公安部等机构发表声明，鸿茅药酒公开向公众致歉并对产品的成分、效果、广告投放等事宜做出解释和澄清，两度入选央视国家品牌项目的鸿茅药酒也在该项目官网上悄悄消失。

回过头来看，鸿茅药酒在这件事上没有违法，报案也属自我保护；警方行为合规但方式不妥；产品主管部门回应媒体，表示加强监管但是并未指出鸿茅药酒产品成分、申报和检测过程有违规行为；公安部表示依法严格开展核查工作，但并未指出凉城警方行为不妥。最后中立的观点集中在呼吁医药企业严格依法依规投放广告，公权力机关防止将民事纠纷刑事化。

这是一个对各方都充满不幸和遗憾的事件，发帖的医生因关押而身心受到损伤，鸿茅药酒在声誉危机中销售一落千丈。那么，问题出在哪里？

现实世界的强者就是舆论世界的弱者。你看到的是涓涓细流，舆论爆发却如山洪喷泻；你看到的是星点烛光，舆论燃起的却是燎原烈火。

在现实世界体察舆论世界，你需要潜望镜和探测器，有时候还需要超自然的第六感。

当鸿茅药酒决定回归产品，低调经营之时，2019年底，中国中药协会授予鸿茅药业"2018年度履行社会责任明星企业"称号，新闻发布之后，舆论再次大哗，人们对2018年的"跨省抓捕""广告违规"记忆犹新，纷纷质疑该奖项的合理性。

中国中药协会觉得委屈，称"鸿茅药业的过去是过去，过去的鸿茅药酒事件通过法律途径、媒体报道已经翻篇了，也就承担起了社会责任，我们鼓励有社会责任感的企业，看的是它的现在和将来，这事有错吗？"；鸿茅药业也称评选标准是协会定的，自己只是去支持协会活动，领个奖而已。

大家都委屈，不过，在一片质疑声中，中药协会还是撤销了对鸿茅药业的表彰，并向社会致歉。

又是一个，你似乎没有做错，但是在舆论世界，你就是错了。

对中药协会和鸿茅药业来说，对舆论判断看似微小的偏差，却导致了严重的声誉危机，这个教训不可谓不重。

在危机后声誉修复期，必须用更高的敏感防范二次风险。

• 本章小结 •

•危机后的声誉修复，需要围绕三个重点工作：解决核心问题，获得谅解；倡导对话，重建信任；脆弱期防范二次风险。

•解决核心问题，要保持信心+脚踏实地。转危为机这事，理论上可行，思维上不靠谱，危机中焦头烂额，活下来就好，别想太多。

•倡导对话是重建声誉的基本方式，甚至，对话就是人类生存的基本方式。公共关系的定义是"对话以形塑认同和成就共同体"。我们的生存离不开对话，修复声誉更离不开对话。对话的高级形式之一是吐槽，互联网时代的对话，需要更大气度、更多吐槽。

•防范二次风险，需要防止同类事件再次发生，也要在声誉修复期微妙的舆论场保持超高的敏感，甚至来自第三方"好意"带来的声誉风险。

• 思考题 •

1. 对比声誉修复期滴滴的"高调"和鸿茅药业的"低调",你得到怎样的启发?

2. 你们公司允许吐槽吗?老板能接受吗?为什么?你们与公众对话的主要方式是什么?

3. 针对昨天、上周或最近发生的一个企业危机事件,帮它们指出品牌修复期间的三个主要风险,以及如何规避这些风险?

后记

致这个时代的企业家

面对复杂世界的各种难题,我们都希望找到简单快捷的解决方法,每一次学习都有"干货",每一次交流都学到"套路"。那么,本书讲的那些道理,是干货,套路,还是理论?

都不是。有时候跟大学教授交流,我发现他们特别讨厌别人动不动就说理论,在他们看来,理论需要精密论证、时间检验,要符合逻辑推导,每天在公众号、各种讲座、论坛上飘着的各种说法,甚至把这些说法变成一天的课,一个学期的课,也都远远称不上理论。

写完这本《跑赢危机》之后,我试图说明这本书只是对自己多年实践和市场观察的一个汇总,里面提到的每一种方法、每一个套路,都可能在现实棘手的环境中面临挑战,甚至被颠覆。所以它不是一成不变的,而是要根据实际情况临时"组牌"。

在本书的审校过程中发生了一件有意思的危机事件。著名网红雪糕品牌钟薛高的创始人接受媒体采访的一段话被恶意剪辑,他在讲到一款原料价格高的时候说"就那个价,你爱要不要",结果有媒体把这段话放在主持人说"你们产品价格那么高,哪来的底气"之后,观众看到的是创始人回应产品价格时说"就那个价,你爱要不要"。

结果是舆论猛批钟薛高品牌狂妄,有人说网红品牌就是收智商税,两年前钟薛高在产品推广时因夸大宣传而被政府罚款的信息被重新拿出来晒。

钟薛高的反应是:(1)放出创始人对话的原始视频以澄清事实;

（2）对恶意剪辑视频的媒体发出律师函；（3）对两年前的"虚假宣传"道歉。

道歉引发了又一波舆情，钟薛高再登热搜榜。两年前被罚的细节也被海量重复，包括钟薛高当时在天猫上销售的一款轻牛乳冰激凌产品网页宣传"不加一滴水、纯纯牛乳香"，经核实该款冰激凌产品配料表中明确含有饮用水成分，其宣传内容和实际情况不符而被政府处罚。

如果你是钟薛高的创始人和高管，你会道歉吗？特别是，你会在这个时候冒着引起更多争议的风险对两年前犯的错道歉，还是将火力集中在媒体做假视频上，让两年前的事悄悄淡化？

带着这个问题到本书中找答案，你会发现书里没说，起码是没有直接说，可能在"领导力风格"中模糊地带过。

我相信，这样的应对方式是钟薛高创始人林盛的个人风格，你说，在"制度依赖型""主动承担型""决不妥协型""快速调整型""随心所欲型"五种领导力风格中，他算哪一种？

也许更接近"主动承担型"。在今天的商业环境中，主动承担已经成了一种极为稀缺的领导力，如今的企业，特别是创业企业，每一步都战战兢兢，每一步都面临公众的挑剔和竞品的伺机出手，每一步走错都可能造成企业的灭顶之灾，让投资人血本无归、员工征程梦碎。

当然你也可以说钟薛高是被曝光后才道歉，不算主动，应该叫"被迫承担""被动承担"。

套路不断演进，原则恒久弥新。

但是我本人非常痛恨每天把原则挂在嘴边，一提起危机管理就跟企业家说，你要坚持原则，你要快速反应，你要充分沟通、全面沟通、彻底透明。这些正确而无用的话，并不能帮助企业解决问题。

在本书列举的所有案例中，绝大多数都是企业本身有过失，甚至有严重过失，作者的立场是猛批企业，为消费者伸张正义，还是帮助企业渡过难关？不同的立场会导致观点、选材等各种视角的不同。

我在阐述方法的过程中明显是站在企业的视角。这本书固然可以为消费者维权提供指引，但最终目的还是帮助企业在危机错综复杂的判断和决策中找到一点参考的依据。

经济学家熊彼特指出："真正让经济出现脱胎换骨变化的，不是储蓄以及劳动力的增加，而是资源使用的新方式层出不穷地出现。"[①]

熊彼特所说的新方式，生产资料的重新组合和信贷的引入，在此基础上更重要的推动经济发展的要素，或者说实施新组合的举动，叫作"创业"，实施新组合的人被称为"企业家"。

他认为，企业家引入信贷，用借来的钱帮助实现自己的抱负，同时也承受失败、倾家荡产的风险。企业家的贡献，是他们重新组合生产资料，推动经济的发展。企业家的个性，是充满洞见、自寻困难、主动求变、乐于冒险、渴望竞争、追求成功、征服欲强、不贪图物质享受。

我觉得，只有理解了经济发展的基本规律，才能理解企业家；只有理解了企业家，才能理解我们在危机管理中遇到的万千变化。不按常理出牌，其实来自企业家这个群体的基因，来自面对危机的那个企业家的个性。

危机管理的方法是说给企业家的，尽管他们可以选择不听，或者听了只是为他们真正的决策增加一种选择。

本书试图在最传统的危机管理方法论基础上，更贴近当今中国市场的现实。我知道这一尝试依然十分粗浅，也期待着企业家、市场公关从业者、政府和国企领导、行业专家，从不同的角度为本书提出批评和建议，丰富危机管理的实践，更好地维护消费者权益，更好地让民营企业特别是创业企业提升自己，在无处不在的危机中做好准备，渡过难关，为社会创造更大价值。

在本书写作过程中，我得到了来自高校、研究机构以及公关行业人

[①] 约瑟夫·熊彼特，《经济发展理论》，郭武军、吕阳译，华夏出版社。

士的指导和帮助,还有中信出版集团编辑李嘉琪为本书策划、编辑、出版的全程协助,在此深表谢意。

感谢我的父亲、妻子和女儿,他们不仅在繁杂的写作过程中给我信心,盲目鼓励,并允许我集中时间和精力写作。

这是我的第三本书,写作是这样一种经历:整个过程痛苦纠结,所有的快乐都集中在完成的那一瞬间,据说只有生孩子才有这种感受。

"殷勤昨夜三更雨,又得浮生一日凉。"在充满变化和危机的世界,我们依然拥有和暖的阳光、氤氲的美景、不期而至的好心情。

与您共勉。

辛丑年北京盛夏雨后